신판

청소년의
법과 생활

청소년을 위한
생활 법률 가이드북

법무부   한국법교육센터
Korea Law-Related Education Center

책을 발간하며

『청소년의 법과 생활』은 처음 발간된 후 근 20년 동안 꾸준히 청소년 독자들로부터 많은 사랑을 받아 왔으며, 책 내용도 사회 변화에 맞추어 지속적으로 보완되어 왔습니다. 그런데 근자에 이르러 인공 지능, 빅데이터 등 첨단 과학 기술이 비약적으로 발전하고 있고, 소셜 미디어 · 환경 · 건강 · 동물권 등과 관련하여 사회 · 문화적으로 급격한 변화가 이루어지고 있습니다. 이에 따라 『청소년의 법과 생활』도 기존에 다루었던 국가 권력과 기본적 인권, 가정 · 학교 · 경제생활, 근로관계, 범죄와 형벌 등 6개 주요 영역에서 요구되는 실용적인 법적 지식 외에 새로운 변화를 반영하기 위하여 기존의 내용과 틀을 전면적으로 개편하기에 이르렀습니다.

그리고 현대 민주주의 사회에서의 시민과 법의 역할을 재조명하고자 하였습니다. '민주주의'란 말 그대로 국민이 사회의 주인이 된다는 것인데, 주인의 역할을 제대로 수행하기 위해서는 적어도 자신의 권리와 의무가 무엇이며, 어떻게 부여되고, 어떻게 행사할 수 있는지 알아야 합니다. 또한 현대 사회에서의 권력의 행사는 소수의 자의적 판단이 아니라 다수의 참여와 상호 견제 속에서 주로 이루어지고 있고, 이러한 견제와 참여의 과정은 법을 통해서 이루어지기 때문에 법적 소양 함양을 통한 민주 시민으로서의 역량 강화는 사회 발전에 필수적이라고 할 것입니다.

그래서 이 책은 크게 세 가지 측면에 중점을 두었습니다.

첫째, 청소년들이 생활을 법과 연계하여 생각할 수 있도록 하고,

둘째, 법의 원리를 이해하여 일상생활에 적용할 수 있도록 하고,

셋째, 변화하는 사회 제도에 능동적으로 참여할 수 있는 민주 시민으로서의 소양을 갖추게 하자는 것입니다.

이를 위해 이 책은 먼저 청소년들이 겪을 수 있는 다양한 법률문제를 사례를 통해 최대한 알기 쉽게 설명함과 아울러, 법의 기본 원리에 대한 이해를 증진시킬 수 있도록 하였습니다. 그리하여 이 책에서는 기존의 6개 영역뿐만 아니라, 사회적 이슈가 되는 아동 학대와 성범죄, AI 등 첨단 과학 기술의 발전에 따르는 법적 문제, 나아가 동물권과 기후 변화에 이르기까지 광범위한 분야를 다루고 있으며, 이러한 분야에서 법이 어떻게 기능하고 있고, 또 앞으로 어떤 방향으로 나아가야 하는지를 생각해 보도록 하였습니다.

다음으로는 우리 사회가 발전하기 위해서는 무엇이 중요한 가치인지, 그것을 지키기 위해 어떻게 하는 것이 옳은 것인지, 우리 사회는 어떠한 모습으로 존재해야 하는지 생각해 볼 수 있도록 하였습니다. 나아가 그러한 생각의 토대 위에 입법·사법 제도에 능동적으로 참여하는 민주 시민으로서의 역량을 키우도록 하였습니다.

이를 위해 각 장 마지막 부분에 생각 나누기 코너를 마련하여 각 장의 주제와 관련되는 사회적 이슈를 한층 깊이 생각해 볼 수 있도록 하였으며, 부록에 법령과 판례를 찾는 방법을 게재하여 청소년들이 직접 사회적 이슈에 대해 법적 판단을 내리는 데 도움이 되도록 하였습니다.

이 책을 통해 청소년 여러분의 하루하루가 얼마나 법과 긴밀하게 관련되어 있는지 생생하게 느끼고 법적인 사고를 습득할 수 있기를 바라며, 민주적 참여를 적극 실현하여 우리 사회의 성장을 이끌어 가는 성숙한 주인공이 되기를 기대합니다.

2024. 2.
자녀안심하고 학교보내기운동 국민재단 이사장
변호사 **이 충 호**

contents

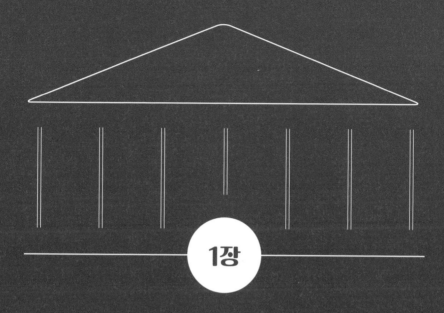

1장

인간 존엄:

인간이라면 그 자체로 보호받고
존중받아야 할 가치

#인간의 존엄과 가치　#헌법 제10조　#인권

○○○ 씨는 지나치게 좁은 구치소 방에서 다른 수형자와 몸이 부딪혀 제대로 잠조차 잘 수 없었다. 아무리 죄를 지었다 하더라도 이렇게 좁은 장소에서 지내게 하는 것이 타당할까? 그는 너무 좁은 곳에서 지내는 구치소 생활이 인간으로서의 존엄과 가치를 훼손한다는 생각에 헌법 소원을 제기하였다.

⚖️ 인간의 존엄과 가치의 명문화

인간의 존엄과 가치를 보장하려는 노력은 역사적 반성에서 시작되었다. 두 차례 세계 대전에서 인류는 인간성의 말살을 경험하였다. 나치는 600만 명이 넘는 유대인들을 집단 학살하였고, 전쟁 중에 벌어진 잔혹한 폭력과 박해는 인간의 존엄성을 크게 위협하였다. 그래서 2차 세계 대전이 끝난 후, 국제 사회는 역사적 반성의 징표로 인간의 존엄과 가치를 명문화하기 시작하였다. 1948년 유엔 총회에서 제정된 세계 인권 선언(Universal declaration of human rights)을 시작으로, 각종 국제 인권 규범과 각국의 헌법은 인간의 존엄과 가치를 명문화하여 법적 권리로 보장하였다. 대표적으로 1949년 제정된 독일 기본법 제1조는 "인간의 존엄은 침해되지 아니한다. 모든 국가 권력은 이를 존중하고 보호할 의무를 진다."라고 규정하고 있다.

아우슈비츠 수용소로 이동하는 유대인들

세계 인권 선언문

⚖️ 우리 헌법에서의 인간의 존엄과 가치 보장

우리 헌법도 인간의 존엄과 가치를 명문으로 규정하여 보장하고 있다. 헌법 제10조는 "모든 국민은 인간으로서의 존엄과 가치를 가지며, 행복을 추구할 권리를 가진다. 국가는 개인이 가지는 불가침의 기본적 인권을 확인하고 이를 보장할 의무를 진다."라고 규정하고 있다. 이 규정에 대해 헌법 재판소는 인간의 존엄과 가치는 헌법이 추구하는 기본 원리로서 모든 기본권의 이념적 전제이자 기본권 보장의 목적이 된다고 판시하였다.

헌법 이념의 핵심이자 헌법의 기본 원리

헌법 제10조에서 규정한 인간의 존엄과 가치는 헌법 이념의 핵심으로, 국가는 헌법에 규정된 개별적 기본권뿐만 아니라 헌법에 열거되지 아니한 자유와 권리까지도 이를 보장하여야 하며, 개별 국민이 가지는 인간으로서의 존엄과 가치를 존중하고 확보하여야 한다(8헌마216; 2007헌마734; 2009헌마610).

인간의 존엄과 가치는 헌법의 기본 원리

인간은 태어날 때부터 '인간'이라는 그 자체만으로 존엄과 가치를 지닌다. 그리고 이러한 인간 자체의 고유한 존엄과 가치는 모든 사람에게 존중받아야 한다. 아무도 다른 사람의 존엄과 가치를 훼손할 수 없다. 국가도 마찬가지이다. 국가는 모든 국민의 존엄과 가치를 존중하고 적극적으로 보호해야 한다. 인간의 존엄과 가치는 헌법의 핵심 이념이자 기본 가치로 기능하며, 국가의 모든 권력을 구속하는 기본 원리로 작용한다. 이는 국가가 입법, 행정, 사법의 권한을 행사할 때 항상 고려해야 할 근본적인 원리이다. 따라서 국가는 인간의 존엄과 가치를 기반으로 법과 제도를 마련해야 하며, 국가의 권력은 언제나 인간의 존엄성 보장을 바탕으로 행사되어야 한다.

국가 형벌권 행사에서도 지켜져야 할 인간의 존엄과 가치

인간의 존엄과 가치는 모든 인간을 그 자체로서 존중할 것을 요구하고, 인간을 국가 행위의 단순한 객체로 취급하는 것을 허용하지 않는다. 국가가 사회 질서 유지를 위해 부여받은 형벌권도 인간으로서의 존엄과 가치를 침해하지 않는 범위 내에서만 행사되어야 한다. 따라서 국가는 수사, 재판, 형의 집행 등 형벌권을 행사함에 있어서 피의자·피고인·수형자를 다른 모든 사람과 마찬가지로 존엄과 가치를 가지는 인간으로 대우해야 한다. 국가가 비인간적이고 잔혹한 형벌을 부과하거나 교정 시설이 인간으로서의 기본적 생활을 어렵게 한다면, 헌법의 기본 원리를 위반한 것이 된다. 범죄를 저지른 수형자라고 해서 교정 시설 내에서 인간으로서의 기본적 품위를 유지할 수 없도록 하는 것은 헌법의 이념과 가치에 반한다.

국가 형벌권 행사의 제한

헌법 제10조에서 보장하는 인간의 존엄과 가치는 국가가 형벌권을 행사함에 있어 사람을 국가 행위의 단순한 객체로 취급하거나 비인간적이고 잔혹한 형벌을 부과하는 것을 금지하고, 행형(行刑)에 있어 인간 생존의 기본 조건이 박탈된 시설에 사람을 수용하는 것을 금지한다. 구금의 목적 달성을 위하여 필요 최소한의 범위 내에서는 수형자의 기본권에 대한 제한이 불가피하다 하더라도, 국가는 어떠한 경우에도 수형자의 인간의 존엄과 가치를 훼손할 수 없다(2013헌마142).

또한 우리나라가 가입되어 있는 시민적·정치적 권리에 관한 국제 규약 제10조도 "자유를 박탈당한 모든 사람은 인도적으로 또한 인간의 고유한 존엄성을 존중하여 취급되어야 한다."라고 규정하고 있다. 이는 국제적 수준에서 요구되는 최소한의 인간 존엄성 보장의 수준을 말한다. 유럽 인권 재판소도 1인당 수용 면적이 2.7㎡인 수용 시설에 몇 개월간 수용한 경우 유럽 인권 협약 제3조(모욕적 처우의 금지)에 위반된다고 판단한 바 있다.[1] 따라서 ○○○ 씨에게 너무 좁은 구치소 방에서 인간으로서 최소한의 품위를 유지할 수 없는 생활을 하게 하는 것은 국가 형벌권의 한계를 넘어선 것이라고 볼 수 있다. 국가는 수형자라고 하더라도 그의 인간으로서의 존엄과 가치를 존중하여 대우해야 하기 때문이다.

인간의 존엄과 가치가
침해되었을 때

인간으로서 가지고 있는 권리라 할지라도, 침해되었을 때 구제 방안이 없다면 그 권리는 유명무실해질 것이다. 그래서 우리 법은 국민의 기본권이 공권력에 의해 침해된 경우에 헌법 재판소에 구제를 청구하는 헌법 소원 심판 제도를 두고 있다. 그리고 인간의 존엄과 가치를 보장하는 헌법 제10조는 국가가 형벌권을 행사함에 있어 사람을 국가 행위의 단순한 객체로 취급하거나 비인간적이고 잔혹한 형벌을 부과하는 것을 금지한다. 따라서 국민이 이러한 한계를 넘어서는 취급을 받은 경우에는 헌법 소원 심판을 제기하여 헌법 제10조의 인간의 존엄과 가치에 근거하여 침해를 구제받을 수 있다.

---

[1] Mandic and Jovic v. Slovenia; Strucl and Others v. Slovenia, Applications nos. 5774/10 & 5985/10, 20 October 2011.

사형 제도

우리나라는 형법에 사형 제도를 규정하고 있으나 1997년 사형이 집행된 후로 실제 사형이 집행된 적은 없다. 이로 인해 국제적으로는 실질적 사형 폐지 국가로 분류 된다. 하지만 사형 제도의 존폐를 둘러싼 논란이 끊이지 않고 있다. 사형 제도 폐지 론자들은 사형 제도가 인간으로서의 존엄과 가치를 침해한다고 주장한다. 유엔 자 유권 규약 위원회도 "인간의 존엄과 인권을 향상하기 위해서는 사형 제도의 폐지 가 바람직하고 필요한 방안"이라고 언급한 바 있으며, 유럽 국가들은 사형을 전면 폐지하였다.

그러나 여전히 사형 제도가 범죄 예방 효과가 있고, 반인류적이고 잔혹한 범죄를 저지 른 자에 대해서는 엄한 처벌이 필요하다는 입장이 있다. 한국 갤럽에서 수행한 국민 여론 조사에 따르면, 사형 제도 유지 의견(69%)은 폐지 의견(22%)보다 훨씬 높다. 사형 제도 찬성자들이 사형 제도에 찬성하는 이유로는 '죗값 치러야 함'(22%), '살려 둘 이유 없음'(19%) 등 응보의 필요성이 가장 높게 나타났다.

그 밖에 '두려움을 줘야 함'(12%), '범죄 · 흉악범 증가 우려'(10%), '범죄 예방 · 억제' (7%), '재범 · 보복 우려/구제 불능'(6%) 등의 순으로 나타났다.

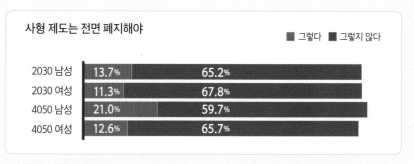

사형 제도는 전면 폐지해야

그렇다　　그렇지 않다

	그렇다	그렇지 않다
2030 남성	13.7%	65.2%
2030 여성	11.3%	67.8%
4050 남성	21.0%	59.7%
4050 여성	12.6%	65.7%

출처: 한국 갤럽 여론 조사

유럽 주요국 사형 폐지 현황

		모든 범죄에 대한 폐지	마지막 집행			모든 범죄에 대한 폐지	마지막 집행
	핀란드	1972년	1944년		독일	1987년	-
	스웨덴	1972년	1910년		스위스	1992년	1944년
	포르투칼	1976년	1846년		이탈리아	1994년	1947년
	덴마크	1978년	1950년		스페인	1995년	1975년
	노르웨이	1979년	1948년		영국	1998년	1964년
	프랑스	1981년	1977년		그리스	2004년	1972년
	네덜란드	1982년	1952년				

Q 사형 제도는 인간으로서의 존엄과 가치를 침해하는 것일까? 사형 제도에 대하여 의견을 나누어 보자.

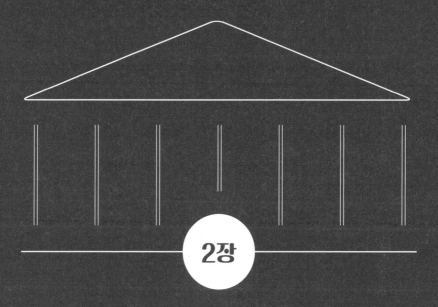

2장

민주 공화:

대한민국은 민주 공화국이다

광장에서는 매주 다양한 집회와 시위가 열린다. 광장을 메운 시민들이 피켓을 들고 저마다 자신의 구호를 외친다. 그런데 수많은 피켓 중 "대한민국은 민주 공화국이다."라는 피켓 문구가 유독 눈길을 끌었다. 헌법의 가장 첫 번째 조문이 말하는 '민주 공화국'이란 무엇을 의미하는 걸까?

⚖️ 헌법 제1조의 역사

　1919년 제정된 대한민국 임시 헌장 제1조는 "대한민국은 민주 공화제로
함."이었다. 대한민국 임시 헌장은 3.1운동 직후 그 정신을 계승하여 건립
된 대한민국의 첫 헌법이다. 이 헌법은 우리나라가 일본의 식민지가 아니라
'대한민국'이라는 국호를 지닌 독립국이며, 왕이 주인이 되는 군주제가 아니
라 국민이 주인이 되는 민주적 '공화제'를 채택하고 있음을 천명하고 있다.
이는 대한민국 임시 정부의 법통을 계승한 1948년 제헌 헌법 제1조 "대한민
국은 민주 공화국이다."로 이어졌으며, 현재까지 변함없이 유지되어 왔다.
헌법의 첫 조문은 헌법이 목표하는 바를 상징적으로 표현하며, 국가 통치의
근본적인 원리가 된다. 이에 따라 우리나라는 국가의 의사 결정을 국민의
합의에 두는 민주주의와, 주권이 국민에게 있는 공화제를 국가 통치의 기본
원리로 삼고 있다.

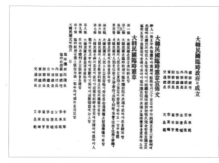

대한민국 임시 헌장

제헌 헌법

⚖️ 민주 공화국의 보장: 헌법

헌법 제1조는 "대한민국은 민주 공화국이다. 대한민국의 주권은 국민에게 있고, 모든 권력은 국민으로부터 나온다."라고 규정하고 있다. 이 규정에 대해 헌법 재판소는 "국민적 합의로 국가 권력을 조직하고 국민의 기본권을 최대한으로 보장하는 국민 주권론의 원칙을 채택한 것"이라고 판시하였다. 국민 주권론은 국민이 국가 의사에 관한 최종적인 결정권을 가지며, 국민이 국가 권력의 정당성의 원천임을 의미한다.

헌법 제1조의 의미

헌법 제1조는 '대한민국은 민주 공화국이다.', '대한민국의 주권은 국민에게 있고 모든 권력은 국민으로부터 나온다.'라고 하여 국민적 합의로 국가 권력을 조직하고 국민의 기본권을 최대한으로 보장한다는 국민 주권의 원칙을 채택하여 국민에게 선언한다(88헌가6).

민주주의 원리:
다수결에 의한 국민적 합의

민주주의의 핵심은 국민 스스로가 주인이 되어 합의를 통해 국가의 의사를 결정하는 것이다. 국가 권력은 부당하게 국민의 자유와 권리를 침해할 가능성이 있기 때문에, 국가 권력은 반드시 국민적 합의에 근거하여 제한적으로 행사되어야 한다. 그래서 법률도 반드시 국민의 대표 기관인 국회에서 제정되어야 한다. 헌법 재판소도 "민주주의의 본질은 국가 권력의 형성 및 행사의 근거를 국민적 합의"에 두는 것이라고 판시하였다(91헌마21). 우리 헌법도 대통령이 외교·국방·통일, 기타 국가 안위에 관한 중요 정책(제72조)이나 헌법 개정안(제130조 제2항)을 국민 투표에 붙일 수 있다고 규정하여 국가의 최고 의사 결정에 국민이 참여하도록 하고 있다.

국가의 최고 법규범으로서 헌법은 국가의 통치 체제와 기본권에 관한 국민적 합의를 바탕으로 하기 때문에 국민 모두의 직접 투표를 거쳐야 개정할 수 있다.

헌법 개정권

헌법을 개정하거나 폐지하고 다른 내용의 헌법을 모색하는 것은 주권자인 국민이 보유하는 가장 기본적인 권리로서, 가장 강력하게 보호되어야 할 권리 중의 권리에 해당한다. 국민은 대한민국의 주권자이며 최고의 헌법 제정 권력이기 때문에 성문 헌법의 제·개정에 참여한다(2004헌마554등).

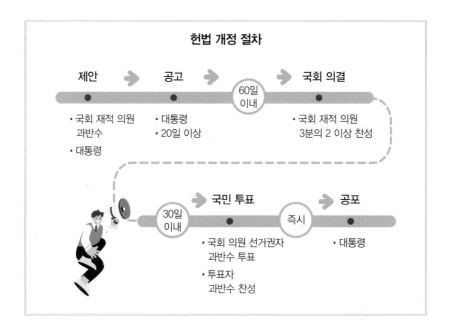

헌법 개정 절차

제안 ➡ 공고 ➡ 60일 이내 ➡ 국회 의결
- 국회 재적 의원 과반수
- 대통령

- 대통령
- 20일 이상

- 국회 재적 의원 3분의 2 이상 찬성

30일 이내 ➡ 국민 투표 ➡ 즉시 ➡ 공포
- 국회 의원 선거권자 과반수 투표
- 투표자 과반수 찬성

- 대통령

대의 민주주의와 선거:
국민 주권의 행사

다만 국가가 의사 결정을 할 때마다 국민 투표를 진행하기에는 현실적인 어려움이 있다. 선거 제도가 민주주의에 필수 불가결한 제도가 된 것은 모든 국민들이 직접적인 주권 행사를 하기에는 공간적, 시간적 어려움이 크기 때문이다. 결국 구체적인 주권의 행사는 선거를 통해 이루어지며, 선거로 선출된 대표자들이 국민의 의사를 반영하여 국가의 의사를 결정한다. 이러한 민주주의의 형태를 대의 민주주의라고 한다. 대의 민주주의는 국민이 대표자를 선출하고 대표자들이 정치적 결정을 내리는 형태를 의미한다. 우리나라도 헌법에 근거하여 행정부의 대통령과 입법부의 국회 의원을 선거를 통해 대표자로 선출하고 그들을 통해 국가를 운영한다.

그러나 선거로 대표자를 선출하는 것만 중요하다고 여기면 안 된다. 민주주의에서 선거가 중요한 이유는 선거 과정에서 국민들이 다양한 의견을 자유롭게 형성하고 제시할 수 있으며, 선거 주기마다 대표자를 견제하여 권력을 효과적으로 감시할 수 있기 때문이다. 이처럼 정치에 참여할 수 있는 자유와 권리는 민주주의 사회에서 가장 기본적인 국민의 권리이다. 헌법 재판소도 "선거가 대의 민주주의에서 국민이 주권을 행사할 수 있는 가장 중요한 방법"으로 자리 잡았으며, "선거를 통하여 국민은 선출된 국가 기관과 그의 국가 권력의 행사에 대하여 민주적 정당성을 부여한다."고 강조하였다.

민주 공화국에서 소수자의
권리 보호

다수결로 결정되는 투표 결과는 소수자의 권리 보호에 취약한 한계를 지닌다. 다수결의 원리에 따르면, 국가의 의사 결정은 다수자에 의해 이루어져 소수자의 의견이 반영되는 데 어려움이 따른다. 심지어 나치 시절 유대인에 대한 학살이 국민적 합의를 반영하는 법률에 의해 자행되었다는 점을 감안해 볼 때, 다수의 횡포를 저지하기 위해서는 소수자의 권리를 보호하기 위한 강력한 도구가 필요하다. 이와 관련하여 소수자의 권리 보호를 위해 사법부의 역할이 무엇보다 중요하다. 사법부는 다수의 결정에 지배되는 입법부와 행정부를 견제함으로써 소수자의 권리를 보호하는 역할을 한다. 따라서 사법부는 소수자의 권리를 보호하기 위한 최후의 보루가 되어 다수에 의해 지배되는 민주주의의 한계를 보완해야 할 것이다. 또한 국가 권력으로부터 기본권이 침해된 개인을 구제하는 헌법 재판 제도도 소수자의 권리를 보호하는 대표적인 제도라고 할 수 있다.

🖋 **최근 블록체인 기술이 발전하면서 투표 제도와 의사 결정 방식에 의미있는 변화가 나타나고 있다.**

2014년 창당한 스페인의 포데모스는 정당 내 의사 결정 시스템에 '아고라 보팅'이라는 블록체인 투표 시스템을 도입했다. 당원들의 투표 내용은 암호화 과정을 거쳐 서버에 저장되고, 투표자들은 자신의 표를 추적할 수 있는 코드를 무작위로 받는다. 코드를 입력하면 내가 던진 표가 몇 퍼센트나 기여하고 있는지 통계 정보를 열람할 수 있다. 투표와 개표 전 과정이 유권자에게 개방되는 것이다. 블록체인 기술의 보안성과 탈중앙화된 시스템이 있기에 가능하다.

미국에서는 블록체인 기술을 이용하여 2018년 웨스트버지니아주 부재자 투표와 유타주의 대통령 선거인단을 선출한 바 있다. 보아츠라는 앱에서 신분증 등록 및 얼굴 인식을 거쳐 신원을 확인받은 유권자가 앱에서 투표하는 방식으로 사용되었다. 우리나라에서도 작은 공공 단위에서 블록체인 기술을 이용하여 투표를 진행한 사례가 있다. 2017년 경기도 주민 공동체 "따복 공동체"는 주민 제안 공모 사업 온라인 심사에 블록체인 시스템을 도입했다. 이 시스템을 통해 매년 경기도 예산 중 30억 원 이상을 각 주민 공동체에 500만 원~2,000만 원씩 배분한다.

출처 https://byline.network/2022/03/3-7-2/

ⓠ 과학 기술의 발전에 따라 선거 제도는 어떻게 달라질까? 국가 또는 지방 자치 단체의 의사 결정에 국민의 직접적 참여가 더 확장되어야 할까? 확장되면 예상되는 문제점은 무엇일까? 이에 대한 의견을 함께 나누어 보자.

_____

_____

_____

_____

"직접 민주주의"와 "대의 민주주의"는 민주주의의 형태와 정치적 참여 방식에서 차이가 있다. 직접 민주주의는 국민이 직접 정치적 결정에 참여하는 형태로, 국민 투표를 통한 결정이 대표적인 예이다. 반면 대의 민주주의는 국민들이 대표자를 선출하여 대표자가 정치적 결정을 내리는 방식이다. 국민들은 자신의 의사와 이해 관계를 대표할 수 있는 대표자를 선출하고, 선출된 대표자가 국가의 운영 과정에서 정책 결정을 담당한다. 이러한 대의 민주주의는 간접 민주주의로도 알려져 있다. 이 두 가지 형태의 민주주의는 각각 장단점을 가지고 있다. 직접 민주주의는 국민들이 직접 투표를 통해 결정에 참여하기 때문에 국민의 의사를 직접적으로 반영할 수 있지만, 국민들이 모든 정책에 대해 평가하고 투표해야 하는 부담이 있을 수 있다.

한편, 대의 민주주의는 국민이 대표자를 통해 의사 결정에 참여하기 때문에 의사 결정의 전문성, 시간과 비용의 효율성이 높을 수 있지만, 국민의 의사와 이해관계가 충분하게 반영되지 않을 수 있다는 단점을 지니고 있다.

이처럼 민주주의의 형태와 방식은 다양하며, 직접 민주주의와 대의 민주주의는 각각의 장점과 한계를 가지고 있다. 정치적 결정에 대한 참여 방식은 사회와 문화에 따라 다를 수 있지만, 민주주의의 방식을 둘러싼 논의는 민주주의 제도가 발전하는 과정에서 끊임없이 제기될 것이다.

대의 민주주의의 한계에는 무엇이 있을까? 대의 민주주의의 한계와 그 극복 방안에 대하여 서술해 보자.

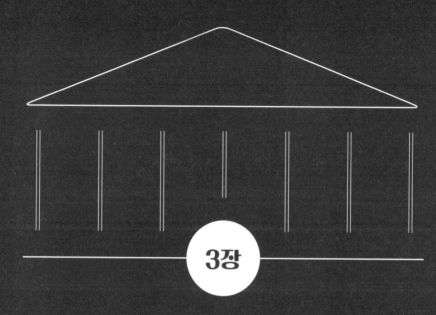

3장

표현의 자유:

표현의 자유는 무제한적으로
행사될 수 있을까?

#표현의 자유　　#언론·출판의 자유　　#집회·결사의 자유

Q 2022 세계 언론 자유 지수

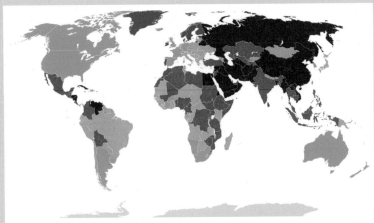

2022년 언론 자유 지수 ■ 매우 심각한 상황 ■ 어려운 상황 ■ 뚜렷한 문제 ■ 납득되는 상황
■ 좋은 상황 ■ 분류 안 됨 / 자료 없음

2022 세계 언론 자유 지수

국제 언론 단체인 '국경 없는 기자회(RSF)'가 발표한 2022년 언론 자유 지수에 따르면 우리나라는 180개 국가 중 43위로 나타났다. 언론 자유 지수는 각국에서 일어난 언론의 자유 침해 사례 조사 결과와 전문가 대상 설문 조사 결과를 종합하여 산출한다. 2022년 기준으로 '좋음(85~100점)'에 해당하는 국가는 노르웨이 등 8개국이었으며, '양호(70~85점)'에 해당하는 국가는 우리나라를 포함하여 40개국인 것으로 나타났다. 북한은 180위로 전 세계 최하위를 기록하였으며, 중국은 175위, 홍콩은 민주화 시위 후 68계단 하락한 148위로 나타났다. 아시아 국가 중에서는 동티모르가 17위, 타이완이 38위로 우리나라보다 앞서는 것으로 나타났다.

제시된 지도에 나타난 바와 같이, 우리나라의 언론 자유 지수는 북유럽의 일부 국가들만큼 높지는 않으나, 전 세계 기준으로 볼 때 '양호'한 수준인 것으로 나타났다. 언론의 자유를 보장하는 것은 민주주의 사회에서 왜 중요한 것일까?

⚖️ 표현의 자유

앞서 제시된 지도에 나타난 언론의 자유는 출판·집회·결사의 자유와 함께 표현의 자유에 포함된다. 우리나라 헌법 제21조는 다음과 같이 표현의 자유를 보장하고 있다.

헌법 제21조

① 모든 국민은 언론·출판의 자유와 집회·결사의 자유를 가진다.

② 언론·출판에 대한 허가나 검열과 집회·결사에 대한 허가는 인정되지 아니한다.

③ 통신·방송의 시설 기준과 신문의 기능을 보장하기 위하여 필요한 사항은 법률로 정한다.

④ 언론·출판은 타인의 명예나 권리 또는 공중도덕이나 사회 윤리를 침해하여서는 아니 된다. 언론·출판이 타인의 명예나 권리를 침해한 때에는 피해자는 이에 대한 피해의 배상을 청구할 수 있다.

표현의 자유는 자기의 생각이나 의견 등을 억압, 검열받지 않고 표현할 수 있는 자유를 의미한다. 인간이라면 누구나 생각을 하며, 그러한 생각을 말이나 글 등의 다양한 형태로 표현함으로써 타인과 소통한다. 즉, 인간은 자유로운 의견 교환이나 의사소통을 통해 서로 교류하며, 이 과정에서 공동체를 유지하고 분쟁이나 갈등을 해소하게 된다. 표현의 자유는 이와 같은 인간의 가장 기본적인 권리를 보장하는 데에 필수적이다.

사회 구성원인 개인이 인간으로서 존엄과 가치를 보장받고, 행복을 추구하며 국민 주권을 실현하기 위해서는 '표현의 자유'가 반드시 보장되어야 한다. 표현의 자유가 보장된 사회는 그만큼 다양한 생각이나 의견이 공존할 수 있는 사회이며, 다양성이 존중되는 사회이다. 따라서 많은 민주 국가 헌법에서 표현의 자유를 명시적으로 규정하고 있으며, 세계 인권 선언 제19조에서도 모든 사람에게 표현의 자유에 대한 권리가 있음을 밝히고 있다.

표현의 자유와 관련된 다양한 규범

 미국 수정 헌법 제1조

의회는 종교를 만들거나, 자유로운 종교 활동을 금지하거나, 발언의 자유를 저해하거나, 출판의 자유, 평화로운 집회의 권리, 그리고 정부에 탄원할 수 있는 권리를 제한하는 어떠한 법률도 만들 수 없다.

독일 연방 공화국 기본법 제4조 제1항

누구든지 자기의 의사를 말, 글 및 그림으로 자유로이 표현·전달하고, 일반적으로 접근할 수 있는 정보원으로부터 방해받지 않고 정보를 얻을 권리를 가진다. 출판의 자유와 방송과 영상으로 보도할 자유는 보장된다. 검열은 허용되지 아니한다.

세계 인권 선언 제19조

모든 사람은 의견의 자유와 표현의 자유에 대한 권리를 가진다. 이러한 권리는 간섭 없이 의견을 가질 자유와, 국경에 관계없이 어떠한 매체를 통해서도 정보와 사상을 추구하고 얻으며, 전달하는 자유를 포함한다.

⚖️ 언론·출판의 자유와 집회·결사의 자유

우리나라 헌법에서는 '표현의 자유'라는 용어를 직접적으로 사용하지 않고, 언론·출판의 자유와 집회·결사의 자유를 명시함으로써 표현의 자유에 포함되는 내용을 구체적으로 제시하고 있다. 언론·출판의 자유는 사상이나 의견을 자유롭게 표명할 수 있는 발표의 자유와 그러한 사상이나 의견을 전달할 수 있는 자유를 포함한다. 신문이나 방송 등에서 자유롭게 의견을 표현하는 것, 책이나 그림, 음악, 미술 등 다양한 형태로 자신의 생각이나 의견을 표출하는 것 등이 모두 언론·출판의 자유에 포함된다.

집회·결사의 자유는 여러 사람이 공동의 목적을 가지고 회합 또는 결합하는 자유를 의미한다. 집회는 사람들의 다양한 의견이 정책에 반영될 수 있도록 하는 수단 중 하나로 활용되는데, 헌법 재판소에 따르면 집회는 소수 집단이 권익과 주장을 옹호하기 위해 사용하는 수단이 되기도 한다. 결사의

📜 밀의 〈자유론〉으로 본 표현의 자유

"단 한 사람을 제외한 모든 인류가 동일한 의견이고, 한 사람만이 반대 의견을 갖는다고 해도, 인류에게는 그 한 사람에게 침묵을 강요할 권리가 없다. 이는 그 한 사람이 권력을 장악했을 때, 전 인류를 침묵하게 할 권리가 없는 것과 마찬가지다."

존 스튜어트 밀(J.S.Mill, 1806~1873)의 〈자유론〉 중에서

자유주의자인 밀은 표현의 자유에 대하여 강하게 옹호하는 입장을 가지고 있었다. 표현의 자유가 완전하게 허용되어야 권력자의 횡포, 다수 대중의 횡포로부터 개인을 보호하고 사회는 진보할 수 있으며, 틀리거나 해롭다는 이유로 의견 표현을 가로막으면 안 된다는 것이 그의 입장이었다. 또한 그는 소수 의견이 보호·존중되기 위해 토론의 자유를 보장해야 한다고 주장하였다. 위의 글에 나타난 바와 같이, 한 사람뿐인 소수의 의견일지라도 보호받아야 한다는 밀의 생각은 이후 자유주의의 사상의 중요한 기초가 되었다.

자유는 일시적인 모임을 통해 의견을 표현하는 집회와 달리, 지속성이 있는 단체를 구성하고, 단체의 이름으로 공동의 의사를 표현하는 자유를 의미한다. 따라서 앞서 살펴본 언론·출판의 자유는 개인적 활동의 자유라는 측면이 강한 반면, 집회·결사의 자유는 집단적 활동의 자유라는 측면이 강하다.

⚖️ 표현의 자유는 어디까지?

자유의 무한한 확대는 타인의 권리 침해로 이어질 수 있으므로, '어디까지 개인의 자유를 확장할 수 있는가?'는 지금까지도 중요한 논의의 대상이 되는 문제이다.

우리나라 헌법 제21조 제4항은 "언론·출판은 타인의 명예나 권리 또는 공중도덕이나 사회 윤리를 침해하여서는 아니 된다."라고 규정하고 있다. 표현의 자유는 자유권의 핵심적인 부분이며, 민주주의 사회를 유지하는 가장 근본적인 기본권 중 하나이지만, 타인이나 공동체에 피해를 끼치는 것까지 허용할 수는 없다는 것이다. 그러므로 표현의 자유에 대해서도 헌법 제37조 제2항에 따라 국가 안전 보장·질서 유지 또는 공공복리를 위하여 필요한 경우에는 법률로써 본질적인 내용을 침해하지 않는 한 일정한 제한을 가할 수도 있다. 집회·결사의 자유도 마찬가지이다. 집회·결사의 자유는 민주 사회에서 자신의 의사를 표출하기 위한 방편으로 중요한 의미를 가지지만, 공동체 전체의 질서를 고려할 때 일정 부분 제한이 필요한 경우도 발

> **집회 및 시위에 관한 법률**
>
> **제1조(목적)** 이 법은 적법한 집회 및 시위를 최대한 보장하고 위법한 시위로부터 국민을 보호함으로써 집회 및 시위의 권리 보장과 공공의 안녕질서가 적절히 조화를 이루도록 하는 것을 목적으로 한다.

생한다. 『집회 및 시위에 관한 법률』은 제1조에 집회 및 시위의 권리와 공공의 안녕질서가 적절히 조화를 이루도록 하는 것을 그 목적으로 한다고 규정함으로써 집회 및 시위의 권리도 공공의 안녕질서를 위해 제한될 수 있음을 나타내고 있다.

그러나 표현의 자유를 제한하고자 하더라도, 헌법에 명시된 바와 같이 언론·출판에 대한 허가나 검열, 집회·결사에 대한 허가는 인정되지 않는다. 허가는 어떤 행위를 일반적으로 금지하고 특정한 경우에만 금지를 풀어 주는 처분을 하는 것으로, 표현의 자유를 심각하게 침해할 우려가 있다. 검열도 언론, 출판, 보도, 영상물, 우편물 등의 내용을 미리 심사하여 통과한 경우에만 발표를 허용하는 것으로, 표현의 자유를 과도하게 제한할 수 있다. 대표적인 사례로 1996년에 위헌 결정이 난 '영화법' 제12조의 영화 심의제는 헌법 제21조 제1항에서 금지하고 있는 사전 검열을 채택한 것이었다. 당시의 영화법은 영화를 상영하기 전에 사전 심의를 받도록 하였으며, 사전심의를 거치지 않은 모든 영화에 대하여 상영을 금지하는 규정을 두고 있었다. 이는 분명히 헌법에서 금지하고 있는 사전 검열 제도였으며, 이에 대해 헌법 재판소는 위헌 결정을 내렸다.

사실 적시 명예 훼손 처벌과 표현의 자유

오늘날 매체가 매우 다양해짐에 따라 명예 훼손적 표현의 전파 속도와 파급 효과는 광범위해지고 있으며, 일단 훼손되면 완전한 회복이 어렵다는 외적 명예의 특성상 명예 훼손적 표현 행위를 제한해야 할 필요성은 더 커지게 되었다.

헌법 제21조가 표현의 자유를 보장하면서도 타인의 명예와 권리를 그 한계로 선언하는 점, 타인으로부터 부당한 피해를 받았다고 생각하는 사람이 법률상 허용된 민·형사상 절차에 따르지 아니한 채 사적 제재 수단으로 명예 훼손을 악용하는 것을 규제할 필요성이 있는 점 등을 고려할 때, 사실 적시로 인한 명예 훼손을 처벌하는 규정을 담고 있는 형법 제307조 제1항은 표현의 자유를 침해하지 않는다(2017헌마1113, 2018헌바330(병합).

📝 디지털 시대와 표현의 자유

최근 웹툰의 인기가 높아지면서 웹툰의 내용에 담긴 선정성, 폭력성 및 사회적 소수자에 대한 비하나 혐오 표현 등에 대한 논란이 커지고 있다. 웹툰은 방송 심의 위원회의 심의를 받는 방송 프로그램과 달리 '웹툰 자율 규제 위원회'의 자율 규제 대상이기 때문에 비교적 표현의 자유를 충분히 보장받고 있다. 그런데 이와 같은 자율 규제는 민원이 제기된 후에, 규제를 '권고'하기 때문에 우리나라만큼 웹툰 시장의 규모가 거대한 상황에서는 효과가 떨어진다는 지적이 있다.

❓ 관심 있는 웹툰에 대하여 친구와 이야기해 보자. 만약 웹툰의 내용에 규제가 강화된다면 어떠한 결과가 나타날까? 표현의 자유와 공동체의 질서 유지 측면에서 웹툰의 내용을 규제하는 것에 대한 의견을 나누어 보자.

📝 표현의 자유는 민주주의를 지탱하는 가장 중요한 권리인 동시에 그 범위와 한계에 대해 많은 고민을 해야 하는 권리이다. 디지털 사회로의 전환과 함께 인터넷 공간에서의 혐오 발언 등이 극심해지면서 표현의 자유를 어디까지 자유롭게 인정해야 할 것인가에 대한 논란도 날이 갈수록 더해지고 있다.

❓ 과도한 수준의 타인에 대한 혐오 표현까지도 '자유'로 보장해 주어야 할 것인지, 표현의 자유에 대한 한계는 어디까지인지 글로 써 보자.

🖋 사실을 알려서 상대방의 명예가 훼손되었다면?

현재 우리나라 형법에서는 있는 그대로의 사실을 알린다고 해도, 상대방의 명예를 훼손한 경우 이를 처벌한다. 이처럼 '사실 적시에 의한 명예 훼손죄'가 존재하는 이유는 개인의 사생활의 자유를 보장하기 위한 것이지만, 이는 동시에 공익을 위한 사회적 고발을 제약한다는 비판을 받기도 한다.

한편, 유럽 인권 법원에서는 공인에 대하여 명예 훼손 소지가 있는 사실을 그대로 보도한 경우, 이를 명예 훼손죄로 판결한 프랑스 법원에 대하여 표현의 자유를 침해했다는 취지의 판결을 내렸다. 이는 명예 훼손적 표현 행위가 범죄 행위가 되는지 여부를 결정할 때, 사생활의 보호와 표현의 자유 중 어떠한 가치를 더 중요하게 여길 것인가에 대한 의견을 반영하고 있음을 보여 준다.

출처: 이상훈, 2021.03.15. 법률 신문 "명예 훼손죄를 인정한 프랑스 법원 판결에 의한 표현의 자유 침해를 긍정한 유럽 인권 법원 판결 CEDH, 5e section, 21 janvier 2016, de Carolis et France Televisions c/ France (n°29313/10)" https://www.lawtimes.co.kr/Lega l-Info/Legal-Info-View?serial=168537&kind=CC03&key=을 바탕으로 재구성함.

❓ 사회 구성원들에게 꼭 알려야 하는 사실을 공개하는 과정에서 상대방의 명예가 훼손될 경우 이를 처벌해야 할까? 친구들과 생각을 나누어 보고, 의견을 글로 써 보자.

_____

_____

_____

_____

_____

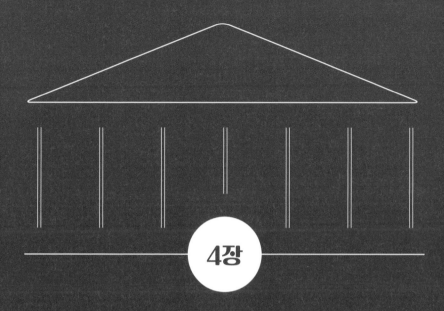

4장

평등:

'차이'가 '차별'이 되지 않도록

공시생 1   공시생 2   공시생 3

공시생 1 공무원 시험에 제대 군인 가산점 제도가 있는 건 불공평한 거 같아!

공시생 2 왜? 젊은 날 군대에 가서 고생한 것에 대한 보상은 당연히 있어야지. 그 시기가
취업을 위해 얼마나 중요한데…….

공시생 3 그런데 그 보상이 반드시 가산점이어야 할까? 아무리 생각해도 제대 군인에게
가산점을 주면 군대에 가지 않는 여성들은 공무원 시험 합격이 불가능할 것 같거든.
이건 명백한 성차별이야!!

공시생 2 불가능하다고? 여자도 군대에 다녀오면 되는 거잖아. 군대에 갔다 왔는지 안 갔다
왔는지에 따라 다르게 대우하는 것인데, 이게 왜 차별이지? 그냥 차이일 뿐이야.

공시생 1 겉보기에는 군대를 다녀왔는지의 문제로 보이지만, 실제로 여자가 군대에 가는
경우는 거의 없으니까 그렇지.

공시생 3 맞아. 대놓고 성별을 이유로 차별한 건 아니지만, 남자들에게만 군복무 의무가 있기
때문에 결과적으로 제대 군인에게 가산점을 주는 건 성차별 같아.

♥ ▽ ▢

1999년 12월 23일, 헌법 재판소는 제대 군인 가산점 제도가 헌법에 위반된다는 결정을
내렸다. 이 결정의 주된 이유는 제대 군인 가산점 제도로 여성과 장애인의 평등권이
침해된다는 것이었다. 그렇다면 국가가 운영하는 제도가 개인의 평등권을 침해한다
는 것은 어떠한 의미를 갖는 것일까? 헌법 재판소는 어떠한 기준으로 평등권 침해
여부를 판단할까?

⚖️ 평등권의 역사

"당신은 평민이기 때문에 땅을 가질 수 없습니다."라는 말이 지금은 터무니없게 느껴지지만, 이러한 말들을 당연하게 받아들이던 시대가 있었다. 고대와 중세의 신분제 사회에서는 오로지 왕족과 귀족만 땅을 소유할 수 있었다. 이 외에도 인간 사회의 불평등한 제도와 관행들은 역사적으로 오랫동안 지속되었다. 그러나 "모든 인간은 평등하다."는 인간 평등사상을 바탕으로 근대 시민 혁명이 이루어지면서 불평등한 제도가 철폐되기 시작하였다. 천부 인권 사상을 토대로 하는 프랑스 인권 선언이 제정된 이후 세계 인권 선언과 각국의 헌법은 평등 조항을 제정하여 평등권을 보호하기 시작하였다. 이후 역사적으로 오랫동안 존속했던 신분제, 남녀 차별, 흑백 분리 등이 폐지되었는데, 미국에서는 1920년에 여성의 참정권이 보장되었으며, 1964년 민권법이 제정되어 흑인들은 백인들이 사용하는 버스, 음수대, 화장실 등을 함께 사용할 수 있게 되었다.

프랑스 인권 선언

미국의 흑백 분리(1939년 유색 인종 전용 수도에서 물을 마시는 흑인)

⚖️ 우리나라에서의 평등권 보호

우리 헌법 제11조는 "모든 국민은 법 앞에 평등하다. 누구든지 성별 · 종교 또는 사회적 신분에 의하여 정치적 · 경제적 · 사회적 · 문화적 생활의 모든 영역에 있어서 차별을 받지 아니한다."라고 규정하여 국민의 평등권을 보호하고 있다. 특히 제11조의 평등 원칙은 우리 헌법의 최고 원리로서 국가가 법을 제정하거나 집행, 해석할 때 따라야 할 중요한 기준이 된다. 국가는 모든 국민을 평등하게 대우해야 하며, 이를 위반하는 것은 헌법에 위반된다.

이러한 헌법상 평등 원칙에 따라 우리나라는 『남녀 고용 평등과 일 · 가정 양립 지원에 관한 법률』(이하 '남녀 고용 평등법'), 『장애인 차별 금지 및 권리 구제 등에 관한 법률』(이하 '장애인 차별 금지법') 등과 같이 국민의 평등권을 보장하는 법률을 제정하여 시행하고 있다.

우리 헌법의 최고 원리, 평등

평등의 원칙은 국민의 기본권 보장에 관한 우리 헌법의 최고 원리로서 국가가 입법을 하거나 법을 해석 및 집행함에 있어 따라야 할 기준인 동시에, 합리적 이유 없이 불평등한 대우를 하지 말 것과 평등한 대우를 국가에게 요구할 수 있는 모든 국민의 권리로서, 국민의 기본권 중의 기본권이다(88헌가7).

평등은 같은 것은 같게,
다른 것은 다르게

평등은 오랫동안 "같은 것은 같게, 다른 것은 다르게"라는 아리스토텔레스의 격언에 의해 정의되었다. 이 격언에 의하면, 평등이란 모든 차별 대우를 부정하는 '절대적 평등'을 의미하는 것이 아니라 자의적인 차별 대우를 금지하는 '상대적 평등'을 의미한다. 인간은 제각기 다른 개별성을 가지고 있기 때문에 국가는 기본적으로 그러한 차이를 존중하며 국민들을 다르게 대우한다. 여기서 자의적 차별은 객관적이고 합리적인 근거가 없는 차별을 의미한다. 차별에 합리적 근거가 있다면, 평등권 침해에 해당한다고 볼 수 없다. 헌법 재판소도 평등권 침해 여부를 판단할 때 차별 대우에 합리적 근거가 있는지를 기준으로 심사한다. 헌법 재판소는 국가 유공자 가산점 제도는 '국가 유공자와 그 가족들에게 우선적 근로 기회를 제공하고 이들의 생활 안정을 도모하여 국가 사회에 봉사할 수 있는 기회를 부여하기 위한 것이라는 합리적 근거를 갖고 있다.'는 이유로 평등의 원칙에 반하지 않는다고 결정하였다(2004헌마675).

차별에 합리적 근거가 있다면?

헌법 제11조는 "모든 국민은 법 앞에 평등하다. 누구든지 성별 · 종교 · 사회적 신분에 의하여 정치적 · 경제적 · 사회적 · 문화적 생활의 모든 영역에 있어서 차별을 받지 아니한다."라고 규정하여 모든 국민에게 평등권을 보장하고 있다. 이는 국가 권력이 본질적으로 같은 것은 같게, 본질적으로 다른 것은 다르게 취급해야 한다는 것을 의미하지만, 합리적 근거에 의한 차별까지 금지하는 것은 아니다(98헌마216).

'차이'가 '차별'이
되지 않도록

그러나 형식적으로는 차이를 존중하여 대우하는 것처럼 보이지만, 실질적으로 자의적인 차별이 되는 경우가 있다. 제대 군인 가산점 사건에서도 '군 복무'라는 차이를 바탕으로 남성과 여성 그리고 장애인을 다르게 대우한 것이라고 주장했지만, 헌법 재판소는 "전체 여성 중의 극히 일부만 제대 군인에 해당될 수 있는 반면, 남자의 대부분은 제대 군인에 해당하므로 가산점 제도는 실질적으로 성별에 의한 차별"이라고 결정하였다. 또한 "가산점 제도는 아무런 재정적 뒷받침 없이 제대 군인을 지원하려 한 나머지 결과적으로 여성과 장애인 등 이른바 사회적 약자들의 희생을 초래"하여 헌법에서 요구하는 여성과 장애인에 대한 차별 금지와 보호에 반한다고 하였다. 이는 군 복무라는 객관적이고 중립적인 기준이 성차별의 효과를 불러일으킬 수 있다는 간접 차별의 개념을 인정한 것이다.

간접 차별이란

우리 법은 간접 차별(Disparate impact)을 금지하고 있다. 대표적으로 남녀 고용 평등법과 장애인 차별 금지법에서 간접 차별을 금지한다. 간접 차별은 객관적이고 중립적인 기준을 적용한 것처럼 보이지만, 특정 사람이나 집단에게 부당한 효과가 발생하는 차별을 의미한다. 직접 차별과 달리 간접 차별은 중립적이라고 여겼던 기준이 차별의 효과를 발생시키는 것이다. 대표적인 사례가 신장을 기준으로 경찰을 채용한 것이다(예: 지원 요건으로 신장 170cm 이상 제시). 신장이라는 기준은 객관적이고 중립적이지만, 남성의 신장이 여성의 신장에 비해 더 크다는 점을 고려해 볼 때, 성별에 대한 간접 차별이라고 볼 수 있다. 우리 법은 직접 차별과 마찬가지로 간접 차별을 한 경우에도 제재를 하고 있다.

간접 차별 정의	
남녀 고용 평등법 제2조	사업주가 채용 또는 근로의 조건은 동일하게 적용하더라도 그 조건을 충족할 수 있는 남성 또는 여성이 다른 한 성에 비하여 현저히 적고 그로 인하여 특정 성에게 불리한 결과를 초래하며 그 조건이 정당한 것임을 입증할 수 없는 경우
장애인 차별 금지법 제2조	장애인에 대하여 형식상으로는 제한·배제·분리·거부 등에 의하여 불리하게 대하지 않지만 정당한 사유 없이 장애를 고려하지 아니하는 기준을 적용함으로써 장애인에게 불리한 결과를 초래하는 경우

사회적 약자의
평등권 보호

　여성과 장애인은 역사적으로 오랫동안 부당한 대우를 받았던 집단이며, 대표적인 사회적 약자이다. 그런데 제대 군인 가산점 제도는 여성과 장애인을 자의적으로 차별하여 불평등을 초래하였다. 사회적 약자를 그렇지 않은 사람들과 같게 대우하는 것은 불공정하다고 할 수 있다. 공무원 채용에서 보호를 받아야 할 사회적 약자에게 군 복무라는 기준을 동일하게 적용한 것은 부당한 차별 대우인 것이다. 오히려 사회적 약자의 평등권을 보호하기 위해서는 국가가 적극적으로 기울어진 운동장을 바로잡기 위한 지원 체계를 마련해야 할 필요가 있다. 즉, 국가는 적극적인 법의 보호와 지원을 통해 오랫동안 차별받아 온 집단이나 사회적 약자가 평등한 삶의 조건을 누릴 수 있도록 국민의 평등권을 실질적으로 보장해야 한다.

Q 과거와 달리 신분에 상관없이 토지를 소유하고, 여성도 투표권을 가지며, 흑인과 백인은 분리되지 않고 함께 한다. 오히려 많은 사람들은 사회적 신분, 성별, 인종으로 인한 부당한 차별에 반대하고 있다. 왜 우리는 사회적 신분, 성별, 인종에 따른 차별적 대우를 부당하게 여기는 걸까? 과거와 달리 이 모든 것들이 부당하게 여겨지는 이유는 무엇일까?

Q 우리 사회에서 남성과 여성 간의 차별이 문제되는 이유는 무엇일까? 그 이유를 적어보고, 남성과 여성이 평등하게 살아갈 수 있는 방안을 입법 제안을 중심으로 생각해보자.

Q 장애인, 노인에게 입장료를 면제해 주는 국가 시설에 대해 평등권 침해라고 할 수 있을까?

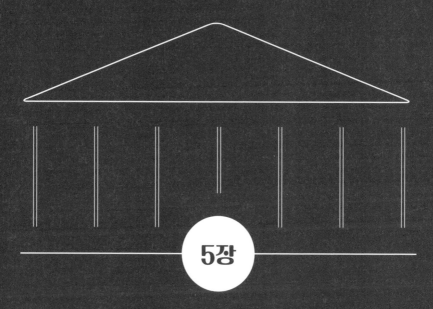

5장

인간다운 생활:

국가가 보장해야 할
인간다운 생활의 조건

OECD 최다 노인 빈곤율

가난한 삶을 사는 노인들이 늘어나고 있다. 폐지를 가득 실은 수레를 끌고 도로를 떠도는 노인들, 무료 급식소에서 겨우 한 끼를 때우는 노인들, 몸이 아프지만 치료비가 없어 병원에 가지 못하는 노인들, 급기야 홀로 죽음을 맞이하거나 고독에 못 이겨 자살하는 노인들까지…….

이들은 기초 연금으로 최소한의 생계를 유지하며 희망 없이 하루하루를 살아간다. 가난의 굴레를 벗어나지 못하거나 노후 준비를 하지 못한 노인들은 노동 능력이 상실된 시기에 극한의 빈곤과 소외를 겪게 된다. 그들에게 은퇴 연금을 받고 여행을 다니며 즐기는 노년의 삶은 꿈같은 이야기이다.

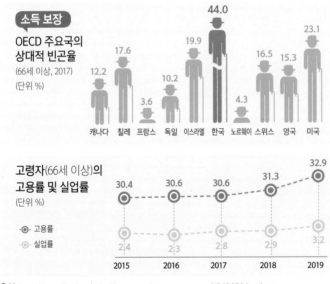

소득 보장

OECD 주요국의
상대적 빈곤율
(66세 이상, 2017)
(단위 %)

캐나다	칠레	프랑스	독일	이스라엘	한국	노르웨이	스위스	영국	미국
12.2	17.6	3.6	10.2	19.9	44.0	4.3	16.5	15.3	23.1

고령자(66세 이상)의
고용률 및 실업률
(단위 %)

◉ 고용률
◉ 실업률

	2015	2016	2017	2018	2019
고용률	30.4	30.6	30.6	31.3	32.9
실업률	2.4	2.3	2.8	2.9	3.2

출처: http://www.hani.co.kr/arti/economy/economy_general/963890.html>

우리나라는 OECD 국가들 중 가장 높은 노인 빈곤율을 기록하고 있으며, 빈곤 노인층은 인간다운 생활마저 위협받고 있다. 빈곤 노인들의 삶은 헌법에서 보장하는 인간다운 생활을 할 권리를 통해 보호받을 수 있을까?

⚖️ 인간다운 생활을 할 권리 보장

20세기 초부터 국제 사회는 사회권을 보장하기 위해 노력해 왔다. 근대 초기에는 국가의 억압과 폭정으로부터 개인의 자율성을 보호하기 위해 자유권을 보장하는 데 초점을 두었지만, 세계 대공황 이후 사회 경제적 불평등이 심화되면서 국민의 인간다운 삶을 보장할 수 있는 방안으로서 사회권이 대두되었다. 당시 경제적 취약 계층은 인간으로서의 기본적인 생활조차 할 수 없는 상황에 처해 국가의 도움 없이 살아갈 수 없었다. 1919년 바이마르 헌법에서 최초로 사회권 규정이 명문화되었고, 세계 인권 선언도 "모든 사람은 사회의 일원으로서 사회 보장을 받을 권리가 있다. 각국의 조직과 자원에 따른 국가적 노력과 국제적 협력에 의해 자신의 존엄과 인격의 자유로운 발전에 반드시 필요한 경제적, 사회적, 문화적인 권리를 실현할 수 있다(제22조)."라고 명시한 후 사회 보장을 받을 권리(제25조), 교육을 받을 권리(제26조), 노동의 권리(제23조), 휴식과 여가의 권리(제24조) 등을 규정하였다.

대공황 시절 시카고 무료 급식소

대공황 시절 캐나다 토론토 실업자들

각국 헌법도 국민들의 인간다운 삶을 보장하고 사회적 약자를 보호하기 위해 사회권 규정을 두고 있다. 이와 함께, 복지 국가의 출현과 사회 보장 제도의 발전도 인간다운 생활을 할 권리를 보장하는 데 기여하였다.

⚖ 우리 헌법에서의 인간다운 생활을 할 권리의 보장

우리 헌법 제34조는 "모든 국민은 인간다운 생활을 할 권리를 가진다." 라고 명시적으로 규정하여 사회권을 보장하고 있다. 초기에 헌법 제34조의 권리는 국민들의 최저 생계를 보장할 권리로 이해되었지만, 사회 보장 제도가 발달하면서 경제적 약자뿐 아니라 여성, 노인, 청소년, 장애인 등과 같은 사회적 약자의 주요 권리로 확대되었다.

헌법 제34조

① 모든 국민은 인간다운 생활을 할 권리를 가진다.

② 국가는 사회 보장 · 사회 복지의 증진에 노력할 의무를 진다.

③ 국가는 여자의 복지와 권익의 향상을 위하여 노력하여야 한다.

④ 국가는 노인과 청소년의 복지 향상을 위한 정책을 실시할 의무를 진다.

⑤ 신체 장애자 및 질병 · 노령, 기타의 사유로 생활 능력이 없는 국민은 법률이 정하는
   바에 의하여 국가의 보호를 받는다.

⑥ 국가는 재해를 예방하고 그 위험으로부터 국민을 보호하기 위하여 노력하여야 한다.

| 인간다운
| 생활이란

그렇다면 구체적으로 '인간다운 생활'이란 무엇일까. 인간다운 생활은 헌

법의 핵심 이념이자 기본 원리인 인간의 존엄과 가치와 밀접한 관련이 있다. 우리가 인간답게 살지 못한다는 것은 인간으로서의 존엄과 가치가 훼손된다는 것을 의미한다. 국가는 국민들의 인간의 존엄과 가치를 보장하기 위해 건강하고 문화적인 최저한의 생활을 보장할 의무를 진다. 국가가 국민의 인간다운 생활을 보장하지 않는다면, 사회적 취약 계층은 인간으로서의 존엄과 가치마저 침해당하게 될 것이다.

| 인간다운 생활을 실현할 권리: | 사회 보장 수급권

인간다운 생활을 할 권리는 구체적으로 사회 보장 수급권, 교육을 받을 권리, 근로의 권리, 환경권, 보건권 등으로 나타난다. 특히 헌법 제34조는 인간다운 생활을 할 권리를 실현하기 위한 구체적 규정으로 사회 보장 수급권을 규정하고 있다. 헌법 재판소도 "사회 보장 수급권은 헌법 제34조 제1항에 의한 인간다운 생활을 보장하기 위한 사회적 기본권의 핵심적인 것"이라고 하였다(2000헌바94 등).

인간다운 생활을 할 권리의 실현 수단

헌법은 제34조 제1항에서 국민에게 인간다운 생활을 할 권리를 보장하는 한편, 제2항에서는 국가의 사회 보장 및 사회 복지 증진 의무를 천명하고 있다. '인간다운 생활을 할 권리'는 여타 사회적 기본권의 이념적인 목표를 제시하고 있는 동시에 국민이 인간적 생존에 필요한 최소한의 재화를 국가에게 요구할 수 있는 권리를 내용으로 하고 있다. 국가의 사회 복지·사회 보장 증진 의무도 국가에게 물질적 궁핍이나 각종 재난으로부터 국민을 보호할 대책을 세울 의무를 부과함으로써, 결국 '인간다운 생활을 할 권리'의 실현을 위한 수단적인 성격을 갖는다고 할 것이다(93헌가14).

① 사회 보장 · 사회 복지

국가는 물질적 궁핍이나 사회적 위험으로부터 국민을 보호할 의무를 진다. 이러한 헌법 이념을 실현하기 위해 사회 보장에 관한 국민의 권리와 국가 및 지방 자치 단체의 책임을 정하고 사회 보장 제도에 관한 기본적인 사항을 규정하는『사회 보장 기본법』을 제정하였다.

② 여성의 복지와 권익의 향상

헌법은 국가가 여성의 복지와 권익을 향상시켜야 할 의무를 규정하고 있다. 여성은 오랫동안 차별받아 왔던 집단으로 기본적인 생활뿐 아니라 근로, 보건 등의 많은 영역에서 불리한 처우를 받아 왔다. 이에 대한 역사적 반성으로 여성의 복지를 적극적으로 보장하기 위해 헌법에 명문 규정을 두게 된 것이다. 여성의 복지를 구현한 법으로는『모자 보건법』,『영유아 보육법』등이 있다.

③ 노인과 청소년의 복지 향상을 위한 정책 실시

미래로 나아갈 청소년의 복지뿐 아니라, 초고령화 사회에 진입함에 따라 노인 복지 정책에 대한 관심도 높아지고 있다. 아직 성년이 되지 않은 청소년에게는 기본적인 생활을 국가에서 필수적으로 보장해야 하며, 근로 능력이 급격히 저하되는 노인을 위해서도 복지 제도를 확충해야 한다. 이를 위해『청소년 기본법』,『노인 복지법』등을 제정하여 시행하고 있다.

④ 신체 장애자 및 질병 · 노령 기타의 사유로 생활 능력이 없는 국민에 대한 보호

장애인을 위한 복지 정책은 장애인의 인권과 밀접한 관련이 있다. 장애인이 인간으로서의 존엄과 가치를 훼손당하지 아니하고 비장애인과 더불어 살아가기 위해서는 국가에서 법률을 통해 장애인의 권리를 적극적으로 보장해야 한다. 대표적인 법률이『장애인 복지법』이다. 또한 최저 생계비조차 확보되지 않는 경제적 약자에게는 생계를 보장할 방안을 법률로 마련해야 한다. 현재『국민 기초 생활 보장법』에 따라 생활이 어려운 사람에게 필요한 급여를 실시하여 최저 생활을 보장하고 있다.

⑤ 재해를 예방하고 그 위험으로부터 국민을 보호

대형 수재나 산불 피해가 날 때마다 재해와 재난이 국민의 삶에 얼마나 큰 영향을 미치는지 알게 된다. 재해와 위험으로부터 국민을 안전하게 보호하는 것은 곧 국민의 생존과 연결되어 있다. 국가는 재해나 재난에 미리 대비하여 적극적으로 정책을 수립하고, 재해 등이 발생하는 경우 해당 위험으로부터 국민을 보호해야 한다. 대표적인 법률로는『재난 및 안전 관리 기본법』이 있다.

인간다운 생활을 할 권리가 침해되었을 때

인간다운 생활을 할 권리가 침해되었을 때에는 위헌 법률 심판이나 헌법 소원 심판을 통해 권리 구제를 신청할 수 있다. 사회 보장 수급권이 침해된 경우에도 마찬가지이다. 그런데 사회권의 특성상 인간다운 생활을 할 권리를 보장하는 법률이 없거나 불충분한 법률이 있는 경우에 헌법 소원을 제기하는 경우가 많다. 1997년 헌법 재판소의 생계 보호 기준 사건도 당시 생계 보호 기준의 수준이 인간다운 생활을 보장하기에 불충분하다는 이유에서 제기된 것이다. 헌법 재판소는 이 사건에서 사회 보장권에 관한 입법을 할 경우에는 국가의 재정 부담 능력, 사회 정책적인 고려, 제도의 장기적인 지속 등을 감안하여 입법 재량을 광범위하게 부여할 수밖에 없다고 하였다. 즉, 인간다운 생활을 할 권리의 침해 여부는 사법부가 입법부의 판단을 존중한다는 전제에서 소극적으로 이루어지고 있다.

인간다운 생활을 할 권리의 침해 여부

국가가 인간다운 생활을 보장하기 위한 헌법적인 의무를 다하였는지의 여부가 사법적 심사의 대상이 된 경우에는, 국가가 생계 보호에 관한 입법을 전혀 하지 아니하였다든가 그 내용이 현저히 불합리하여 헌법상 용인될 수 있는 재량의 범위를 명백히 일탈한 경우에 한하여 헌법에 위반된다고 할 수 있다(94헌마33).

사회 보장 수급권과 같은 사회적 기본권을 법률로 정함에 있어 입법자는 광범위한 형성의 자유를 누린다. 국가의 재정 능력, 국민 전체의 소득 및 생활 수준, 기타 여러 가지 사회적·경제적 여건 등을 종합하여 합리적인 수준에서 결정할 수 있고, 그 결정이 현저히 자의적이거나, 사회적 기본권의 최소한의 내용마저 보장하지 않은 경우에 한하여 헌법에 위반된다고 할 것이다(2000헌마342).

따라서 인간다운 생활을 할 권리가 보장되기 위해서는 관련 입법이 제대로 이루어질 수 있도록 국가와 국민 모두가 적극적으로 노력해야 할 것이다. 국회에서 정년 연장, 기초 연금의 인상과 확대, 고령 노동자의 일자리 보장 등과 같이 노인 복지를 실질적으로 향상시킬 수 있는 입법이 이루어지도록 모두 관심을 가지고 입법에 참여해야 할 것이다.

✎ 고령 노동자들이 집중적으로 종사하는 단순 노동은 향후 AI나 로봇 등에 의해 대체될 수 있어 노인 일자리의 범위는 더욱 좁아질 수 있다. 노인 기본 소득을 도입하면 노인 빈곤, 인권 침해, 자살 등의 사회적 문제를 해결하는 데 도움이 될 수 있고, 초고령화 사회의 노인들의 삶을 전반적으로 개선할 수 있을 것이라는 주장이 있다. 무엇보다 노인 기본 소득의 도입으로 노인층 간의 불평등과 상대적 빈곤율이 줄어든다면, 노인들 간의 갈등이 줄어들고 각자의 생활이 안정되어 사회적 통합을 유지하는 데 도움이 된다고 주장한다.

Q 우리나라에 노인 기본 소득 도입이 가능할까? 노인 기본 소득 도입에 대한 찬반 의견을 제시하고, 이에 대한 근거를 서술해 보자.

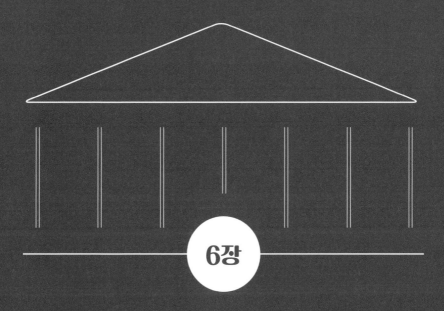

6장

학생 인권:

학생의 인권도
어른의 인권만큼 소중하다

#인권 #학생 인권 #학생 인권 조례 #국가 인권 위원회

우리 학교는 교칙으로 스포츠형 머리 스타일만 할 수 있게 되어 있습니다. 인권 침해 아닌가요?

우리 학교의 두발 규정은 적법하고 민주적인 과정과 절차를 통해 제정되어 문제가 없습니다.

우리 헌법, 교육 기본법, 유엔의 아동 권리에 관한 협약 등에는 행복 추구권, 사생활에 대한 권리 등을 보장하고 있습니다. 해당 학교의 학생 생활 규정이 절차적으로 정당하더라도, 내용이 과도하게 학생의 인권을 침해하고 있습니다!

초·중·고 학생은 성인이 되지 않은 채 교육을 받는 존재이다. 하지만 학생의 소중한 인권을 교육이라는 이유로 마음대로 제한해도 되는 것일까? 위 사례에서처럼 공부에 도움이 될 것이라는 이유만으로 두발, 복장 등을 과도하게 제약해도 되는 것일까? 학생 인권의 적정한 보장 수준은 어떠해야 하는 것일까?

⚖️ 학생 인권에 왜 관심을 가져야 할까?

학생들을 향한
사회의 시선

인권은 인간으로서 누구나 가지는 기본적이고 보편적인 권리이며, 모든 사람의 인권은 다 소중하고 보호받아야 마땅하다. 그런데 누구나 동등하게 누려야 할 기본적이고 보편적인 권리가 특정 사회적 약자나 소수자에게서만 유독 취약한 경우가 있다. 학생 인권도 그러하다.

우리나라에서 통용되는 학생에 대한 사회적 인식을 생각해 보자. 학생은 성장하는 존재인 만큼 미성숙하거나 보호해야 할 대상으로 본다. 그러다 보니 학생을 어른들의 규제와 훈육이 당연히 필요한 존재, 사회 규범과 도덕에 무조건 순종해야 하는 존재, 미성숙하여 정상적인 가치 판단을 할 수 없는 존재로 보는 인식이 오랜 시간 자리를 잡아 왔다.

어른이 되면 보장받는
학생 인권?

어른들의 보호와 교육이 학생들에게 필요함에도 불구하고, 종래 사회적 인식은 어떤 문제를 낳아 왔을까? 우선 어른들이 바람직하고 올바른 것이라고 정해 놓은 삶의 방식을 강요하게 된다. 한 명 한 명의 성격과 특징이 다

다른데 획일적인 모습으로 규격화시키는 셈이다. 또 삶의 주체성과 자율성을 고려하지 않고 강압적이고 비자발적인 교육과 선도가 이루어지기도 한다.

이러다 보니 복장, 두발 규제처럼 지켜야 할 도덕, 규칙 등이 더 강하게 요구되기도 하고, 학생은 미성숙하고 부족한 존재라는 인식으로 인해 개별적 인격체로서 당연히 누려야 할 권리와 자유가 제한되기도 한다. 정치적·사회적 권리는 어른이 되면 자연스럽게 얻게 된다며 당연하다는 듯 미루는 일도 생긴다. 오죽하면 학교 공간에서의 부조리를 다루는 영화 작품이 셀수도 없이 많이 나왔을까?

    말죽거리 잔혹사   도가니   여고 괴담

⚖️ 학생 인권을 보장하기 위한 움직임

학생 인권 조례를 제정하다

그렇다면 학생들의 인권을 보장하기 위해서 어떠한 교육이나 선도, 보호의 노력도 하지 말아야 하는 것일까? 오해하지 말자. 자라나는 학생들에게는 정당하고 훌륭한 교육과 조력을 제공해야 한다. 단지 교육이라는 이름으로 학생들의 인권이나 자율성, 주체성을 함부로 다루거나, 특별한 이유 없이 어른과 차등을 두는 것을 경계해야 한다는 것이다.

이런 고민 속에 우리 사회에서도 학생들의 인권을 제대로 보호하자는 의견이 모아졌다. 그 출발은 경기도 교육청이었다. 2010년 체벌 금지를 명문화한 학생 인권 조례가 발표되었고 이 안이 경기도 의회를 통과하면서 조례로 확정되었다. 이후 다른 곳에서도 학생 인권 조례가 속속 채택되어 현재는 서울, 경기, 전북, 광주, 충남, 제주의 6개 지역으로 늘어났다(2022년 기준). 학생 인권 조례에는 학생 인권의 의미와 보호하는 이유, 그리고 구체적인 인권의 유형 등을 잘 설명해 놓고 있다.

오장풍 교사 사건

지난 2010년, 서울 A초등학교 6학년 담임이었던 오○○ 교사가 초등학생을 무자비하게 때리는 사건이 발생했다. 초등학생 폭행 영상이 인터넷에 공개되자 사회적 공분이 쏟아졌다. 학생들 사이에서는 "오○○ 교사로부터 손바닥으로 한 번 맞으면 쓰러진다."는 의미에서 오장풍이라는 별명으로 불려 왔다는 점이 부각되면서 이 사건은 빠르게 퍼져 나갔다. 이 사건은 학생이나 학부모에게도, 교육 일선에서 최선을 다하던 교사들에게도 모두 충격을 안겨 주었다. 당시까지 체벌 금지를 둘러싼 찬반 입장이 팽팽하게 맞서 왔지만, 이 사건을 계기로 체벌 금지 여론이 급속히 확산되었고, 관련 규정이 2011년 3월 개정되면서 교육 현장에서 체벌이 전면 금지되었다.

초·중등교육법 시행령 제31조 제8항

학교의 장은 법 제18조 제1항 본문에 따라 지도를 할 때에는 학칙으로 정하는 바에 따라 훈육·훈계 등의 방법으로 하되, 도구, 신체 등을 이용하여 학생의 신체에 고통을 가하는 방법을 사용해서는 아니 된다.

학생 인권 조례의 내용

6개 지역에서 채택한 학생 인권 조례의 내용은 대체로 비슷하다. 경기도 학생 인권 조례에 학생 인권에 대해 어떠한 내용이 담겨 있는지 살펴보자.

우선 학생 인권의 의미를 살펴보면 우리나라 헌법이나 법률, 또는 '유엔
아동의 권리에 관한 협약'과 같은 국제법에서 인정하는 권리 가운데 학생에
게 적용될 수 있는 모든 권리라고 볼 수 있다. 학생 인권 조례에는 학생이
누리게 되는 다양한 인권을 규정하는 한편, 이 조례에 열거되어 있지 않다
는 이유로 인권이 경시되어서는 안 된다는 점을 분명히 하고 있다. 나아가
학칙과 같은 학교 규정이 교육적 목적에 따라 학생들의 인권을 일부 제한하
는 경우가 있을 수 있지만, 학생 인권의 본질적인 내용은 제한해서는 안 된
다는 점도 명시하고 있다. 조례에 나타난 구체적인 학생 인권의 내용은 다
음과 같다.

순번	학생 인권	구체적 권리
1	차별받지 않을 권리	• 성별, 종교, 나이, 사회적 신분 등을 이유로 　차별받지 않을 권리
2	폭력 및 위험으로부터의 자유	• 폭력으로부터 자유로울 권리 • 위험으로부터 안전할 권리
3	교육에 관한 권리	• 학습에 관한 권리 • 정규 교육 과정 이외의 교육 활동의 자유 • 휴식권 • 문화 활동을 향유할 권리
4	사생활의 비밀과 자유 및 정보에 관한 권리	• 개성을 실현할 권리 • 사생활의 자유 • 개인 정보를 보호받을 권리 • 정보 열람 등에 관한 권리
5	양심 · 종교의 자유 및 표현의 자유	• 양심 · 종교의 자유 • 의사 표현의 자유
6	자치 및 참여의 권리	• 자치 활동의 권리 • 학칙 등 학교 규정의 제 · 개정에 참여할 권리 • 정책 결정에 참여할 권리 • 선거권 등

7	복지에 관한 권리	• 학교 복지에 관한 권리 • 교육 환경에 대한 권리 • 문화 활동을 향유할 권리 • 급식에 대한 권리 • 건강에 관한 권리
8	징계 등 절차에서의 권리	• 징계 사유에 대한 사전 통지 • 공정한 심의 기구의 구성, 소명 기회의 보장 등
9	권리 침해로부터 보호받을 권리	• 권리를 지킬 권리 • 상담 및 조사 등 청구권
10	소수 학생의 권리 보장	• 빈곤, 장애, 한부모 가정, 다문화 가정, 운동선수 등 소수 학생에 대한 권리 보장

이와 같이 학생 인권 조례는 학생들이 차별받지 않을 권리부터 소수자 학생의 권리 보장에 이르기까지 학교생활 안팎의 영역에서 다양한 인권을 누리고 보장받을 수 있도록 한다. 특히 학습의 영역에서와 같이 학습에 관한 권리 등 학생 본연의 활동을 보장하는 것도 의미가 크지만, 학칙 제·개정이나, 학교 정책 결정에 대해 의견을 표명하거나 참여하고, 문화 활동 향유 등 인간의 존엄과 가치에 관한 권리 및 사생활의 비밀과 자유 등과 같은 학교 안팎의 개인적 활동을 보장하는 것도 의미가 크다고 볼 수 있다.

학생 인권에 대한 우려의 시선

학생 인권을 폭넓게 보장하는 데 대해 일부 사람들은 교권을 위축시킬 수 있다는 우려를 표하기도 한다.

최근 들어 교권이 침해되는 사례를 심심찮게 접할 수 있고, 학교와 교사의 교권이 침해되는 것은 매우 안타까운 일이지만, 엄연히 교권과 학생 인권이 대척점에 놓인 것이 아니다. 소중한 학생의 인권을 존중함으로써 더욱 존경받는 교사, 부모, 어른이 될 수 있다. 학생들이 자신의 인권만을 내세우며 교권을 침해해서는 안 되듯이, 교권을 보호한다는 명목으로 학생 인권을 무시하는 것 또한 논리적으로 설득력을 가지지 못한다. 학생 인권을 보장하는 것은 학생의 인권을 보호하고 존중함으로써 학생 상호 간, 학생과 교사 간 인권을 존중하고 인정하는 데 궁극적인 목적이 있음을 명심해야 한다.

뉴욕시 학생 권리 장전

뉴욕시의 '학생 권리 장전(Student bill of rights)'에는 학생들이 학교에서 누릴 수 있는 권리와 함께 책임 및 의무가 비슷한 비중으로 강조되어 있다. 뉴욕시의 학생 권리 장전은 1절 '무상으로 공교육을 받을 권리(15개 조항)', 2절 '표현의 자유에 대한 권리(12개 조항)', 3절 '적정 절차에 대한 권리(9개 조항)', 4절 '18세 이상 학생의 추가 권리(8개 조항)', 5절 '학생의 책임(24개 조항)' 등 5개의 큰 항목으로 구성되어 있다.

책임을 구체화한 5절에는 교사·교직원을 포함한 학교 내 다른 모든 이들의 존엄과 평등권을 존중하고, 예의 바르며 진실되고 협조적인 태도로 급우와 교사를 대한다는 내용 등이 표현되어 있다. 이에 더하여 제시간에 출석하기, 교실이나 학교에 드나들 때 규정 지키기, 다른 학생들의 학습권을 침해하지 않는 안전한 환경 만들기 등의 내용도 담겨 있다. 그리고 '갈등을 해결할 때는 위협적이지 않은 방법 사용하기', '사상은 자유이나 외설적·모욕적인 표현 삼가기', '좋은 인간관계를 맺고 교내 다른 구성원과 이해의 폭 넓히기' 등 학교 구성원에 대한 예의와 배려가 여러 차례 강조되어 있다. 만약 이를 어기는 경우 별도의 '훈육 규정'에 따른 징계를 받을 수 있음도 명시하고 있다.

출처: 정시행, 2023.07.25. 조선일보, "엎드려 자고 욕하면 즉각 제지…… 뉴욕, 학생 인권만큼 책임도 묻는다." 내용 재구성

✏️ **다음 글을 읽고, 질문에 대해 생각해 보자.**

> 우리 학교 교복에는 상의에 헝겊 재질 명찰이 부착되어 있습니다. 그러다 보니 등하굣길이나 버스에서 모르는 사람들에게 저희 이름이 노출됩니다. 이렇게 타인들에게 저희 소속과 이름이 무방비로 노출되는 게 찜찜하고 불안합니다. 이는 저희들의 인권을 침해하는 것이 아닐까요?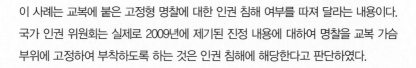
>
> 출처: 김경희, 서미라(2022). 내 인권 친구 인권. 북스토리.

이 사례는 교복에 붙은 고정형 명찰에 대한 인권 침해 여부를 따져 달라는 내용이다. 국가 인권 위원회는 실제로 2009년에 제기된 진정 내용에 대하여 명찰을 교복 가슴 부위에 고정하여 부착하도록 하는 것은 인권 침해에 해당한다고 판단하였다.

🅠 국가 인권 위원회가 고정형 명찰을 인권 침해라고 판단한 근거에 대해 생각해 보자.

_____

_____

_____

🅠 아울러 '교내에서 목걸이 형식의 명찰을 착용'하도록 하는 것은 인권 침해인지 아닌지 서술해 보자.

_____

_____

_____

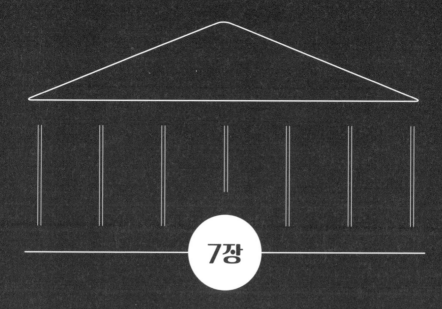

7장

헌법 소원:

기본권을 침해당했을 때
어떻게 대처할 수 있을까?

#헌법 #헌법 재판소 #헌법 소원 #권리 구제형 #위헌 심사형

헌법 재판소는 헌법 재판을 통해 국민의 기본권을 지키는 역할을 한다. 특히 위 사례에 나타난 것과 같은 재판을 헌법 소원 심판이라고 한다. 침해된 기본권을 지켜 주는 헌법 소원은 어떤 것일까? 어떻게 만들어지게 된 것일까?

⚖️ 헌법 재판이란 무엇일까?

헌법 재판이란 헌법을 수호하기 위한 재판을 말한다.

헌법은 최고법인 만큼 법률 등과 같은 하위 법령은 모두 헌법의 내용을 따라야 한다. 법률 등의 내용이 헌법에 합치되는지 여부를 따지는 것이 헌법 재판이다. 아울러 국가

헌법 재판소

기관 등의 공권력 작용 역시 헌법에 어긋나서는 안 되기 때문에 이 또한 헌법 재판에서 위헌성 여부를 따지게 된다.

다만 헌법은 추상적이고 이념적인 내용으로 구성되어 있기 때문에 이를 정확하게 해석하고 적용하는 데 어려움이 따른다. 따라서 우리나라는 헌법 재판소라는 독립적인 국가 기관을 만들어 헌법 재판을 전담하도록 하고 있다.

⚖️ 헌법 재판소는 민주주의의 산물이다

헌법 재판소의 탄생

현행 헌법 재판소는 1988년에 만들어졌다. 그러나 그 이전에도 헌법 재판 제도 자체가 없었던 것은 아니다. 제헌 헌법에서는 부통령을 위원장으로

하고, 대법관, 국회 의원 각 5인의 위원으로 구성된 헌법 위원회를 두고 있었다. 1960년 4·19혁명을 통해 등장한 제2공화국 헌법에서는 헌법 재판소 제도를 최초로 도입하였으나, 헌법 재판소가 설치되지도 못한 채 제2공화국이 역사 속으로 사라졌다.

제3공화국에서는 법원이 위헌 법률 심사권을 가지기도 했고, 제4, 제5공화국에서는 헌법 위원회를 설치하여 헌법 재판을 전담하기도 했다. 그런데 제4, 제5공화국의 헌법 위원회에서는 단 한 건의 위헌 법률 심판도 진행된 바가 없었다. 군사 독재 정부 시절 국민의 기본권에 대한 침해가 비일비재했지만, 정작 이를 수호해야 할 헌법 위원회는 별다른 기능을 하지 못했다.

1987년 6월에는 전국에서 대규모 민주화 운동이 일어났다. 민주화 운동의 산물로 아홉 번째 헌법 개정이 이루어졌고 현재까지 시행되고 있다. 이당시 정치적 타협의 산물로 오늘날의 헌법 재판소가 만들어졌다.

헌법 재판소는 대한민국 현대사의 굴곡을 이겨 내고 민주주의를 성취하는 과정에서 탄생하게 된 산물이다. 그러나 헌법 재판소가 처음부터 지금과 같은 위상을 가진 것은 아니었다. 1988년 개소 이후 위헌적 법률을 과감하게 무효화하고, 국민 기본권 보장을 위한 적극적 노력을 기울인 덕분에 기본권 수호를 위한 기관으로서의 위상을 가지게 되었다.

헌법 재판소는 어떤 역할을 할까?

헌법 재판소는 5가지 유형의 심판을 담당한다. 위헌 법률 심판, 헌법 소원 심판, 탄핵 심판, 정당 해산 심판, 권한 쟁의 심판이다. 탄핵 심판과 정당 해산 심판은 사건의 특성상 매우 드문 편이다. 그러나 나머지 심판은 비교적 자주 접할 수 있다. 모든 심판이 다 중요하지만 국민의 삶과 좀 더 깊이 연관된 것은 위헌 법률 심판과 헌법 소원 심판이다.

대한민국 헌법 제111조

① 헌법 재판소는 다음 사항을 관장한다.

1. 법원의 제청에 의한 법률의 위헌 여부 심판

2. 탄핵의 심판

3. 정당의 해산 심판

4. 국가 기관 상호 간, 국가 기관과 지방 자치 단체 간 및 지방 자치 단체 상호 간의
   권한 쟁의에 관한 심판

5. 법률이 정하는 헌법 소원에 관한 심판

위헌 법률 심판은 국회에서 제정한 법률이 헌법에 위반되는지 여부를 헌법 재판소에서 심사하여 위헌일 경우 해당 법률의 효력을 상실시키고 적용하지 못하도록 하는 심판을 말한다. 위헌 법률 심판을 진행하기 위해서는 일정한 조건이 요구된다.

우선 법원에서 재판이 진행 중이어야 한다. 이때 재판 진행 중인 당사자가 해당 사건에 적용되는 법률(또는 그 조항)이 헌법에 위반된다고 생각하면, 법원에 위헌 제청 신청을 하게 된다. 법원이 법률의 위헌 여부를 확인해 달라고 헌법 재판소에 요청하는 것을 위헌 제청이라고 하고, 재판 당사자가 법원에 위헌 제청을 해 달라고 요구하는 것을 위헌 제청 신청이라고 한다. 법원은 위헌 제청 신청을 따져 본 후 이를 받아들이거나(인용) 거부(기각)할 수 있다. 그리고 당사자의 신청이 없더라도 법원이 자체적으로 판단하여 위헌 제청을 할 수도 있다.

위헌 법률 심판은 잘못된 법률이 국민의 기본권을 침해하는 것을 막아준다. 하지만 반드시 재판 중인 법원의 위헌 제청이 필요하다는 점에서, 국민의 기본권 보호에 미흡한 점이 있다. 이와 같은 부족한 부분을 보완하기 위해 마련된 제도가 헌법 소원 심판이다.

⚖️ 국민의 기본권 지킴이, 헌법 소원 심판

> 두 가지 종류의
> 헌법 소원 심판

헌법 소원 심판에는 두 가지 유형이 있는데, 이는 헌법 재판소법에 명시되어 있다.

> ### 헌법 재판소법 제68조
>
> ① 공권력의 행사 또는 불행사(不行使)로 인하여 헌법상 보장된 기본권을 침해받은 자는 법원의 재판을 제외하고는 헌법 재판소에 헌법 소원 심판을 청구할 수 있다. 다만, 다른 법률에 구제 절차가 있는 경우에는 그 절차를 모두 거친 후에 청구할 수 있다.
> ② 제41조 제1항에 따른 법률의 위헌 여부 심판의 제청 신청이 기각된 때에는 그 신청을 한 당사자는 헌법 재판소에 헌법 소원 심판을 청구할 수 있다. 이 경우 그 당사자는 당해 사건의 소송 절차에서 동일한 사유를 이유로 다시 위헌 여부 심판의 제청을 신청할 수 없다.

하나는 공권력으로 인해 기본권을 침해받은 사람이 헌법 재판소에 직접 제기하는 헌법 소원이다. 이를 권리 구제형 헌법 소원이라고 하며, 헌법 재판소법 제68조 제1항에 근거하고 있다. 다른 하나는 재판 중인 당사자가 위헌 법률 심판 제청 신청을 했으나 법원에서 거절당한 경우, 본인이 직접 헌법 재판소에 법률의 위헌 여부를 판단해 달라고 요구하는 헌법 소원이다. 이를 위헌 심사형 헌법 소원이라고 하며, 같은 법 제68조 제2항에 근거하고 있다.

권리 구제형 헌법 소원,
기본권을 지키다

권리 구제형 헌법 소원은 공권력으로 인해 헌법상 보장된 기본권을 침해 당한 사람이 청구하는 헌법 소원이다. 공권력이란 무엇일까? 국가 기관이 나 지방 자치 단체가 사회 질서를 유지하고 시민들의 삶을 돌보기 위해 가지는 권력이다. 이러한 공권력을 자칫 잘못 사용하거나 필요 이상으로 사용 할 경우 국민의 기본권을 침해할 수 있다. 이를 구제하는 절차가 권리 구제 형 헌법 소원이다. 이는 입법, 행정, 사법과 같은 다양한 공권력 작용에 대해 모두 적용된다. 또 헌법 재판소법 제68조 제1항에 나와 있는 것처럼 공권력의 행사뿐 아니라 불행사에 대해서도 헌법 소원 청구가 가능하다. 즉, 국가 기관 등이 국민의 기본권 보장을 위해 해야 할 의무를 다하지 아니하 여 시민의 기본권을 침해하는 경우에도 청구가 가능하다.

2020년에 시행되던 가족 관계 등록법(제14조 제1항)은 청소년의 직계 혈족 이 가족 관계 증명서 및 기본 증명서를 아무 제한 없이 발급받을 수 있도록 규정하고 있었다. 즉, 가정 폭력 가해자도 별도의 제한 없이 직계 혈족이 기만 하면 자유롭게 그 자녀의 가족 관계 증명서와 기본 증명서의 교부를 청구하여 발급받을 수 있었다. 그 결과 가정 폭력 가해자가 자녀의 개인 정보를 이용하여 피해자의 주거지를 알아내어 해를 끼칠 염려가 발생하였다. 이에 가정 폭력 피해자인 청구인은 이런 불완전한 규정이 개인 정보 자기 결정권을 침해한다고 주장하며 권리 구제형 헌법 소원을 제기하였다. 헌법 재판소는 이에 대해 개인 정보 무단 유출 가능성을 열어 놓은 법률이 불완 전·불충분하다고 보아 기본권을 침해한다고 결정하였다. 이처럼 헌법 소원 은 우리의 삶과 밀접하게 연관되어 있으며, 헌법상 기본권이 침해당한 사람 이라면 누구나 요건에 맞추어 침해에 대한 구제를 청구할 수 있는 제도이다.

위헌 심사형 헌법 소원,
기본권 보장을 위한 또 다른 방패

위헌 심사형 헌법 소원은 재판 중인 당사자가 법원에 이 법률이 위헌인 것 같으니 헌법 재판소에 위헌 법률 심판을 제청해 달라고 요구(위헌 제청 신청)했지만 법원에서 받아들여지지 않은 경우, 직접 헌법 재판소에 위헌 여부 심사를 청구하는 제도이다.

이는 과거 군사 독재 정부 시절의 위헌 법률 심판 제도의 문제점을 보완하기 위해서 만들어졌다. 과거 헌법 위원회 시절에는 위헌 법률 심판이 단 한 건도 없었다. 당시 하급 법원에서 위헌 제청을 하더라도 대법원에 최종적인 제청 권한이 있었는데, 대법원이 사실상 차단막 역할을 해 버렸기 때문이다. 국민의 기본권을 침해하는 잘못된 법률이 있다고 할지라도 위헌 법률 심판 제도가 전혀 작동하지 않았던 것이다.

현행 위헌 심사형 헌법 소원은 이러한 잘못에 대한 반성에서 탄생하였다. 법원이 위헌 제청 신청을 기각하더라도 법률의 위헌 여부를 꼭 따져야 하는 억울함이 있는 경우, 당사자 본인이 직접 위헌 법률 심판을 헌법 재판소에 청구할 수 있도록 길을 열어 준 셈이다. 위헌 심사형 헌법 소원은 세계적으로도 그 유례를 찾기 힘든 우리나라만의 독특한 제도로 손꼽힌다.

헌법 소원의 핵심은 권리 구제형이든 위헌 심사형이든 당사자가 직접 청구할 수 있다는 데 있다. 헌법 재판소가 담당하는 5가지 심판 유형 가운데 국민이 직접 헌법 재판소를 상대로 사건을 청구할 수 있는 것은 헌법 소원이 유일하다. 권리 구제형이나 위헌 심사형이나 국민의 기본권 보호를 위한 직접적이고 강력한 장치라는 점에서는 동일한 기능을 한다.

✏️ **다음 글을 읽고, 질문에 대해 생각해 보자.**

헌법 재판소법 제68조 제1항은 기본권 침해에 대한 권리 구제형 헌법 소원의 청구 요건을 규정하고 있다. 흥미로운 부분은 법원의 재판은 헌법 소원의 심판 대상이 될 수 없다는 점이다. 만약 법원의 재판에서 패소한 사람이 이를 번복하기 위해 모두 헌법 소원을 청구한다면 어떤 일이 벌어질까? 법원의 권위가 낮아질 수도 있고, 헌법 재판소의 업무가 마비될 수도 있다.

또한 같은 조항의 뒷부분에서 다른 법률에 구제 절차가 있는 경우 그 절차를 모두 거쳐야만 헌법 소원 청구가 가능하다고 규정하고 있다. 이를 근거로 법원의 재판을 거치지 않았다는 이유로 헌법 소원 청구 내용을 심사하지 않기도 한다.

> 헌법 재판소법 제68조 제1항: 공권력의 행사 또는 불행사(不行使)로 인하여 헌법상 보장된 기본권을 침해받은 자는 법원의 재판을 제외하고는 헌법 재판소에 헌법 소원 심판을 청구할 수 있다. 다만, 다른 법률에 구제 절차가 있는 경우에는 그 절차를 모두 거친 후에 청구할 수 있다.

❓ 위 조항으로 인해 어떤 문제가 발생할 수 있는지 이야기해 보자.

_____

_____

_____

❓ 만일 헌법 재판소에서 어떤 법률 규정을 위헌이라고 결정했는데 법원에서 그 법률 규정을 적용하여 재판을 했을 때에도 헌법 소원을 할 수 없을까? 이에 대한 헌법 재판소의 결정을 찾아보자.

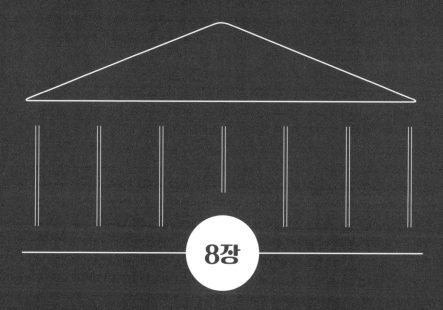

8장

결혼과 이혼:

결혼, 이혼, 어떻게 달라질까?

#부부   #혼인   #성년 의제   #이혼

혼인 신고 접수를 받는 시(구)·읍·면의 사무소 창구나 혼인 신고서에서 '혼인 신고 후 취소 불가'와 같은 문구를 발견할 수 있다. 이와 같은 경고 문구에는 한 번 혼인 신고를 하면 쉽게 되돌릴 수 없으므로 혼인 신고를 할 때에는 신중하게 결정해야 한다는 의미가 담겨 있다. 혼인 신고에는 어떤 효력이 있을까? 그리고 결혼과 이혼에 따라 어떤 변화가 생기는 것일까?

⚖️ 혼인이란 무엇일까?

혼인이란 남자와 여자가 부부가 되는 것을 의미한다. 그렇다면 혼인은 언제 성립하게 될까? 우리가 가장 먼저 떠올리는 것은 신랑 신부가 여러 하객 앞에서 혼인을 약속하는 결혼식이지만, 결혼식을 하는 것만으로는 법

혼인 신고 민원 안내
(혼인 신고서)

적인 부부가 되지 못한다. 우리나라에서는 혼인 당사자들이 혼인할 의사의 합치가 있고, 혼인 신고를 해야 법적 혼인이 인정된다.

그렇지만 혼인 신고를 했다고 해서 모든 혼인이 법적으로 인정되는 것은 아니다. 혼인이 무효가 되거나 취소되는 경우도 있다. 혼인이 무효가 되는 대표적인 경우로는 두 사람 사이에 혼인에 대한 합의가 없는 경우를 들 수 있다. 상대방의 동의 없이 몰래 혼인 신고를 했을 경우, 상대방에게 혼인 의사가 없었기 때문에 원칙적으로 효력이 없다. 이런 경우에는 가정 법원에 혼인 무효 확인 소송을 제기하여 혼인을 무효로 할 수 있고, 일방적인 혼인 신고로 인해 입은 재산상·정신상의 손해를 배상하도록 청구할 수 있다. 동의 없이 혼인 신고서를 작성하여 제출한 것은 사문서 위조에 해당하기 때문에 형사 처벌도 가능하다.

> 이 외에도 8촌 이내의 혈족 사이의 결혼인 경우, 당사자 간에 직계 인척 관계가 있거나 있었던 경우 등에도 혼인을 무효로 할 수 있어.

혼인이 취소되는 대표적인 경우로는 속이거나 협박해서 혼인을 한 경우를 들 수 있다. 서류를 위조해 학력이나 직업을 적극적으로 속였다거나 성범죄와 같은 범죄 전력을 미리 알리지 않은 경우, 이러한 사실은 혼인 의사를 결정하는데 중요한 사항이고 이를 알았더라면 혼인하지 않았을 것이라고 볼 수 있으므로 혼인을 취소할 수 있다. 이 경우에는 법원에 혼인 취소 소송을 제기하여 혼인을 취소할 수 있고, 혼인의 취소로 입은 재산상·정신상의 손해를 배상하도록 청구할 수 있다.

혼인 취소는 혼인 당사자가 만 18세 미만인 경우, 미성년자나 피성년 후견인이 부모나 후견인의 동의 없이 결혼한 경우, 배우자가 있는 사람이 혼인을 한 경우, 혼인 당사자 사이에 법률상 일정한 친·인척 관계가 있는 경우, 혼인 당시 당사자 일방에 부부 생활을 계속할 수 없는 악질 기타 중대한 사유가 있음을 알지 못한 경우에도 할 수 있어.

판례 **임신 가능 여부는 혼인의 유지에 필수적일까?**

* 관련 판결: 2014므4734(본소), 2014므4741(반소) 판결

배우자의 성염색체 이상과 불임 등을 사유로 혼인 취소를 청구한 사건에서 대법원은 혼인은 법률상, 사회생활상 중요한 의미를 가지는 신분상의 계약으로서 혼인의 본질은 양성 간의 애정과 신뢰에 바탕을 둔 인격적 결합에 있기 때문에 특별한 사정이 없는 한 임신 가능 여부는 민법 제816조 제2호에서 규정하고 있는 부부 생활을 계속할 수 없는 악질, 기타 중대한 사유에 해당한다고 볼 수 없다고 판단하였다.

⚖️ 혼인을 하면 어떤 변화가 생길까?

　법적 혼인이 인정되면 배우자가 생기고, 배우자와 신체적 · 정신적 · 경제적 공동체가 되며, 배우자의 가족과 인척 관계가 새롭게 생긴다. 또한 부부 간의 공동생활을 위한 의무가 생긴다. 부부는 서로 동거할 의무가 있고, 서로 부양하고 협조할 의무가 있다. 또한 다른 이성과 부정한 행위를 하지 않을 정조의 의무도 있다.

인척은 혼인으로 맺어진 친척으로, 혈족의 배우자(며느리, 사위 등), 배우자의 혈족 (장인·장모, 시부모, 처제, 시동생 등), 배우자의 혈족의 배우자(동서 등)가 포함돼.

　생필품을 구입하거나 공과금을 납부하는 것, 자녀의 교육비를 지출하는 것처럼 부부가 함께 살아가는 데 필요한 활동을 일상 가사라고 하는데, 민법에서는 일상 가사에 대해서 부부 중 한쪽이 다른 한쪽을 대리할 수 있다고 규정하고 있다. 그리고 이러한 일상 가사를 위해 부부 중 어느 한쪽이 돈을 빌리거나 물건을 구입한 경우, 부부가 함께 갚을 책임이 있다고 본다. 그렇다고 해서 부부간의 모든 채무에 대해서 책임을 져야 하는 것은 아니다. 일상 가사 대리의 범위를 벗어나는 고가의 사치품 구입의 경우 일상 가사라고 보기 어렵기 때문에 구입한 사람이 갚아야 한다.

부부는 하나? 부부의 재산은 따로! – 부부 별산제

* 관련 법률: 민법 제830조, 제831조

우리 민법은 기본적으로 부부 각자의 재산을 인정하는 부부 별산제를 채택하고 있다. 부부 별산제란 혼인 전부터 가지고 있던 고유 재산과 혼인 중 자신의 명의로 취득한 재산은 그 사람에게만 속한 재산으로 보고, 각자의 재산은 각자가 관리하거나 처분할 수 있다고 보는 것이다. 하지만 누구에게 속한 것인지가 분명하지 않은 재산은 공동의 재산으로 본다. 또한 부부가 공동으로 협력해서 형성한 재산은 부부 중 한 사람의 명의로 되어 있다고 하더라도 공동의 재산으로 본다.

⚖️ 이혼이란 무엇일까?

이혼이란 혼인 관계를 인위적으로 소멸시키는 것을 말한다. 이혼은 당사자인 부부뿐 아니라 자녀나 다른 가족에게도 영향을 미치는 중요한 결정이기 때문에 신중하게 판단할 수 있도록 여러 단계를 거치도록 하고 있다. 이혼하는 방법에는 크게 두 가지가 있다. 한 가지는 협의 이혼이고, 다른 한 가지는 재판상 이혼이다.

협의 이혼은 부부가 서로 이혼하려는 의사가 일치할 때의 방법이다. 하지만 당사자의 합의만으로 이혼을 할 수 있는 것은 아니다. 협의 이혼을 하기 위해서는 부부간에 이혼 의사가 합치한다는 것을 법원으로부터 공식적으로 확인받는 절차를 밟아야 하며, 법원에서 이혼 의사 확인을 받는 과정에서 일정한 이혼 숙려 기간을 가질 것이 요구된다. 미성년인 자녀가 있을 때는 3개월, 자녀가 없거나 성년인 자녀만 있을 때에는 1개월간 정말 이혼을 할 것인지에 대해 다시 생각해 볼 시간을 갖게끔 하는 것이다. 이혼 숙려 기간이 지난 후에도 이혼에 대한 합의가 변하지 않았다면 법원에 출석하여 이혼 의사 확인서를 교부받고, 3개월 이내에 이혼 신고를 하면 이혼의 효력이 발생하게 된다. 3개월이 지나면 이혼 의사 확인서의 효력이 상실된다.

이혼을 할 때 미성년 자녀가 있을 경우에는 자녀의 친권자 및 양육자, 양육비 부담, 면접 교섭권 등 양육과 친권에 관한 사항을 합의해서 정하고 법원에 제출해야 한다. 또한 위자료나 재산 분할에 관한 사항도 부부가 합의해서 정한다. 만약 합의가 이루어지지 않는 경우에는 법원이 결정한다.

재판상 이혼은 협의 이혼이 불가능할 때 부부 중 한 사람이 가정 법원에 이혼 소송을 제기해서 판결을 받아 이혼하는 것이다.

재판상 이혼을 위해서는 법에서 정한 일정한 사유가 있어야 한다. 민법에서는 배우자의 부정한 행위가 있었을 때, 배우자가 악의로 다른 일방을 유기한 때, 배우자 또는 그 직계 존속으로부터 심히 부당한 대우를 받았을 때, 자기의 직계 존속이 배우자로부터 심히 부당한 대우를 받았을 때, 배우자의 생사가 3년 이상 분명하지 아니할 때, 기타 혼인을 계속하기 어려운 중대한 사유가 있을 때 재판상 이혼을 청구할 수 있다고 규정하고 있다. 재판상 이혼을 위해서는 가정 법원에 이혼 조정 신청을 하거나 이혼 청구 소송을 제기해야 한다. 조정에서 당사자 사이에 합의가 이루어지면 조정이 성립되고, 이는 판결에 의한 이혼과 동일한 효력을 갖는다. 조정이 성립되지 않으면 소송 절차가 진행되고, 법원의 판결로 이혼의 효력이 발생하게 된다. 이혼 판결이 확정되면, 1개월 이내에 이혼 신고를 하여 가족 관계 등록부를 정정하여야 하며, 기간 내에 신고를 하지 않으면 과태료 부과의 대상이 된다.

⚖️ 이혼을 하면 어떤 변화가 생길까?

이혼을 하게 되면 부부가 결혼 생활 중 함께 모은 재산을 나누어야 한다. 재산 분할은 부부의 합의에 따라 정할 수 있고, 합의가 이루어지지 않으면 가정 법원에 재산 분할 심판을 청구할 수 있다. 가정 법원에서는 부부가 공동으로 모은 재산에 대해 기여도에 따라 분할을 결정해 준다. 이때 직접적인 경제 활동뿐 아니라 가사 노동도 재산 형성에 기여한 것으로 인정된다. 재산 분할 대상에는 부동산, 예금, 증권과 같은 현재의 재산뿐 아니라 이혼 당시 장래의 발생이 확정된 퇴직금이나 연금과 같은 미래에 얻게 될 수입도 포함되며, 빚이 있을 때는 빚에 대해서도 분할할 것을 청구할 수 있다.

만약 상대방의 책임으로 이혼을 하게 되었다면 상대방에게 이혼으로 인한 정신적 고통에 대한 손해 배상, 즉 위자료를 청구하는 것도 가능하다. 이때 위자료는 배우자뿐 아니라 혼인 파탄 책임이 있는 제3자에게도 청구할 수 있다. 예를 들어, 배우자 부모의 폭력과 폭언으로 이혼을 하게 되었을 경우, 배우자뿐 아니라 배우자의 부모에게도 위자료를 청구할 수 있다.

판례에 따르면 위자료의 액수는
① 이혼에 이르게 된 경위와 정도
② 혼인 관계 파탄의 원인과 책임
③ 당사자의 재산 상태 및 생활 정도
④ 당사자의 연령, 직업 등
변론에 나타나는 모든 사정을 고려해서 정해.

한편, 부부 사이에 자녀가 있다면 자녀와 관련해서도 여러 가지 결정이 필요하다. 자녀의 친권자 및 양육자를 정해야 하고, 양육비의 부담, 면접 교섭권 행사 등 자녀의 양육과 관련된 사항을 정해야 한다.

친권은 자녀의 신분과 재산에 관한
사항을 결정할 수 있는 권리이고,
양육권은 미성년인 자녀를 부모의 보호 하에서
양육하고 교양할 권리야. 양육권보다는 친권이
좀 더 포괄적인 개념이라고 할 수 있어.

자녀를 양육하는 쪽에서는 상대방에게 양육비를 청구할 수 있다. 만약 양육비를 제대로 지급하지 않는 경우에는 재산 명시 또는 재산 조회, 직접 지급 명령, 이행 명령, 압류 등 다양한 방법을 활용하여 양육비 지급을 요구할 수 있다. 2021년부터는 양육비 미이행으로

양육비 이행 관리원
홈페이지

법원의 감치 명령 결정을 받고도 양육비를 지급하지 않는 경우 여성 가족부 홈페이지에 명단 공개, 출국 금지, 운전면허 정지 등의 제재 조치를 받을 수 있고, 정당한 사유 없이 감치 결정을 받은 날부터 1년 이내에 양육비 채무를 이행하지 않았을 경우에는 징역이나 벌금과 같은 형사 처벌을 받을 수 있다.

그리고 양육비가 지급되지 않아 자녀의 복리가 위태롭게 되었거나 위태롭게 될 우려가 있는 경우, 자녀를 양육하는 부 또는 모는 양육비 이행 관리원에 한시적 양육비 긴급 지원을 신청할 수도 있다. 양육비 이행 관리원이 양육비를 긴급 지원하면 그 금액을 양육비를 지급해야 할 상대방에게 통지하고 징수하게 된다.

우리나라 민법에서는 아버지의 성과 본을 따르는 것을 원칙으로 정하고, 혼인 신고를 할 때 예외적으로 어머니의 성과 본을 따르는 것을 가능하게 하고 있다. 혼인 신고서에 있는 '자녀의 성·본을 어머니의 성·본으로 하는 협의를 하였습니까?'라는 문항에 '예'로 체크하고 별도의 협의서를 쓸 경우 어머니의 성과 본을 사용할 수 있다. 이에 대해 혼인 신고 때가 아닌 자녀의 출생 신고 때 부모가 협의하여 어머니의 성과 본을 정할 수 있도록 개선하자는 목소리가 제기되고 있다.

여러분은 위 내용에 대해 어떻게 생각하는지 그 이유와 함께 서술해 보자.

이혼 후 자녀의 양육비를 제대로 지급하지 않는 부모의 신상 정보를 공개하는 사이트인 '배드 파더스'에 대해 들어 본 적이 있는가? 이러한 사이트의 운영이 적절하다고 생각하는지에 대해 그 이유와 함께 서술해 보자. 그리고 자녀의 양육비를 보장하기 위한 법적, 제도적 개선 방안을 생각해 보자.

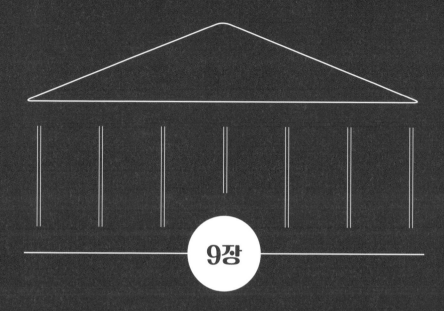

9장

부모와 자녀 :

가족이란 무엇일까?

#부모와 자녀 #친자 #양자 #친양자 #친권

흔히 5월을 가정의 달이라고 부른다. 5월 5일은 어린이날, 5월 8일은 어버이날, 5월 21일은 부부의 날이다. 그리고 5월 11일은 보건 복지부에서 제정한 '입양의 날'이다. 가정의 달 5월에 1가정이 1아동을 입양해 새로운 가정(1+1)으로 거듭난다는 취지에서 5월 11일을 입양의 날로 정했다고 한다.

⚖️ 부모와 자녀 간의 가족 관계

부모와 자녀 간의 가족 관계는 어떻게 생기게 될까? 법에서는 자녀를 친생자와 양자로 구분한다. 친생자는 부모와 혈연관계가 있는 자녀이고, 양자는 혈연관계가 없으나 법률적으로 친자 관계를 맺은 자녀이다. 부모와 자녀의 인연이 시작되는 방식에는 차이가 있을 수 있지만 서로 아끼고 사랑하는 마음에는 차이가 없다.

나의 가족 관계를 확인하고 싶다면?

2005년 호주제를 규정한 기존의 민법 조항이 개인의 존엄과 양성 평등이라는 헌법 이념에 합치되지 않는다는 헌법 재판소의 결정이 내려지면서 호주제가 폐지되고, 가족 관계 등록 제도라는 새로운 제도가 도입되었다. 가족 관계 등록 제도는 국민 개개인의 출생, 입양, 혼인, 사망 등 가족 관계의 발생 및 변동에 관한 사항을 가족 관계 등록부에 기록하여 그 등록 사항을 공시·공증하는 것이다.

대법원 전자 가족
관계 등록 시스템

가족 관계 등록부는 담고 있는 내용에 따라 가족 관계 증명서, 기본 증명서, 혼인 관계 증명서, 입양 관계 증명서, 친양자 입양 관계 증명서로 구분되며, 발급 목적에 따라 해당되는 증명서를 발급받을 수 있다.

⚖️ 자녀가 태어났어요 – 친생자

자녀가 태어나면 출생 신고를 해야 한다. 출생 신고 는 아기가 태어난 날부터 1개월 이내에 해야 하고, 기간 내에 출생 신고를 하지 않으면 과태료가 부과된다. 출 생 신고서에는 자녀의 성명·본·성별 및 등록 기준지,

출생 신고 민원 안내
(출생 신고서)

혼인 중 또는 혼인 외의 출생자 구별, 출생의 연월일시 및 장소, 부모의 성 명·본·등록 기준지 및 주민 등록 번호, 자녀의 성과 본에 대해 어머니의 성과 본을 따르기로 협의한 경우 그 사실, 자녀가 복수 국적자인 경우 그 사 실 및 취득한 외국 국적 등을 기재한다.

더 알아보기

출생 신고를 할 수 있는 이름? 할 수 없는 이름?

출생 신고를 할 때 정한 이름은 평생 동안 그 사람을 나타내는 표지로 쓰이고 한 번 정하면 바꾸기 어렵기 때문에 신중하게 결정해야 한다. 그렇다면 이름은 아무렇게나 정할 수 있을까? 이름을 지을 때는 한글이나 대법원 규칙이 정한 인명용 한자를 사용해야 한다. 한글과 한자를 혼용해서 사용하거나 영어로 이름을 지을 수는 없다. 또한 아기의 할아버지, 할머니, 아버지, 어머니와 같이 부모님의 가족 관계 증명서에 기재되는 사람과 동일한 이름을 사용하는 것도 안 된다. 이름의 글자 수에도 제한이 있어서, 성을 제외한 이름을 5자까지만 정할 수 있다.

⚖️ 입양으로 만들어진 부모-자녀 관계

입양이란 혈연적으로 친자 관계가 없는 사람 사이에 법률적으로 친자 관 계를 맺는 것을 말한다. 법률이 정한 절차에 따라 원래는 부모·자녀가 아

닌 사람 사이에 부모·자녀 관계를 형성하는 것이다. 입양에는 일반 입양과 친양자 입양, 입양 특례법에 의한 입양이 있다. 입양은 양부모가 되려는 사람과 양자가 될 사람 사이에 합의가 있거나(일반 입양), 친양자에 대한 가정 법원의 허가가 있거나(친양자 입양), 입양 특례법에 의한 가정 법원의 허가가 있어야(입양 특례법에 의한 입양) 성립하며, 입양 신고를 해야 효력이 발생한다. 입양 신고를 하면 양부모와 양자 사이에는 법적 친자 관계가 생기고, 부양이나 상속 등의 권리가 인정된다.

판례 **제3자의 정자를 받아 인공 수정으로 출산한 자녀도 친자로 봐야 할까?**

* 관련 판결: 2016므2510 전원 합의체 판결

대법원은 아내가 혼인 중 남편이 아닌 제3자의 정자를 제공받아 인공 수정으로 자녀를 출산한 경우에도 친생 추정 규정을 적용하여 인공 수정으로 출생한 자녀가 남편의 자녀로 추정된다고 보는 것이 타당하다고 판단하였다.

인공 수정 자녀에 대하여 친생자 관계가 생기지 않는다고 보는 것은 인공 수정 자녀를 양육해 왔던 혼인 부부에게 커다란 충격일 뿐 아니라, 이를 바탕으로 가족 관계를 형성해 온 자녀에게도 회복하기 어려운 위험이기 때문이다.

일반 입양

일반 입양은 입양을 하려는 양부모와 입양되려는 양자 사이에 입양에 대한 합의가 있을 때 성립하고, 입양 신고를 해야 한다. 성인을 입양할 때에는 입양 합의 후 신고를 하면 되지만 미성년자를 입양할 때에는 가정 법원의 허가를 받는 것이 필요하다. 가정 법원에서는 양자가 될 미성년자의 복리에 입양이 적절한지를 판단하여 입양의 허가를 결정한다.

일반 입양을 통해 양자로 입양되면 친생부모의 친자녀로서의 지위와 양부모의 양자로서의 지위를 모두 갖는다. 친생부모와의 관계는 친권 이외에는 그대로 유지되므로 입양이 된 이후에도 친생부모의 성과 본을 그대로 사용한다.

판례 **조부모가 미성년 손자녀를 입양할 수 있을까?**

* 관련 판결: 2018스5 전원 합의체 결정

외조부모가 생후 7개월부터 길러 온 외손자를 아들로 입양하도록 청구한 사건에서 대법원은 "미성년자에게 친생부모가 있는데도 그들이 자녀를 양육하지 않아 조부모가 손자녀의 입양 허가를 청구하는 경우에 입양의 요건을 갖추고 입양이 자녀의 복리에 부합한다면 입양을 허가할 수 있다."는 결정을 하였다. 아동이 친생부모와 교류가 없고 입양에 동의하였으며, 외조부모를 부모로 알고 성장하였으며 가족이나 친척, 주변 사람들도 외조부모를 부모로 대하고 있는 상황에서 입양을 허가하는 것이 아동의 복리에 도움이 된다고 본 것이다.

| 친양자 입양

친양자 입양은 입양이 되면 양부모의 친자녀와 동일해지는 입양을 말한다. 친양자 입양은 일정한 요건을 갖춰 가정 법원에 청구하여 친양자 입양 심판 절차를 거쳐야 한다. 재판을 통해 친양자 입양이 확정되면 양부모의 혼인 중에 태어난 자녀가 되므로 양자는 양친의 성과 본을 따르게 된다. 일반 입양의 양자와 달리 친양자는 입양이 확정된 때부터 친생부모와의 친족 관계 및 상속 관계가 모두 종료된다.

친양자 입양의 요건

1. 친양자가 될 사람이 미성년자여야 한다.
2. 양부모가 되려는 사람은 3년 이상 혼인 중의 부부여야 하며, 공동으로 입양하여야 한다. 예외적으로 1년 이상 혼인 중인 부부의 한쪽이 그 배우자의 친생자를 친양자로 입양하는 경우에는 단독으로 할 수 있다.
3. 친양자가 될 사람의 친생부모가 친양자 입양에 동의해야 한다. 그러나 부모가 친권 상실의 선고를 받거나 소재를 알 수 없거나 그 밖의 사유로 동의할 수 없는 경우에는 법정 대리인의 입양 승낙으로 친양자 입양을 할 수 있다.
4. 친양자가 될 사람이 13세 이상인 경우에는 법정 대리인의 동의를 받아 입양을 승낙해야 한다.
5. 친양자가 될 사람이 13세 미만인 경우에는 법정 대리인이 그를 갈음하여 입양을 승낙해야 한다.

입양 특례법에 의한 입양

보호자가 아동을 양육하기에 적당하지 않거나 아동을 양육할 능력이 없는 경우에 입양 기관은 아동을 보호하다가 입양 부모가 되고자 하는 사람이 있을 때 보호 아동의 입양을 알선해 준다. 입양 특례법에 의한 입양은 가정 법원의 허가를 받아야 하며, 가정 법원에서는 양부모가 될 사람이 아동의 복리에 도움이 될지를 고려하여 입양 여부를 판단한다.

일반 입양과 친양자 입양, 입양 특례법상 입양의 비교

구분	일반 입양	친양자 입양	입양 특례법상 입양
근거	민법 제866조부터 제908조까지	민법 제908조의 2부터 제908조의 8까지	「입양 특례법」
성립 요건	협의로 성립	재판으로 성립	가정 법원의 허가
양자의 성(姓)·본(本)	친생부모의 성(姓)과 본(本)을 유지	양친의 성(姓)과 본(本)으로 변경	양친의 성(姓)과 본(本)으로 변경
친생부모와의 관계	유지	종료	종료
입양의 효력	입양한 때부터 혼인 중의 자로서의 신분을 취득하나, 친생부모와의 관계는 친권 이외는 유지됨.	재판이 확정된 때부터 혼인 중의 자로서의 신분을 취득하며, 친생부모와의 관계는 종료됨.	재판이 확정된 때부터 혼인 중의 자로서의 신분을 취득하며, 친생부모와의 관계는 종료됨.

⚖️ 부모로서의 권리와 의무, 친권

친권이란 부모가 미성년인 자녀에 대해 가지는 신분·재산상 권리와 의무를 말한다. 친권은 미성년자인 자녀의 양육과 재산 관리를 적절하게 하여 자녀의 복리를 보호하기 위한 부모의 권리이자 의무이다. 부모는 미성년자인 자녀의 친권자가 되는데, 미성년자인 자녀의 법정 대리인이 되어 친권을 행사하게 된다. 부모가 혼인 중인 때에는 부모가 공동으로 친권을 행사하고, 이혼하는 경우에는 친권자를 지정하도록 하고 있다.

친권에는 자녀를 보호·교양할 권리·의무, 자녀가 거주하는 장소를 지정할 수 있는 거소 지정권, 자녀가 자기 명의로 취득한 특유 재산에 관한 관리권, 자녀의 재산에 관한 법률 행위의 대리권 등이 있다. 과거에는 친권의 내용으로 자녀를 징계할 수 있는 권리도 있었으나 아동에 대한 체벌과 학대를 허용하는 것으로 오인될 수 있어서 현재는 삭제되었다.

부모가 자녀의 출생 신고를 하지 않아 제대로 보호받지 못하고 방치되는 아이들이 생기고 있다. 출생 신고를 하지 않으면 예방 접종과 같은 의료 조치를 받지 못하거나 의무 교육을 받지 못하는 등 방치될 가능성이 높고 학대에 노출될 가능성도 높다. 이러한 문제를 막기 위한 방안으로 출생 통보제의 도입이 논의되고 있다. 출생 통보제는 아이가 출생한 의료 기관의 장은 시 · 읍 · 면의 장에게 아이의 출생 사실을 의무적으로 통보하도록 하는 제도이다.

여러분은 출생 통보제에 대해 어떻게 생각하는가? 출생 신고를 하지 않는 데 대한 또 다른 해결 방안에는 어떤 것이 있을지 서술해 보자.

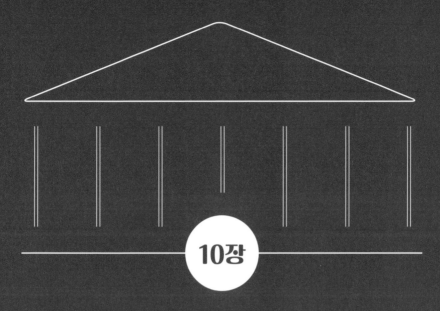

10장

상속과 유언:

유언이 다 인정되는 것은
아니라고요?

상속이란 사람의 사망으로 그의 재산에 관한 권리와 의무를 상속인에게 포괄적으로 승계하는 것을 말한다. 사람이 사망하면 상속이 개시된다. 위 사례에서 123억 원의 유산은 유언대로 대학에 기부될 수 있을까? 만약 김명희 씨가 유언장을 남기지 않았다면 123억 원의 유산은 누구에게 어떻게 상속될까?

⚖️ 유언이 있는 경우에는 어떻게 상속이 이루어질까?

상속은 사망한 피상속인이 자신의 재산을 상속인에게 물려주는 것이기 때문에 피상속인이 누구에게 얼마의 재산을 물려주고 싶다는 의사가 명확하다면 피상속인의 의사를 존중하는 것이 필요하다. 피상속인이 사망한 이후 자신의 재산 처리에 대한 의사를 남기는 것을 유언이라고 한다.

피상속인은 죽으면서 상속 재산을 물려주는 사람을, 상속인은 피상속인의 재산을 물려받는 사람을 말해.

피상속인이 사망한 후에는 피상속인이 유언으로 남긴 의사가 피상속인의 진정한 의사인지 확인할 수 없기 때문에 법에서는 유언의 요건을 엄격하게 정해 두고 있다. 법적 효력이 인정되는 유언의 방식에는 자필 증서에 의한 유언, 녹음에 의한 유언, 공정 증서에 의한 유언, 비밀 증서에 의한 유언, 구수 증서에 의한 유언 등 총 5가지 방식이 있다.

자필 증서에 의한
유언 증서(서식)

그중 우리에게 가장 익숙한 방식은 피상속인이 직접 작성하는 자필 증서에 의한 유언이다. 자필 증서에 의한 유언은 유언자(피상속인)가 직접 자필로 유언장을 작성하는 것으로, 유언자가 유언의 내용과 연월일, 주소, 성명을 직접 쓰고 날인해야 한다. 컴퓨터 또는 휴대 전화 메시지 등으로 작성한 유언이나 연월일 중 연월까지만 기재된 유언, 주소가 다른 장소와 명확하게 구별되지 않는 유언, 유언장 작성 당시의 주소와 다른 주소가 기재된 유언, 도장 대신 자필로 서명한 유언은 법적으로 효력이 없다.

판례 **유언자의 날인이 없는 유언장은 효력이 있을까?**

* 관련 판결: 2006다25103, 25110 판결

도입부에 제시된 사례에서 대법원은 '민법에서 유언의 방식을 엄격하게 규정한 것은 유언자의 진의를 명확히 하고 그로 인한 법적 분쟁과 혼란을 예방하기 위한 것이므로, 법이 정한 요건과 방식에 어긋난 유언은 그것이 유언자의 진정한 의사에 합치하더라도 무효'라고 판단하였다. 특히 민법 제1066조 제1항은 "자필 증서에 의한 유언은 유언자가 그 전문과 연월일, 주소, 성명을 자서하고 날인하여야 한다."고 규정하고 있으므로, 유언자의 날인이 없는 유언장은 자필 증서에 의한 유언으로서의 효력이 없다고 판결하였다.

⚖️ 유언이 없는 경우에는 어떻게 상속이 이루어질까?

법적으로 효력이 있는 유언이 있을 경우에는 유언에 따라 상속이 이루어지지만, 유언이 없거나 유언의 법적 효력이 없는 경우 민법에서는 상속을 받을 수 있는 사람을 정해 두고 있다. 법에서 정한 상속 순위는 다음과 같다.

1순위	사망한 사람의 직계 비속(자녀, 손자녀 등)
2순위	사망한 사람의 직계 존속(부모, 조부모 등)
3순위	사망한 사람의 형제자매
4순위	사망한 사람의 4촌 이내 방계 혈족

1순위는 피상속인의 자녀나 손자녀와 같은 직계 비속이고, 2순위는 부모나 조부모와 같은 직계 존속이다. 다음으로 피상속인의 형제자매, 마지막으로 피상속인의 4촌 이내 방계 혈족

4촌 이내의 방계 혈족이란 백부, 숙부, 고모, 외삼촌, 이모, 사촌 형제자매, (외)조부모의 형제 자매 등을 말해.

이 상속을 받을 자격을 가진다. 아직 태어나지 않은 태아도 상속의 권리가 인정되어 다른 사람들과 마찬가지로 상속받을 수 있다. 이때, 후순위자는 선순위자가 없는 경우에 한하여 상속을 받을 수 있다.

만약 피상속인에게 배우자가 있다면 1순위나 2순위에 해당하는 상속인과 함께 상속을 받을 수 있다. 만약 1순위나 2순위에 해당하는 상속인이 없다면 배우자 혼자 모든 재산을 상속받게 된다. 그렇다면 피상속인에게 상속순위에 해당하는 친족이나 배우자가 없다면 어떻게 될까? 그럴 경우 피상속인과 생계를 같이 하고 있었거나 요양 간호를 한 사람, 사실혼 관계에 있던 사람과 같이 특별한 관계에 있던 특별 연고자가 상속을 청구할 수 있다. 만약 특별 연고자도 없다면 국가의 소유로 귀속된다.

법에서는 유언이 없는 경우 상속받을 수 있는 비율도 정해 두고 있다. 같은 상속 순위의 상속인은 똑같이 재산을 상속받는다. 다만, 배우자는 다른 상속인의 1.5배를 상속받는다. 예를 들어, 피상속인이 배우

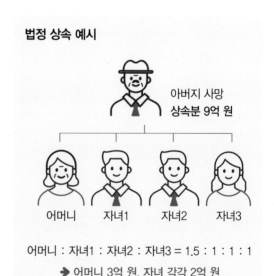

법정 상속 예시

아버지 사망
상속분 9억 원

어머니   자녀1   자녀2   자녀3

어머니 : 자녀1 : 자녀2 : 자녀3 = 1.5 : 1 : 1 : 1
➜ 어머니 3억 원, 자녀 각각 2억 원

자와 자녀 3명을 남기고 사망했다면, 1순위에 해당하는 피상속인의 자녀는 성별이나 출생 순서, 결혼 여부 등에 관계없이 모두 똑같은 비율로 상속받고, 피상속인의 배우자는 자녀의 1.5배를 상속받는다.

⚖️ 상속, 이럴 때는 어떻게 될까?

만약 피상속인이 전 재산을 사회에 환원한다거나 자녀 중 한 명에게만 주는 것으로 유언을 남겼다면 어떻게 될까? 전 재산을 사회에 환원하거나 특정한 사람에게만 상속해 주는 유언을 남겼을 경우, 나머지 상속인들이 지나친 희생을 하거나 생계에 곤란함을 겪을 우려가 있다. 따라서 법에서는 이러한 상속인을 보호하기 위해 유류분 제도를 두고 있다.

> 직계 비속이나 배우자는 법정 상속분의 1/2을, 직계 존속과 형제자매는 법정 상속분의 1/3을 유류분으로 보장받을 수 있어.

또한 상속인 중 피상속인을 특별히 보살폈거나 재산의 유지·증가에 특별히 기여한 경우에는 그 기여를 인정하여 일정액의 기여분을 더 받을 수 있다.

판례 **아픈 동생을 간병한 누나는 기여분을 받을 수 있을까?**

* 관련 판결: 2016느합200027 상속 재산 분할

루게릭병으로 투병하는 동생을 간병한 상속인이 기여분을 청구한 소송에서 가정 법원은 피상속인이 병을 진단받고 사망할 때까지 간병, 부양하고 피상속인의 재산을 관리하는 등 특별히 부양한 점을 인정하여 상속인에게 기여분 25%를 인정하는 판결을 내렸다.

반대로 상속인 중 상속을 받지 못하는 경우도 있다. 예를 들어, 상속인이 고의로 피상속인을 살해하거나 살해하려고 한 경우 패륜적 행동을 했기 때문에 상속 자격이 박탈된다.

이 외에도 고의로 직계 존속, 피상속인과 그 배우자에게 상해를 가하여 사망에 이르게 한 경우, 사기 또는 강박으로 피상속인의 상속에 관한 유언 또는 유언의 철회를 방해한 경우, 사기 또는 강박으로 피상속인의 상속에 관한 유언을 하게 한 경우, 피상속인의 상속에 관한 유언서를 위조·변조·파기 또는 은닉한 경우에는 상속인이 될 수 없어.

⚖️ 상속을 받지 않을 수도 있을까?

상속을 받는다고 하면 주로 부동산, 예금, 증권과 같은 재산을 생각하지만, 빚도 상속받는 재산에 포함된다. 어떤 경우에는 재산보다 빚이 많아서 상속을 받는 것이 오히려 손해가 되기도 한다. 그래서 법에서는 상속인이 일정 기간 내에 상속을 받을지 여부를 결정할 수 있도록 하고 있다. 상속인은 상속 재산을 조사한 후 상속으로 받을 재산과 빚을 비교하여 상속을 받을지 여부를 결정하고, 상속 개시가 있음을 안 날로부터 3개월 내에 의사 표시를 하면 된다. 만약 상속 개시가 있음을 안 날로부터 3개월이 지나도록 가만히 있다면 상속을 '단순 승인'한 것이 되어 피상속인의 재산과 빚을 모두 상속받게 된다. 만약 상속 재산의 범위 내에서만 빚을 갚겠다면 '한정 승인' 신고를 하여 빚을 갚고 남은 재산을 상속받을 수 있다. 재산 상속도 받지 않고 빚도 갚지 않겠다면 '상속 포기'의 신고를 해야 한다.

🖋 2008년 헌법 재판소 전원 재판부(주심 이동흡 재판관)는 '자필 증서에 의한 유언은 자필과 동시에 유언자가 날인을 해야 한다.'고 규정한 민법 제1066조 제1항에 대해 재판관 8대1의 의견으로 합헌 결정을 내렸다. 재판부는 사문서에 있어서 도장은 의사 표시의 진정성을 확보하고 문서의 작성자를 징표하는 기능을 한다고 보아 유언장에 날인을 요구하는 것이 적절하다고 판단하였다. 하지만 위헌 의견을 낸 김종대 재판관은 오늘날 타인이 도장을 사용하거나 도장의 위조 가능성이 커져 서명만으로 처리하는 경향이 확대되고 있다며 날인 요구는 과도하다는 의견을 제기하였다.

🔍 이처럼 법적 효력이 인정되는 유언의 요건을 엄격하게 정해 둔 것에 대해 어떻게 생각하는가? 그 이유와 함께 이야기해 보자.

_____

_____

🖋 현행 민법 제1004조에서는 상속인이 피상속인을 고의로 해하거나 유언장 등을 위조할 때 등을 상속 결격 사유로 규정하고 있지만, 부모가 자녀의 양육 의무를 다하지 않은 경우에는 상속 결격 사유로 규정하고 있지 않다. 이로 인해 양육 의무를 저버린 채 오랜 기간 남남처럼 살아온 부모가 갑자기 상속권을 주장하며 나타나는 사례가 종종 언론에 보도되고, 많은 사람들에게 논쟁거리가 되곤 한다.

🔍 상속을 받을 수 없는 사유로 자녀 양육 의무를 다하지 않은 경우를 추가하는 것에 대해 어떻게 생각하는지 이야기해 보자.

_____

_____

✏️ **다음은 한 SNS 업체가 디지털 상속 보호 서비스를 시작하면서 새롭게 만든 약관의 내용이다.**

제13조(회원의 상속인에 대한 게시 글 제공 서비스)

① 회원의 사망 시 회원이 서비스 내에 게시한 게시 글의 저작권은 별도의 절차 없이 그 상속인에게 상속됩니다. 단, 일신 전속권은 제외합니다.

② 회사는 사망한 회원의 상속인의 요청에 따라 회원의 공개된 게시 글을 별도의 매체에 복사하여 제공하는 서비스를 할 수 있습니다. 상속인은 위 서비스를 이용하기 위해 회사에게 소정의 자료 제출을 통하여 다음 각 호의 사항이 소명되어야 합니다. 이 경우 회사는 상속인 전원의 요청이 있는 경우에 한하여 해당 서비스를 제공하는 것을 원칙으로 합니다.

1. 게시 글이 작성된 계정이 피상속인의 계정이라는 사실

2. 피상속인의 사망 사실

3. 요청인이 피상속인의 상속인이라는 사실

(이하 생략)

이를 둘러싸고 SNS에 남아 있는 데이터를 일종의 디지털 유산으로 보고 유족에게 상속권이 있다는 주장과 고인의 프라이버시와 잊힐 권리를 침해한다는 주장이 엇갈리고 있다. 또 다른 한편에서는 디지털 정보가 일정 시간이 지나면 저절로 소멸하게 하는 디지털 노화 시스템을 주장하기도 한다.

🔍 여러분은 디지털 유산의 상속에 대해 어떻게 생각하는지 서술해 보자.

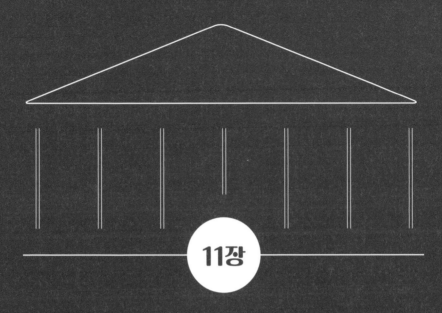

11장

죄형 법정주의:

법률이 없으면 범죄도 없고
형벌도 없다

#형법 #예측 가능성 #법률이 없으면 범죄도 없고 형벌도 없다
#범죄의 종류 #형벌의 종류

출처: 사마천 '사기' 중 '여도지죄' 일화를 재구성함.

고대에는 법이 존재하기는 하였으나 왕과 같은 권력자의 뜻에 따라서 동일한 행위에 다른 기준을 적용하는 문제점이 있었다. 때와 상황에 따라서 다른 기준을 적용하면 사람들은 어떤 행위를 하면 안 되는지 예측하기 어렵다. 이러한 문제를 해결하기 위해 등장한 원칙인 '죄형 법정주의'는 어떠한 내용을 담고 있을까? 또 죄형 법정주의는 우리나라 형법에 어떻게 반영되어 있을까?

⚖️ 죄형 법정주의란 무엇일까?

| 죄형 법정주의의
| 등장 배경

오늘날 우리는 사람들의 행위 중 어떠한 행위가 범죄이고, 범죄에 대하여 어떠한 형벌을 내릴 것인지를 입법부가 법률로 미리 정하고, 행정부에 속하는 수사 기관이 범죄 행위에 대해 조사하고, 사법부가 재판을 통해 범죄에 해당하는지, 어떠한 형벌을 부과할 것인지 판단하는 것을 당연하게 받아들인다.

그러나 오랜 기간 동안 어떤 행위가 범죄이며, 범죄에 대해서 어떠한 벌을 내릴지 결정하는 것은 주로 법이 아닌, 권력자의 마음에 달려 있었다. 이를 죄형 전단주의(罪刑專斷主義)라고 한다. 죄형 전단주의에 따르면 어떤 행동이 범죄에 해당하는지와 어떻게 처벌할 것인지를 결정하는 것은 왕이나 영주와 같은 권력자의 뜻에 달려 있기 때문에 사소한 잘못으로도 중형을 받을 수 있었다. 이처럼 국민의 자유와 인권이 보장되기 어려운 죄형 전단주의를 거부하고, 어떤 행동이 범죄가 되는지, 어떻게 처벌할 것인지를 미리 법률에 정하도록 하는 죄형 법정주의가 확립된 것은 시민들이 오랫동안 투쟁하여 얻어 낸 결과이다. 서양에서 근대에 이르러 형성된 시민 계급은 국왕이 마음대로 형벌권을 남용하여 자신의 생명이나 재산에 대한 권리를 침해하지 못하도록 투쟁하였으며, 그 결과 영국의 권리 청원(1628) 및 권리 장전(1689), 미국의 헌법(1787), 프랑스의 인권 선언(1789) 등에서 죄형 법정주의를 선언하게 되었다. 오늘날 대부분의 국가는 죄형 법정주의를 채택하고 있으며, 우리나라 역시 헌법에서 이를 선언하고 있다.

죄형 법정주의의 의미와 내용

죄형 법정주의는 '법률이 없으면 범죄도 없고 형벌도 없다.'라는 형사법의 기본 원칙이다. 이는 사람들에게 비난받거나 사회 질서에 어긋나는 모든 행위를 범죄로 보고 처벌하는 것이 아니라, 형벌이라는 수단을 통해 보호해야 할 필요성이 있는 경우에만 범죄로 보아 처벌하겠다는 것이다. 특히, '법률이 없으면 형벌도 없다.'라는 원칙은 형벌은 대부분 신체의 자유나 재산권 등을 제약하는 것이기 때문에 형벌권의 발동을 법률에 의해서만 할 수 있도록 함으로써 시민의 인권을 보장하겠다는 의미를 담고 있다. 헌법 제12조 제1항은 누구든지 법률과 적법한 절차에 의하지 아니하고는 처벌·보안 처분 또는 강제 노역을 받지 아니한다."라고 규정하고 있으며, 형법과 개별 법률에서 범죄가 되는 행위와 그에 대한 형벌을 정하고 있다. 또한 우리 형법 제1조 제1항은 '범죄의 성립과 처벌은 행위 시의 법률에 따른다.'라고 명시하고 있다. 죄형 법정주의의 내용을 구체적으로 살펴보면 다음과 같다.

원칙	의미
❶ 법률주의 원칙	범죄와 형벌은 국회에서 제정한 법률로만 정한다는 원칙이다. 이는 관습이나 불문법에 의한 형벌을 허용하지 않겠다는 의미이기도 하다.
❷ 명확성의 원칙	범죄와 형벌을 법률에 명확하게 규정하여 시민들이 어떤 행위가 금지되는지, 금지된 행위에 대하여 어떻게 처벌하는지 예측할 수 있어야 한다는 원칙이다.
❸ 소급효 금지 원칙	행위를 한 시점에서 범죄가 아니었던 행위를 나중에 범죄로 규정하여 처벌하는 것을 금지한다는 원칙이다.
❹ 유추 적용 금지 원칙	법률에 범죄 행위로 명확하게 규정되지 않은 행위를 유사한 법 규정을 적용하여 처벌할 수 없다는 원칙이다.
❺ 적정성의 원칙	반드시 금지해야 할 필요가 있는 행위에 대해서만 범죄로 규정하고, 범죄 행위에 상응하는 형벌을 부과해야 한다는 원칙이다.

⚖️ 우리나라 형법상 '범죄'란 무엇이며, '형벌'에는 무엇이 있을까?

범죄의 성립 요건과

범죄 유형

죄형 법정주의를 바탕으로 우리 형법은 범죄의 성립 요건 및 범죄 유형을 규정하고 있다. 또 범죄에 따른 형벌의 종류와 범위까지 함께 규정한다.

형법에서는 사회에서 다른 사람들에게 피해를 주는 모든 행위를 '범죄'로 규정하지 않는다. 해당 행위가 범죄의 성립 요건인 ① 구성 요건 해당성,

② 위법성, ③ 책임을 순차적으로 모두 충족할 때에만 범죄 행위로 본다.

예를 들어, 뾰족한 바늘로 타인의 피부를 찌르는 행위는 형법상 상해죄의 행위 유형에 해당한다. 그러나 만약 간호사가 독감 예방 주사를 놓기 위해 주사 바늘로 찔렀다면 주사로 인해 상처가 생겼다고 하더라도 치료를 위한 행위로서 위법성이 없으므로 범죄 행위가 아니다. 또, 높은 건물 옥상에서 돌을 떨어뜨려 지나가던 사람을 다치게 한 행위를 한 사람이 있다고 가정해 보자. 이는 형법에서 규정한 상해죄에 해당하고, 위법성도 인정된다. 그러나 만약 가해자가 9세 초등학생이라면 어떻게 될까? 14세 미만의 아동은 판단 능력이 떨어지기 때문에 형법은 형사 미성년자로서 책임을 질 수 없다고 규정하고 있다. 따라서 돌을 떨어뜨려 타인에게 상해를 입혔지만, 범죄의 성립 요건을 갖추지 못했기 때문에 '범죄 행위'로 처벌할 수 없는 것이다.

우리 형법은 정당방위, 긴급 피난, 자구 행위를 위법성이 없는 것으로 규정하고 있으며, 형사 미성년자, 심신 장애자의 행위 및 위법성의 인식이 없는 행위, 기대 가능성이 없는 행위를 책임이 없는 것으로 규정하고 있다.

형벌의 종류

한편, 국가는 공권력을 바탕으로 범죄를 저지른 사람에게 제재를 가할 수 있다. 이때 국가가 범죄자에게 가하는 제재를 '형벌'이라고 한다. 현재 우리나라 형법에 규정된 형벌은 최고형이자 생명형인 사형부터 재산권을 박탈하는 몰수까지 총 9가지 종류가 있다. 구체적인 내용은 다음 표와 같다.

범죄의 유형	규정된 형벌
생명형: 생명을 박탈하는 형벌	사형
자유형: 신체의 자유 등을 박탈하는 형벌	징역, 금고, 구류
명예형: 자격을 정지하거나 박탈하는 형벌	자격 상실, 자격 정지
재산형: 일정한 금액 또는 재산상 부담을 강제하는 형벌	벌금, 과료, 몰수

'범죄'와 '형벌'의 상대성

시대와 장소에 따라 사람들의 삶의 방식과 모습, 중요하게 여기는 가치들이 서로 다르기 때문에 어떤 행위를 범죄로 규정하고 형벌을 부과할 것인지에 대한 법률 규정도 시대와 장소에 따라 달라진다. 예를 들어, 우리나라에서는 배우자가 아닌 상대방과 성관계를 맺었을 때 종전에는 이를 간통죄로 처벌하였으나 2015년 헌법 재판소에서 위헌으로 결정하여 간통죄의 처벌 규정이 효력을 상실한 바 있다. 또 상대방이 원치 않는데도 지속적으로 따라다니거나 괴롭히는 '스토킹 행위'에 대하여도 종전에는 범죄로 처벌하지 않았으나, 사회 구성원들의 인식이 변화함에 따라 2021년 형벌을 부과하는 규정을 제정하여 시행하게 되었다.

헌법 재판소 간통죄 위헌 결정(2015년 2월 26일)

✏️ 우리 사회의 범죄가 사라지려면 형벌이 현재보다 더 강해져야 할까? 우리나라에서는
판사들이 재판에서 선고하는 '형벌의 적정성'과 관련하여 양형 기준에 대한 사회적
논의가 있다.

• 한국 리서치가 지난 2020년 12월 발표한 전국 만 18세 이상 성인 남녀 1,000명
대상 주간 리포트 '판결의 온도차–사법부와 국민 법 감정 사이'를 분석한 결
과 관대하다는 응답이 87%(관대한 편 45%, 매우 관대 42%)인 반면, 엄하다는
응답은 6%(매우 엄함 0%, 엄한 편 6%)로 나타났다. 국민의 법 감정과 양형 기
준 사이의 간극이 커지면서 사법부에 대한 신뢰도 자체에도 문제가 생긴 것으
로 나타났다. 언론을 통해 접한 법원의 판결 신뢰도를 묻는 질문에 신뢰하지 않는
다는 취지의 응답은 66%에 달한 반면, 신뢰한다는 응답은 29%에 그쳤다.

출처: 경기일보 2023. 3. 13. 일자를 참고하여 재구성함.

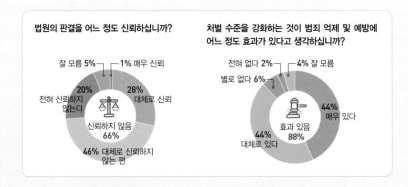

• 양형 기준이란 법관이 형을 정함에 있어 참고할 수 있는 기준을 말한다. 대법원
산하 양형 위원회는 개별 범죄별로 범죄의 특성을 반영할 수 있는 양형 기준을
만들고 있으며, 범죄의 발생 빈도가 높거나 사회적으로 중요한 범죄의 양형 기준
을 우선 설정하고 점진적으로 양형 기준 설정 범위를 확대하고 있다.

출처: 양형 위원회 홈페이지(https://www.scourt.go.kr/) 수정 인용

* 양형 위원회란? 형사 재판에서 국민이 신뢰할 수 있는 공정하고 객관적인 형을 선고할 수 있도록 양형 기준을 만들고 이와 관련된 양형 정책을 연구 · 심의하는 대법원 산하의 독립된 국가 기관이다.

출처: 양형 위원회 홈페이지(https://www.scourt.go.kr/) 수정 인용

• 양형 기준은 원칙적으로 구속력이 없으나, 법관이 양형 기준과 달리 형을 선고할 경우 판결문에 양형 이유를 기재해야 하므로, 합리적 사유 없이 양형 기준을 위반할 수는 없다.

• 2023년 출범한 제9기 양형 위원회의 위원장인 이상원 서울대 로스쿨 교수는 양형 기준에 대한 사회적 논란에 대해 다음과 같이 답했다. "사회적 주목을 받는 범죄가 발생했을 때, 국민이 (해당 범죄에 대해) 빠른 양형 논의가 이뤄져야 한다고 지적하는 것을 알고 있다. 그러나 한 범죄의 양형 기준을 설정하기 위해서는 단계적인 절차를 밟아야 한다. 빨리하려고 하다가 오히려 부실한 양형 기준을 설정하는 부작용이 발생할 수도 있다고 생각한다. 실제로 목소리를 내는 국민이 국민 대다수의 의견을 반영하는 경우도 있지만, 일부의 시각만을 반영하는 의견인 경우도 있다. 인류 사회를 역사적인 관점에서 살펴볼 때, 어느 한 시점의 다수 의견이 반드시 옳다고 할 수 없는 면이 있고 인류 사회의 발전 방향과 일치하지 않는 경우도 있을 수 있다. 양형위에 가장 중요한 것은 이 시대에 살고 있는 대한민국 국민의 의사에 귀 기울이면서도 통시적인 형태의 법 정신에 맞도록 고민해 최종적인 결론을 내리는 것이라고 생각한다. 이 모든 상황을 종합적으로 고려해 합리적인 양형 기준을 설정하는 노력이 필요할 것이다."

출처: 법률신문 2023.9.25. 기사(https://www.lawtimes.co.kr/news/190215) 참고하여 재구성함.

◉ 제시된 자료들을 읽고, 현재의 양형 기준을 개정하여 처벌을 강화하자는 의견에 대한 자신의 생각을 글로 정리해 보자.

_____

_____

_____

_____

_____

_____

◉ 자신이 쓴 글을 친구들과 공유하고, 서로의 생각을 나누어 보자. 그리고 친구들의 의견을 요약해 보자.

_____

_____

_____

_____

_____

_____

_____

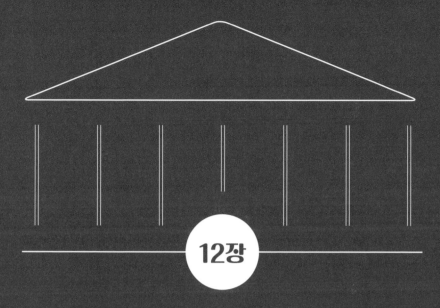

12장

형사 절차와 인권:

범죄 용의자 사진에
모자이크 처리를 한 이유는?

#형법 #형사 절차 #인권
#범죄자의 인권만 보호하는 것이 아닌, 국민 모두의 인권 보호

뉴스에서 중죄를 저질렀다는 혐의로 호송되는 사람의 얼굴은 대부분 모자이크 처리가 되어 있다. 또 수갑을 채운 모습이 드러나지 않도록 수건 등으로 손을 가리기도 한다. 이처럼 경찰이 범죄 용의자를 보호하는 이유는 형사 절차에서 국민의 인권을 보장해야 한다는 원칙을 지키기 위한 것이다. 그렇다면, 우리 법은 형사 절차에서 어떻게 국민의 인권을 보장하고 있을까?

⚖️ 형사법의 기본 이념은 무엇일까?

실체적 진실 발견과
인권 보장

국가는 사회 질서를 유지하기 위하여 강력한 권한을 행사한다. 특히 범죄 행위에 대하여는 더욱 그러하다. 이러한 국가의 강력한 권한에 의해 국민의 인권이 침해되지 않도록 어떠한 것이 범죄가 되고 그 범죄에 대하여 어떠한 형벌을 부과해야 할 것인지를 미리 법률로 정해야 한다는 것은 앞 장의 죄형 법정주의에서 본 바와 같다.

그러나 범죄와 형벌을 미리 법률로 정해 놓았다고 하더라도 범죄를 수사하고 재판하는 과정에서 제대로 진실을 규명하지 못하여 범죄를 저지르지 않았는데도 범죄를 저질렀다고 하여 처벌하거나, 반대로 범죄를 저질렀는데도 이를 밝혀내지 못하여 처벌하지 못한다면 정의에 부합하지 않을 것이다. 또한 진실을 규명한다는 핑계로 고문을 가하거나, 과도하게 인권을 침해해서도 안 될 것이다.

이렇듯 진실 규명과 인권의 보장은 형사법의 기본 이념이다. 특히 수사 절차 및 재판 절차에서는 기본권인 신체의 자유, 생명권·재산권 등이 침해될 우려가 매우 크기 때문에 최고 규범인 우리 헌법은 형사 절차에서 부당한 인권 침해가 일어나지 않도록 기본권 보장 부분에서 관련 내용을 규정하고 있다. 그리고 형사 소송법은 범죄를 규명하고 형벌을 부과하는 과정에서

실체적 진실 발견과 인권 보장이 아울러 이루어지도록 세밀한 규정을 두고
있다.

형사 소송법은 형사 절차를 크게 수사 절차와 재판 절차로 나누어 규정하
고 있으므로 그 절차들이 어떻게 진행되는지, 그리고 절차가 진행되는 과정
에서 인권이 어떻게 보호되고 있는지 살펴보기로 하자.

⚖️ 수사는 어떻게 진행될까?

수사 기관과
수사의 개시

수사란 범죄 혐의 유무를 밝히기 위해 범인을 확보하고 증거를 수집 · 보
전하는 수사 기관의 활동을 의미한다.

수사는 경찰 · 해양 경찰의 사법 경찰 관리, 검찰 · 고위 공직자 수사처(공
수처)의 검사에 의해 이루어진다. 그리고 노동 사건의 경우에는 고용 노동부
의 근로 감독관, 행정법 위반 사건의 경우에는 해당 업무를 관장하는 관청
의 특별 사법 경찰 관리가 수사 업무를 수행한다.

수사는 고소와 고발, 범죄 신고, 자수, 범죄 현장에서의 현행범 체포 등
에 의해 시작되는데 이를 수사의 단서라고 한다. 언론 보도와 풍문도 수사
의 단서가 되기도 한다.

수사 절차

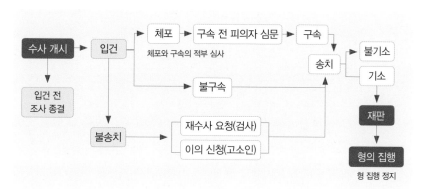

고소 사건의 처리

사법 경찰관에게 1차 수사권이 있는 경우에는 사법 경찰관이 범죄의 개연성을 판단하여 입건 여부를 결정한 후, 입건한 사건에 대하여는 범인과 증거를 조사하여 구속 사유에 해당되는 경우에는 법원으로부터 영장을 발부받아 구속한다. 수사 결과 범죄 혐의가 인정된다고 판단되면 검사에게 기소 의견으로 송치하고, 범죄 혐의가 인정되지 않는다고 판단되면 불송치 결정을 한다. 불송치 결정이 위법·부당한 경우에는 검사가 재수사를 요청할 수 있고, 고소인은 이의 신청을 할 수 있다. 송치된 사건에 대한 기소 여부의 최종 결정권은 검사에게 있다.

검사는 ① 부패 범죄, 경제 범죄 등 대통령령으로 정하는 중요 범죄 ② 경찰 공무원 및 고위 공직자 범죄 수사처 공무원이 범한 범죄 등에 대하여는 수사를 개시할 수 있으나, 그 외의 경우에는 다른 수사 기관에 사건을 이첩하여야 한다.

입건과 불입건

수사를 개시하면서 어느 정도 범죄의 개연성이 인정되면 이를 사건부에 기재(입건)하고 정식으로 수사를 진행하며, 범죄가 되지 않는 것이 명백하거나 범죄의 개연성이 희박하면 입건하지 않고 수사를 종결하게 된다.

| 증거의
| 수집

범죄자를 처벌하기 위해서는 그가 범죄를 저질렀다는 것을 인정할 자료가 있어야 하는데 이를 증거라고 한다. 증거에는 목격자의 진술과 같은 인적 증거와 증거 서류(예컨대 위조한 문서), 증거물(예컨대 범행에 사용한 흉기) 등과 같은 물적 증거가 있다.

수사의 목적은 증거를 수집하여 범죄 혐의가 인정되는지 여부를 가리는 데 있으며, 증거를 수집함에 있어 강제력을 행사하는지 여부에 따라 강제 수사와 임의 수사로 구분된다.

임의 수사에는 자진 출석하여 조사를 받는 피의자 신문과 참고인 조사, 증거물을 자진하여 제출하는 임의 제출, 감정 등이 있다. 당사자의 동의를 얻어서 하는 임의 수사는 인권 침해의 가능성이 낮기 때문에 우리 형사 소송법은 임의 수사를 원칙으로 하고 있다.

강제 수사에는 압수·수색·검증, 체포 및 구속 등이 있는데, 강제 수사는 인권 침해의 소지가 크기 때문에 법관이 발부한 영장을 필요로 한다.

| 체포와
| 구속

체포에는 판사가 발부한 체포 영장에 의한 체포와, 긴급을 요하여 일정한 요건 하에 판사의 영장 없이 하는 긴급 체포, 범죄 현장에서 하는 현행범 체포가 있다. 이 경우 모두 체포한 때로부터 48시간 이내에 구속 영장을 청구하지 아니하거나 영장을 발부받지 못하면 즉시 석방하여야 한다.

구속은 판사가 발부한 구속 영장에 의하여야 하는데, 검사가 판사에게 구속 영장의 발부를 청구한 경우 판사는 피의자에게 구속 사유가 있는지를 살펴보기 위해 구속 전 피의자 심문을 하여야 한다. 구속 영장을 발부하기 위해서는 범죄를 저질렀다고 의심할 만한 상당한 이유가 있고, 일정한 주거가 없거나 증거를 인멸할 우려가 있거나, 도망 또는 도망할 우려가 있어야 한다. 그 외에 범죄의 중대성, 재범의 위험성 등도 고려 사유가 된다.

기소와
불기소

검사는 피의자에게 범죄 혐의가 있다고 판단되는 경우 법원에 피의자를 처벌해 달라는 재판을 요청하는데 이를 공소 제기 또는 기소라고 한다.

검사가 피의자에게 범죄 혐의가 없다고 판단하거나, 그 밖의 사유로 공소를 제기하는 것이 마땅하지 않다고 판단하는 경우에는 기소하지 않고 사건을 종결하는데 이를 불기소 처분이라고 한다. 불기소 처분에는 혐의 없음, 공소권 없음, 죄가 안 됨, 각하, 기소 유예, 기소 중지, 참고인 중지가 있다.

⚖️ 형사 재판은 어떻게 진행될까?

공소장의 접수와
공소장 부본 송달

검사가 공소를 제기하면 법원은 공소장 부본을 피고인 또는 변호인에게 보낸다. 피고인은 부본을 받은 날부터 7일 이내에 공소 사실에 대한 의견 등을 기재한 의견서를 법원에 제출하고, 법원은 공판 기일을 지정한다.

공판
준비 절차

재판장이 효율적이고 집중적인 심리가 필요하다고 판단하는 경우에는 공판 기일 전에 공판 준비 기일을 열고 공판 준비 절차를 진행할 수 있으며, 국민 참여 재판의 경우에는 반드시 공판 준비 절차를 거쳐야 한다. 공판 준비 절차에서는 검사, 피고인 또는 변호인이 참석하여 법원의 주도 하에 사건에 대한 주장과 쟁점 정리, 증거의 신청 및 증거 채택 여부 결정, 서류의 열람·등사, 그 밖에 공판 진행에 필요한 사항을 정하게 된다. 공판 준비 기일에 신청하지 아니한 증거는 공판 기일에 증거로 사용하지 못하게 될 수도 있다.

공판
절차

피고인은~	피고인은 ○○년 ○○월 ○○시 A씨를 살해하였습니다.	저는 사람을 죽이지 않았습니다.
진술 거부권 고지 및 인정 신문 (본인 여부 확인)	검사의 기소 요지 진술	피고인의 모두 진술

사실 심리 절차 시작(증거 조사) ➡ 피고인 신문
검사의 의견 진술(논고) ➡ 피고인과 변호인의 최후 진술

피고인을 징역 1년에 처한다.

판결 선고

공판 절차는 진술 거부권 고지 및 인정 신문, 모두 진술, 쟁점 및 증거 정리, 증거 조사, 피고인 신문, 최종 변론, 판결 선고의 순으로 진행된다.

재판이 시작되면 재판장은 가장 먼저 피고인에게 진술을 거부할 권리가 있음을 알려 주어야 하며, 그다음에 피고인의 성명, 생년월일, 등록 기준지, 주거, 직업을 묻고 기소된 피고인이 맞는지 확인한다.

인정 신문이 끝나면 검사는 공소 사실, 죄명 및 적용 법조를 낭독하고, 피고인 또는 변호인은 공소 사실을 인정하는지 여부에 관해 진술한다. 공소 사실을 인정하는 경우에는 증거 조사를 생략할 수 있는 간이 공판 절차로 회부된다.

피고인이 공소 사실을 부인하는 경우 어떠한 부분을 다투는지에 대한 쟁점 정리를 하고, 공소 사실을 입증할 증거와 반대되는 증거에 대해 검사와 변호인의 의견을 들은 다음 증거 조사에 들어가게 된다.

증거 조사는 검사가 공소 사실 및 양형 판단 등에 필요한 증거를 제출하고, 변호인이 공소 사실에 반대되는 증거와 피고인의 양형에 유리한 증거를 제출하여 상대방이 동의하는지 확인한 후 상대방이 동의한 증거는 그대로 유·무죄 및 양형의 근거로 사용하고, 상대방이 동의하지 않는 경우에는 일정한 절차를 거쳐 증거로 사용할지 여부를 결정하게 된다.

증거 조사가 끝난 후에는 검사 또는 변호인이 피고인을 상대로 필요한 신문을 할 수 있다.

피고인 신문이 끝나면 검사는 사건에 관한 의견과 함께 피고인에개 어느 정도의 형을 선고해 주기를 바라는지를 진술하고, 변호인은 피고인에게 유리한 사실을 요약하여 진술하며, 피고인은 사건에 관한 자신의 입장을 최종적으로 진술한다.

약식
절차

검사가 피고인에 대하여 벌금형에 처하는 것이 타당하다고 판단하는 경우 법원에 피고인에게 약식 명령을 선고해 줄 것을 요청할 수 있다. 법원은 검사의 구형이 타당하다고 판단되면 그에 따라 벌금형을 정하여 피고인에게 약식 명령을 선고하여 통지하고 피고인이 이의를 제기하지 않으면 벌금형이 확정된다. 만일 법원이 검사의 구형이 적절하지 않다고 판단하거나, 피고인이 이의를 제기하면서 정식 재판을 청구한 경우 정식 절차에 회부하게 된다. 정식 절차에 회부된 사건은 앞서 본 공판 절차에 따라 재판이 진행된다.

피고인만 정식 재판을 청구한 사건에 대하여는 약식 명령의 형보다 중한 종류의 형(예컨대 징역, 금고형)에 처하지 못하며, 약식 명령의 벌금액보다 더 큰 벌금형을 선고하는 경우에는 판결서에 양형의 이유를 기재하여야 한다.

판결의 선고와
선고 후의 절차

심리가 종결되면 재판장이 공판정에서 유죄 또는 무죄의 판결을 선고하게 되는데, 이때 판결 주문을 낭독하고 판결 이유의 요지를 설명한다. 유죄 판결을 선고하는 경우에는 11장에서 언급한 9가지 형 중에서 형의 종류를 선택하고 형량을 정하게 된다. 법원은 정상 참작 사유에 따라 집행 유예나 선고 유예를 선고할 수 있는데, 집행 유예는 형을 선고하되 형의 집행을 유예하는 것이고, 선고 유예는 형의 선고 자체를 유예하는 것이다.

우리 법은 국민의 기본권 보장과 재판의 공정성을 기하기 위해 3심제를 채택하고 있다. 검사 또는 피고인이 판결에 불복하여 상급 법원에 다시 재판을 해 달라고 요청하는 것을 상소라고 하는데, 1심 법원의 재판에 대한 상소를 항소라고 하고, 항소심 판결에 대한 상소를 상고라고 한다. 상소는 판결 선고일부터 7일 이내에 상소장을 불복 대상 판결을 선고한 법원에 제출하여야 한다.

⚖️ 형사 절차에서 인권은 어떻게 보호될까?

│ 적법 절차의
│ 원칙

국가 기관이 수사 및 재판 절차에서 행사하는 막강한 권한에 의해 국민의 인권이 침해될 가능성이 매우 높다. 이러한 상황에서 무엇보다 소중한 것이 '적법 절차 원칙(Due process of law)'이다.

우리 헌법은 제12조 제1항에서 "모든 국민은 신체의 자유를 가진다. 누구든지 법률에 의하지 아니하고는 체포 · 구속 · 압수 · 수색 또는 심문을 받지 아니하며, 적법한 절차에 의하지 아니하고는 처벌 · 보안 처분 또는 강제 노역을 받지 아니한다."고 하여 신체의 자유를 보장하는 원리로서 적법 절차를 규정하고 있다. 따라서 적법 절차에 위배되는 수사 및 재판은 헌법에 위배되어 그 효력을 가질 수 없다.

적법 절차의 원칙은 원래 신체의 자유를 보장하기 위한 원리 또는 형사 사법적 원리로 출발하였으나, 오늘날에는 단순히 신체의 자유에 국한되는 원리가 아니라 모든 공권력 작용에 있어 적용되는 원리로 자리 잡게 되었다.

피의자 · 피고인의 인권을 보장하기 위한 제도

무죄 추정의 원칙	유죄의 판결이 확정될 때까지는 무죄로 취급되어야 한다는 원칙 (헌법 제27조 제4항, 형사 소송법 제275조의2)
고문의 금지와 진술 거부권	모든 국민은 고문을 받지 아니하며, 형사상 자기에게 불리한 진술을 강요당하지 아니한다는 원칙(헌법 제12조 제2항)
영장주의	체포 · 구속 · 압수 또는 수색을 할 때에는 적법한 절차에 따라 법관이 발부한 영장에 의해야 한다는 원칙(헌법 제12조 제3항)
구속 이유 등을 고지받을 권리	누구든지 체포 또는 구속의 이유와 변호인의 조력을 받을 권리가 있음을 고지받지 아니하고는 체포 또는 구속을 당하지 않는다는 원칙(헌법 제12조 제5항)
변호인의 조력을 받을 권리	누구든지 체포 또는 구속을 당한 때에는 즉시 변호인의 조력을 받을 수 있고, 형사 피고인이 스스로 변호인을 구할 수 없는 때에는 국가에게 국선 변호인 선임을 요청할 수 있는 권리 (헌법 제12조 제4항)
구속 전 피의자 심문 제도	구속 영장의 청구를 받은 판사가 구속 전에 피의자를 직접 심문하여 구속 요건을 판단하는 제도(형사 소송법 제201조의2)
체포 · 구속 적부 심사 청구 및 보증금 납입 조건부 피의자 석방 제도	체포 · 구속된 사람의 청구가 있는 경우 법관이 그 적부를 심사하여 체포 · 구속이 부당하거나 부적법하다고 판단되면 직권으로 석방하거나(헌법 제12조 제6항) 보증금의 납입을 조건으로 석방(형사소송법 제214조의2 제5항)하는 제도
보석 제도	구속된 피고인에 대해 법원이 보증금 납입 등을 조건으로 피고인을 석방하는 제도(형사 소송법 제94조 등)
자백의 증거 능력 제한	피고인의 자백이 고문 · 폭행 · 협박 · 구속의 부당한 장기화 또는 기망, 기타의 방법에 의하여 자의로 진술된 것이 아니라고 인정될 때 또는 정식 재판에 있어서 피고인의 자백이 그에게 불리한 유일한 증거일 때에는 이를 유죄의 증거로 하거나 이를 이유로 처벌할 수 없다는 원칙(헌법 제12조 제7항)
위법 수집 증거 배제의 원칙	적법한 절차에 따르지 않고 수집한 증거는 증거로 사용할 수 없다는 원칙(형사 소송법 제308조의2)
형사 보상 및 국가 배상 청구 제도	형사 피의자 또는 형사 피고인으로서 구금되었던 사람이 법률이 정하는 불기소 처분을 받거나 무죄 판결을 받은 때에는 국가에 보상이나 배상을 청구할 수 있는 제도(헌법 제28조, 제29조)

그 밖에도 피의자 및 피고인의 인권 보장을 위한 제도로는 신속한 재판과 공개 재판을 받을 권리(헌법 제27조 제3항), 소급효 금지 및 이중 처벌 금지의 원칙(헌법 제15조 제1항) 등이 있다.

형사 피해자를 위한 인권 보장 제도

우리나라는 형사 절차에서 피해자의 알 권리를 보장하고, 범죄로 인한 피해 구제를 위한 제도를 마련하고 있다.

형사 피해자는 고소권과 고소 취소권을 가질 뿐만 아니라 재판 과정에서 피해자 진술을 할 권리가 있으며(헌법 제27조 제5항, 형사 소송법 제294조의2 제1항), 형사 재판의 진행 상황에 대해 안내받고(형사 소송법 제259조의2) 일정 범위 내에서 관련 서류를 복사하여 받을 수 있다(형사 소송법 제294조의4). 또한 피해자는 범죄로 입은 손해를 보전받기 위해 수사 단계에서는 형사 조정 절차, 공판 단계에서는 배상 명령 절차와 화해 절차를 활용할 수 있다. 범죄 피해자 본인이나 가족들이 범죄로 인하여 생계를 유지하기 어려울 경우 국가에 구조금 지급을 요청할 수 있다(헌법 제30조).

✏️ 우리나라에서는 2008년부터 '국민 참여 재판' 제도를 실시하고 있다. 법률 전문가가
아닌 국민이 배심원으로 형사 재판에 참여하며, 배심원들이 법정 공방을 지켜본 후
피고인의 유·무죄에 관한 평결을 내리고 적정한 형을 토의하여 제시하면 재판부가
이를 참고하여 판결을 선고한다.

❓ 국민 참여 재판은 형사 재판 제1심 합의부에서
피고인이 신청할 경우 진행한다. 왜 이러한 재
판이 등장했을까? 이러한 국민 참여 재판을
홍보하는 포스터에서 무엇을 강조하고 있는지
이야기를 나누어 보자.

❓ 국민 참여 재판의 배치도에는 '배심원석'이 있다. 배심원석에 앉은 이들은 형사 재판에서
어떠한 역할을 하는지 대법원 홈페이지에서 찾아보자.

출처: https://www.scourt.go.kr/

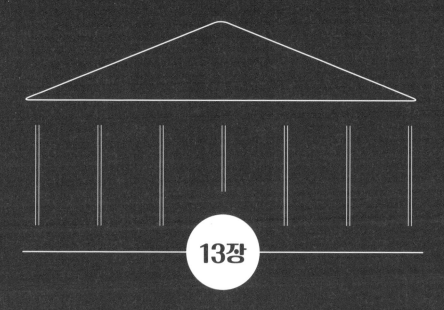

13장

아동 학대:

'사랑의 매'도 안 됩니다

#아동 학대   #가정 폭력   #민법   #징계권 삭제
#아동의 권리   #유엔 아동 권리 협약

뭘 잘못했는지 말하고 몇 대 맞을지 정해.

가서 사랑의 매를 가져 와. 너를 사랑해서 때리는 거야.

성적이 떨어졌어요. 세 대 맞을게요.

부모님의 행위는
'아동 학대'에 해당합니다.

♥ ◯ ▽ ▭

자녀를 훈계하기 위해 '사랑의 매'를 들었다는 부모의 행위가 '아동 학대'에 해당하는
이유는 무엇일까? 고등학생도 아동에 해당할까? 아동 학대에 대한 사회적 관심이 높아졌
지만, 아동이 누구인지, 어떤 행위가 아동 학대에 해당하는지 명확하게 알지 못하는 사람
들이 대부분이다. 아동 학대의 의미와 유형, 아동 학대를 예방하거나 대처하기 위한 제도에
대해 알아보자.

⚖️ 한국 사회에서의 아동 학대는 어떻게 나타나고 있을까?

아동 학대'에 대한
인식 변화의 필요성

우리나라에서는 2021년 "친권자는 자녀를 보호 또는 교양하기 위하여 필요한 징계를 할 수 있다."고 규정한 민법 제915조를 삭제하는 법률 개정안을 국회에서 통과시켰다. 이는 그동안 징계권 조항이 '사랑의 매' 혹은 부모의 훈육이라는 명분 하에 가정 내 체벌을 용인하는 데 악용되었다는 문제 의식을 반영한 것이다. 아동 학대 문제를 해결하는 데 앞장서 온 스웨덴은 1970년대부터 '부모가 자녀에게 신체적, 정서적 폭력을 행사하는 것'을 엄하게 처벌하는 법률안을 제정한 후 전 국민적인 캠페인을 전개하였다. TV 광고뿐 아니라 아이들이 먹는 분유통에도 관련 광고를 게재한 결과 전 국민의 90% 이상이 가정 폭력의 위험성을 인식하게 되었다. 또 체벌을 통해 자녀를 훈육해야 한

LOOK AGAIN
아동학대. 여러분의 관심이 예방입니다!
아동학대는 아이들에게 씻을 수 없는 신체적, 정신적 상처를 남깁니다.
우리 아이들을 학대의 그늘로부터 지켜주세요.

"LOOK AGAIN"
해럴 8일은 보재데이

해 당 신 고 전 화 1366
청 소 년 1388
아동보호전문기관 1577-1391

우리나라는 아동 학대 방지를 위해 민법
제 915조의 징계권을 삭제하였다.

다는 사회 분위기가 변화하였다.

　그러나 우리나라는 국민들이 민법의 징계권 조항이 삭제되었다는 사실을 인식하는 정도가 낮고, 여전히 아동 학대 및 가정 폭력 사건이 빈번하게 일어나고 있어 이에 대한 국민의 인식 변화가 절실하다.

아동 학대의
의미와 유형

　우리나라 아동 복지법에 따르면 아동 학대에는 보호자를 포함한 성인이 아동의 건강 또는 복지를 해치거나 정상적 발달을 저해하는 신체적, 정신적, 성적 폭력이나 가혹 행위를 하는 것뿐만 아니라, 아동의 보호자가 아동을 유기하거나 방임하는 것도 포함된다. 이때 아동이란 만 18세 미만의 영유아, 소년 및 청소년을 말한다. 즉, 어린아이부터 고등학생까지 모두 아동에 해당된다.

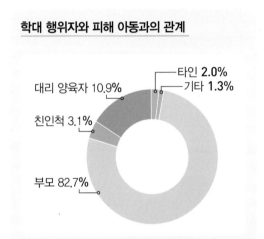

학대 행위자와 피해 아동과의 관계

- 대리 양육자 10.9%
- 친인척 3.1%
- 부모 82.7%
- 타인 2.0%
- 기타 1.3%

학대 행위자와 피해 아동과의 관계는 부모에 의한 발생 건수가 23,119건(82.7%)으로 가장 많았고, 대리 양육자 3,047건(10.9%), 친인척 879건(3.1%) 순으로 나타났다. 부모에 의해 발생한 사례 중 친부에 의한 사례가 12,796건(48.7%), 친모 9,862건(34.2%)으로 높은 비율을 차지했다.
출처: 2022년 아동 학대 주요 통계(보건복지부)

　최근 아동 학대가 심각한 사회 문제로 부각되고, 2020년 양천 아동 학대 사망 사건 등으로 사회적 관심이 커지면서 아동 학대 신고로 접수된 사례 역시 증가하고 있다. 아동에게 학대를 저지르는 학대 행위자는 부모, 타인, 친인척 등으로 분류되는데, 이 중 부모로부터 가해지는 학대가 약 80%를 차지한다. 특히, 가정 내에서 일어나는 학대는 은밀하게 이루어지기 때문에 신고 의무자와 같이 아이 주변에 있는 사람들이 유심히 관찰해서 발견해야 한다. 또 아동 학대를 당하는 당사자가 자신의 어려움을 호소하고 도움을 받을 수 있도록 예방 교육 등을 강화해야 한다.

아동 학대의 유형은 크게 4가지로 구분할 수 있다. 다음 표를 살펴보자.

유형	의미
신체 학대	보호자를 포함한 성인이 의도적으로 피해 아동에게 행하는 신체적 폭력 또는 가혹 행위 직접적으로 신체에 가해하는 행위, 도구를 사용하여 신체에 가해하는 행위, 유해한 물질로 신체에 가해하는 행위, 완력을 사용하여 신체를 위협하는 행위
정서 학대	아동에게 행하는 언어적 폭력, 정서적 위협, 감금이나 억제 기타 가학적인 행위 언어적 폭력 행위, 정서적 위협, 아동에 대한 비현실적인 기대 또는 강요, 형제나 친구 등과 비교하거나 차별, 편애, 집단 따돌림 행위
성 학대	아동을 대상으로 하는 모든 성적 행위 자신의 성적 만족을 위해 아동을 관찰하거나 아동에게 성적 노출을 강제하는 행위, 아동을 성적으로 추행하는 행위, 아동에게 유사 성행위를 하는 행위, 성교 행위, 성매매를 시키거나 성매매를 매개하는 행위
방임	아동의 보호자가 아동을 유기하거나 방임하는 행위 물리적 방임(기본적인 의식주를 제공하지 않거나 상해와 위험으로부터 아동을 보호하지 않음), 교육적 방임(보호자가 아동을 학교 등 의무 교육 기관에 보내지 않거나 아동의 무단 결석을 허용), 유기(아동에게 필요한 의료적 처치를 하지 않는 행위. 아동을 보호하지 않고 버리거나 아동을 병원에 입원시키고 사라지는 등의 행위) 포함

현실에서 아동 학대는 한 가지 유형으로 발생하지 않고 여러 종류의 학대가 복합적으로 발생하는 중복 학대 비중이 높은 편이다. 학대를 당하는 아

이들은 사망에까지 이르는 신체 손상, 중추 신경계나 지능, 자아 기능 손상, 감정 조절 기능 저하 및 이상부터 정신 병리를 일으킬 수 있는 심리·정서적인 손상 등을 입게 된다. 아동 학대의 후유증은 대단히 크고, 피해 아동이 성장한 후에도 지속적인 악영향을 끼치는 것으로 알려져 있다. 이는 아동 학대 및 가정 폭력 문제가 개인이나 가정의 내밀한 문제가 아닌, 사회 구성원 모두가 법과 제도를 통해 해결해 나가야 하는 문제임을 보여 준다.

⚖️ 아동의 권리에는 무엇이 있을까?

유엔 아동 권리 협약의 4가지 원칙과 4대 권리

아동 학대 문제 해결을 위해서는 아동의 권리에 대해 먼저 알아야 한다. 유엔 아동 권리 협약은 1989년 채택되었으며, 아동을 단순한 보호 대상이 아닌 존엄성과 권리를 지닌 주체로 보고, 이들의 생존, 발달, 보호, 참여에 관한 기본 권리를 구체적으로 명시한 국제 협약이다. 총 54개의 조항으로 구성된 협약의 내용 중 4가지 기본 원칙과 아동의 4대 권리를 알아보자.

아동 권리 협약의 4가지 기본 원칙

비차별
모든 아동이 어떠한 이유로도 차별받지 않아야 한다는 것

의견 존중
아동이 자신에게 영향을 주는 일에 대해 의견을 말할 수 있어야 하며 그 견해는 존중되어야 한다는 것

생존과 발달의 권리
아동의 생명과 생존, 발달을 위한 권리가 최대한으로 보장되어야 한다는 것

아동 최우선
아동의 이익이 최우선으로 고려되어야 한다는 것

아동 권리 협약의 4대 권리

생존권	보호권	발달권	참여권
아동이 안전하고 건강하게 자라며 기본적인 삶을 누릴 수 있는 것	아동에게 해로운 모든 위험한 것들로부터 보호받는 것	아동이 자유롭게 교육을 받고 놀 수 있는 것	아동이 자신과 관련된 문제에 대해 의견을 말하고 지역 사회 활동에 참여하는 것

표에 나와 있듯이 아동은 기본적인 삶을 누릴 수 있는 생존권이 있으므로 깨끗한 공기와 음식, 안전한 장소를 제공받고 아프면 치료를 받을 수 있어야 한다. 또 아동에게 해로운 것으로부터 보호받을 권리가 있으므로 모든 형태의 괴롭힘, 정서적 혹은 성적 학대, 전쟁 등으로부터 보호받아야 한다. 또한 발달권이 있으므로 아동은 원하는 교육을 받고 문화생활을 누리고 자유롭게 뛰어놀 수 있어야 한다. 또 참여권에 기하여 아동의 생각, 양심, 종교적 자유와 의견을 존중받고 지역 사회와 문화 속에서 참여할 수 있어야 한다.

이처럼 유엔 아동 권리 협약은 아동의 인간다운 삶을 보장하고 건강하고 행복한 어른으로 성장할 수 있도록 지원하는 데 초점을 맞추고 있다. 특히 최근 정보 사회로 접어들면서 유엔 아동 권리 협약 이행을 모니터링하는 전문가 기구인 '유엔 아동 권리 위원회'에서는 디지털 환경에서의 아동에 대한 사이버 괴롭힘, 부적절하거나 유해한 콘텐츠에의 노출, 개인 정보 침해 문제에 대해 경고하였다. 또 국가 차원에서 아동의 건강한 신체적, 사회적 활동을 촉진하고, 이들을 보호하는 데 필요한 활동을 지원하고, '디지털 문해력'을 계발할 수 있도록 필요한 자원을 제공하여야 한다고 권고하였다. 나아가 기업들 역시 디지털 환경에서 아동 권리 침해 문제를 해결하는 데 적극적인 역할을 수행하여야 하며, 국가는 아동 보호와 관련한 사법적, 비사법적 규제를 적극적으로 시행하여야 한다고 하면서 오프라인뿐 아니라 온라인 공간에서도 아동의 권리 보호를 위해 노력하고 있다.

　우리나라 역시 1991년 유엔 아동 권리 협약에 가입한 이후 아동의 권리 보호와 아동 학대 문제 해결을 위하여 지속적으로 노력해 왔다. 그러나 치열한 입시 경쟁 및 가족주의 중심의 사회 문화로 인하여 아동의 삶의 만족도가 낮고, 아동 학대 문제가 지속적으로 제기되고 있어 사회 구성원의 인식 변화와 노력이 필요하다.

⚖ 아동 학대를 예방하고 해결하기 위한 노력에는 무엇이 있을까?

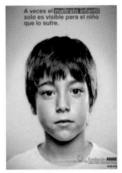

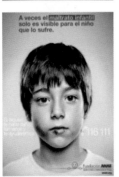

175cm 이상의 어른이 볼 때

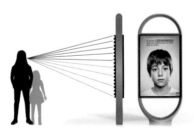

135cm 이하의 어린이가 볼 때

아동 학대 예방을 위한 노력: 2013년 스페인 아동 학대 방지 단체 아나(ANAR)에서 제작한 이 광고는 보는 사람의 각도에 따라 달라지는 '렌티큘러(Lenticular)' 기법으로 만들어졌다. 어른들의 눈높이에서는 상처 없이 깨끗한 소년의 얼굴과 함께 '아동 학대는 같은 문제로 고통받는 아이들의 눈에만 보일 수 있습니다.'라는 문구가 보인다. 그런데 10세 이하 어린이들의 눈높이에서는 피멍이 든 소년의 얼굴과 함께 '누군가 널 아프게 하고 있다면 전화해. 우리가 널 도울게.'라는 메시지와 전화번호가 보인다.
출처: https://www.news1.kr/articles/?2044459

아동 학대 문제는 예방이 최우선이다. 이를 위해서는 사회 구성원들이 아동 학대 문제의 심각성을 인식하고, 학대 예방을 위해 노력하여야 하며, 교육과 홍보를 통해 지속적인 인식 변화를 이끌어 내야 한다. 또한 학대당하는 아동 본인이 스스로 아동 학대를 당했다고 느낄 때 위의 광고처럼 아동학대 방지 단체 등에 신고할 수 있어야 한다. 그러나, 학대를 받는 아동 본인이 직접 신고하기 어렵기 때문에 아동 학대의 징후가 나타나면, 주변인들이나 목격자가 어떻게 대응해야 하는지 아는 것이 중요하다.

아동 학대에 대한 대처(아동 학대 신고 절차)

학대 의심 징후 (상흔, 증언 등) 발견 ➡ 응급 상황 시, 아동의 안전 확보 ➡ 아동 학대 신고 112 ➡ 아동 학대 조사 및 사례 개입 협조 ➡ 사후 지원 및 서비스 협조

아동 학대에 대한 대처는 위 표와 같이 학대 의심 징후 발생 시, 아동의 안전을 확보한 후 112로 신고하는 것이 바람직하다.

어린이집 및 유치원, 학교 교사 등은 신고 의무자로서 아동 학대 여부를 관찰하고 문제 발견 시 신고할 의무가 있다. 아동 학대 신고가 접수되면 전담 공무원이 현장 출동 및 조사를 통해 응급 보호를 실시하고 상담 및 조사를 한다. 아동 보호 전문 기관은 피해 아동 가정의 사후 관리 및 예방 관련 업무를 담당한다. 또 아동 학대에 대한 국가의 책무를 강화하여 지역 사회와 유관 기관의 교육 및 상담, 지도 등을 실시하도록 하고 있다. 아래 표는 아동 학대 발생 시 지원을 요청할 수 있는 기관들이다.

아동 학대 지원 기관

지원 기관	지원 내용
경찰(국번 없이 182)	진술 조력인, 피해자 국선 변호사, 비상 호출기, 신변 보호 조치 등
검찰(국번 없이 1301)	진술 조력인, 피해자 국선 변호사, 비상 호출기, 안전 가옥, 이전비 지원, 범죄 피해 구조금, 치료비 등 경제적 지원, 주거 지원 등
스마일 센터, 해바라기 센터, 아동 보호 전문 기관	심리 치료
대한 법률 구조 공단, 한국 가정 법률 상담소	법률 상담

아동 학대와 관련된 범죄

우리나라 아동 학대 범죄는 다음에 해당하는 죄를 의미한다.

- **형법에 의한 죄**: 상해, 폭행, 유기, 학대, 체포, 감금, 협박, 약취, 유인, 인신매매, 강간, 추행, 명예 훼손, 모욕, 강요, 공갈, 재물 손괴 등
- **아동 복지법에 의한 죄**: 신체적 · 정서적 · 성적 학대, 유기 , 방임 등
- **아동 학대 처벌법에 규정된 범죄**: 아동 학대 치사, 아동 학대 중상해, 상습범

모든 아동 학대 행위가 형벌을 받는 대상인 것은 아니며, 상담과 교육의 대상이 되기도 한다.

아동 학대 범죄로 신고 · 고소를 당한 피신고인 · 피고소인에 대하여 법원 또는 검사는 '사건의 성질, 동기와 결과, 아동 학대자와 피해 아동의 관계, 아동 학대 행위자의 성향 및 개선 가능성, 원가정 보호의 필요성, 아동과 법정 대리인의 의사' 등을 고려하여 보호 처분이 적절하다고 인정되는 경우 사건을 형사 사건이 아닌 아동 보호 사건으로 송치하게 된다.

✏️ 자료를 읽은 후, 우리나라의 "아동 학대 문제"를 해결하기 위한 대안을 제시해 보자.
그리고 친구들과 함께 대안의 우선순위를 정해 보자.

자기 아이를 사망에 이르도록 학대하는 부모는 어떤 사람일까. 변○○ 기자는 책
〈울고 있는 아이에게 말을 걸면〉(아를, 2022)에서 아동 학대 사건을 취재한 경험을
바탕으로 상당수의 가해 부모에게는 공통점이 있다고 말한다. 너무 이른 나이에 아
이를 낳아서 부모로서의 책임감이 부족하거나, 경제적 궁핍으로 가정 불화가 심하
거나, 사회적 관계가 단절되어 사회적 지지망이 없는 경우가 많았으며, 아이를 함께
보살펴 주는 사회적 '눈'이 없었다.고 한다.

우리는 끔찍한 아동 학대 사건이 일어나면 가해자를 악마로 몰아붙이고 간편하게
그 문제로부터 빠져나온다. 하지만 아이가 죽거나 부상을 입어야만 아동 학대인 것
은 아니다. 부모가 가난하지 않은데도 아이들이 밥을 거르거나 질 나쁜 식사를 하
게 내버려 두고 있는 경우도 많다. ○○동 학원가에서는 경제적으로 여유가 있는 가
정의 아이들도 수업을 듣기 전에 편의점에서 끼니를 때운다. 책의 저자는 이에 대해
"슬픈 '밥상의 평등'이다. 있는 집이나 없는 집이나 모든 아이가 평등하게 편의점 참
치김밥 1+1으로 끼니를 때운다. 누구 카드냐의 차이일 뿐 아이들은 '돌봄' 없는 열
량 덩어리를 씹어 삼킨다."라고 비판한다. 또 학원이나 과외 수업을 받고 숙제를 하
는 데 대부분의 시간을 쓰느라 잠을 자지 못하는 아이들이 다음 날 아침에 밥 대신
10분이라도 더 자는 쪽을 선택한다며 "한국 사회는 모든 부모에게 아동 학대 자격
증을 하나씩 쥐여 준다."고 지적한다. 이처럼 한국 사회의 아동 학대 행위, 매년 한
학급에 해당하는 숫자(약 35명)가 사망하는 어린이 보행 교통 사고, 더욱 경쟁적으
로 변해 가는 입시 전쟁은 아동의 행복을 저해하는 요인으로 작용한다.

출처: https://www.sisain.co.kr/news/articleView.html?idxno=47564 참고하여 재구성

🔍 내가 생각한 대안

Q 친구가 생각한 대안

Q 대안의 우선순위 정하기 토의 결과

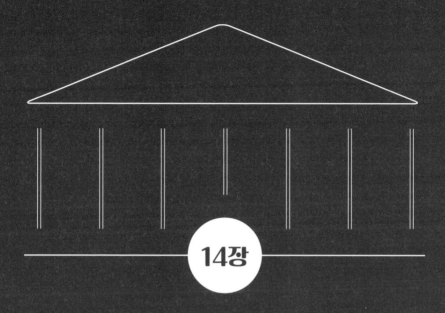

14장

성희롱과 성범죄:

'사랑'은 서로의 '성적 자기 결정권'을 존중하는 것

직장 내 권력형 성폭력 아웃

♥ ○ ▽ 🔖

사람들은 사회생활을 하면서 상대방과 가까워지기 위해 농담을 하거나 신체적 접촉을 하기도 한다. 이때, 친한 사이여도 반드시 지켜야 할 선이 있다. '상대방의 성적 자기 결정권 존중하기'라는 선을 넘는다면, 성희롱 혹은 성폭력 문제가 발생하기 때문이다. 성희롱, 성폭력 문제가 오늘날 한국 사회에서 왜 주목받을까? 또 성적 자기 결정권을 강조하는 이유는 무엇일까?

⚖️ 성희롱과 성폭력 문제가 주목받는 이유는 무엇일까?

2017~2019년 우리나라에서 체육계와 연예계, 문학 · 예술계 등 각종 사회 분야에서 '미투 운동'이 사회적 이슈로 떠오른 바 있다. 원래 미투 운동(Me too movement)은 직장 및 사업체 내의 성희롱 및 성폭력 피해 경험을 공개하는 피해자와 이에 공감하는 사람들이 소셜 미디어에 해시태그(#Me too)를 달면서 시작된 사회운동으로서 미국의 사회 운동가 타라나 버크가 고발 여론을 결집하기 위하여 해시태그 운동을 독려하면서 활발하게 전개되었다. 특히 우리나라에서는 고등학교 창문에 교내 성희롱 및 성폭력 문제를 고발하는 게시물이 붙여지며 관련 수사 및 징계가 진행되는 등 '스쿨 미투(School me too)'도 화제를 모았다. 이러한 미투 운동 이후 성희롱과 성폭력에 대한 사회적 경각심이 크게 높아졌다. 일부 사람들은 성희롱과 성폭력은 특정 성별을 희생자로만 간주하게 된다고 비판하기도 한다. 그러나 성희롱과 성폭력은 성별의 문제가 아닌, 누구에게나 발생할 수 있는 인권 침해 문제이기에 이를 제대로 이해하고 예방하기 위한 노력이 필요하다.

성희롱의
의미

일반적으로 '성희롱(Sexual harassment)'이란 상대방이 원하지 않는 성적인 말이나 행동을 하여 상대방에게 성적 굴욕감이나 수치심을 느끼게 하는 행위를 말한다. 음담패설, 당사자가 원하지 않는 데이트나 성관계 요구 등이 대표적인 예이다.

우리나라 『국가 인권 위원회법』과 『남녀 고용 평등과 일·가정 양립 지원에 관한 법률』 및 『양성 평등 기본법』은 각각 '성희롱'의 개념을 정하고 있다. 위의 법들에서는 '성희롱'의 개념을 정의하면서 '지위를 이용하거나 업무와 관련하여'라는 표현이나 성적 언동, 그 밖의 요구 등에 대한 불응을 이유로 '고용에서 불이익을 주는'이라는 표현을 사용하고 있어 근로 관계를 전제로 하는 경우가 대부분이다. 그런데 '성적 언동'은 무엇일까? 이에 대해 대법원은 '남녀 간의 육체적 관계나 남성 또는 여성의 신체적 특징과 관련된 육체적, 언어적, 시각적 행위로서 사회 공동체의 건강한 상식과 관행에 비추어 볼 때 객관적으로 상대방과 같은 처지에 있는 일반적이고도 평균적인 사람에게 성적 굴욕감이나 혐오감을 느끼게 할 수 있는 행위(2007두22498 판결)'라고 정의한 바 있다. 이에 따르면 재미로 한 행위나 장난, 친근감을 표현하려고 한 행위라고 하더라도 피해자가 성적 굴욕감이나 혐오감을 느꼈다면 성희롱이 성립하기 때문에 사회 구성원 모두 성희롱에 대해 정확하게 이해하고 이를 예방하기 위한 노력이 필요하다.

성범죄와 성희롱의 차이

성폭력, 성범죄, 성희롱의 법률상의 정의는 조금씩 다르다. 우리나라 형법에서는 성범죄로 강간이나 강제 추행 등을 규정하고 있으며, 『성폭력 범죄의 처벌 등에 관한 특례법』에서는 형법에 규정하고 있지 않은 성범죄에 대해서도 '성폭력 범죄'로 규정하여 처벌하고 있다.

성희롱에 대해서는 대체적으로 처벌하지 않지만, 아동에 대한 성희롱이나 철도, 비행기에서의 성희롱에 대하여는 아동복지법 등 해당 법률에 처벌 규정을 두고 있다. 또한 성희롱적 언행으로 타인의 명예를 훼손한 경우와 같이 성희롱이 다른 범죄의 수단이 된 경우에도 처벌의 대상이 될 수 있다. 그러나 처벌의 정도에 관계없이 성희롱, 성범죄 모두 피해자의 인권과 인간의 존엄성을 훼손하는 것임을 명심하여야 한다.

⚖️ 성희롱 · 성폭력 문제를 이야기할 때, '성적 자기 결정권'을 강조하는 이유는 무엇일까?

성희롱과 성폭력 등의 행위를 처벌하거나 사회적으로 비난하는 근거는 '성적 자기 결정권'의 침해에 있다. 가해자들은 종종 '사랑해서 그랬다.', '장난이었다.'라는 말을 하곤 한다. 이러한 변명을 하는 것은 성적 자기 결정권의 의미를 잘못 이해하거나 이를 존중하려는 인식이 낮기 때문이다. 실제로 10년 전만 하더라도 우리나라 로맨스 장르 드라마에서는 상대방의 동의 없이 벽으로 몰아붙인 후 기습적으로 입맞춤을 하거나 손목을 강제로 잡아끄는 것이 '적극적이고 박력 있는 애정 표현' 등으로 그려지곤 하였다. 드라마에서 배경 음악, 클로즈업, 슬로우 모션 등의 방송 효과가 더해지면 시청자들은 이와 같은 폭력적인 애정 표현 행위를 이해할 수 있는 것으로 착각하기도 한다. 그러나 강제적인 신체 접촉, 상대방의 의사에 반하는 표현은 모두 개인의 행복 추구권, 그중에서도 성적 자기 결정권을 침해하는 행위로서 해서는 안 될 행위이다.

우리나라 헌법 재판소는 개인이 자신의 행복을 추구하는 행위는 헌법의 보호 대상으로 봐야 하며, 행복 추구권에는 일반적 행동 자유권, 개성의 자유로운 발현권, 성적 자기 결정권이 있다고 하였다. 이 중 성적 자기 결정권은 '스스로 선택한 인생관 등을 바탕으로 사회 공동체 안에서 각자가 독자적으로 성적 관념을 확립하고 이에 따라 사생활의 영역에서 자기 스스로 내린 성적 결정에 따라 자기 책임 하에 상대방을 선택하고 성관계를 가질 권리'를 말한다(99헌바40 등 결정 참조). 성적 자기 결정권에는 자신이 하고자 하는 성행위를 결정할 권리라는 적극적 측면과 원치 않는 성행위를 거부할 권리라는 소극적 측면이 함께 존재한다(대법원 2015도9436 전원 합의체 판결, 2019도3341 판결 참조).

즉, 모든 사람의 인격은 존엄하고 특히 성은 그러한 인격의 근간을 이루는 것 중 하나이기에 권리의 주체인 인간이 자신의 행복을 위해 성과 관련된 행위를 스스로 결정하여야 한다는 것이다. 성추행이나 강간, 성폭력 범죄와 성희롱 행위 등은 이러한 성적 자기 결정권을 침해한다는 점에서 인간의 존엄을 훼손한다.

한편 성적 자기 결정권 침해 여부를 판단하는 과정에서 특히 아동 청소년, 장애인, 노인 등 사회적 보호가 필요한 약자를 어떻게 바라볼 것인가는 매우 중요하다. 피해자가 적극적으로 거절하지 않거나 속임에 넘어가서 동의했을 때, '둘이 좋아서 그랬다.'라는 논리로 피해자에게 책임을 전가해서는 안 된다는 것이다. 대법원은 피해자가 성적 자기 결정권을 제대로 행사할 수 있을 정도의 성적 가치관과 판단 능력을 갖추었는지를 신중하게 판단해야 한다며 아동, 청소년이 성관계에 동의했거나 동의한 것처럼 보이더라도 그 과정에서 가해자의 속임이나 가스라이팅이 있었다면 성범죄에 해당한다고 판결한 바 있다(2018도16466 판결).

⚖️ 성희롱, 성범죄를 어떻게 예방하거나 구제할까?

| 성희롱,
| 성범죄의 예방

학생들이 생활하는 학교 공간이나 온라인 공간에서 성희롱 혹은 성범죄가 증가하고 있다. 특히, 단체 또는 채팅방에서 많은 문제가 발생하고 있어 이에 대한 주의가 필요하다. 가장 중요한 것은 예방이다. 우리나라에서는 공공 기관, 기업 등의 장을 포함한 구성원들이 필수적으로 성희롱 · 성범죄 예방 교육을 받도록 법으로 규정하고 있다.

성희롱에 대한 제재

성희롱에 해당하는 경우 국가 인권 위원회에 진정할 수 있는데, 국가 인권 위원회는 계속 성희롱을 하고 있다는 상당한 개연성이 있고, 이를 방치할 경우 회복이 어려운 피해 발생의 우려가 있는 경우에는 성희롱의 중지와 그 직무로부터의 배제 등 긴급 조치를 할 수 있다. 그리고 진정의 내용이 범죄 행위에 해당하고 이에 대하여 형사 처벌이 필요하다고 인정되면 검찰 총장에게 이를 고발할 수 있고, 인권 침해 및 차별 행위가 있다고 인정되면 피진정인 또는 인권 침해에 책임이 있는 자에 대한 징계를 소속 기관 등의 장에게 권고할 수 있다.

학생 대상 성희롱, 성범죄 발생 시 구제 방안

만약, 학생들이 성희롱 등과 관련된 피해를 당했다면 어떻게 해결해야 할까? 학교와 같은 공공 기관에서 문제가 발생한 경우와 대중교통에서 문제가 발생한 경우로 나누어서 살펴보자.

학교와 같은 공공 기관에서 발생한 경우

학교와 같은 공공 기관에서는 공공 기관장에게 성희롱·성폭력 방지 조치 및 사건 발생 시 적절한 구제 절차를 이행할 의무, 피해자 보호 의무를 부과하고 있다. 또, 기관 내 성희롱, 성폭력 행위자에 대하여서는 무관용 원칙을 적용한다. 피해 학생이 교내 상담 창구나 사이버 신고 센터를 통해 신고하면 이를 신속하게 조사한다. 이때, 피해자의 의사에 반하여 처리하면 안 되며, 상담 단계에서 처리 절차를 적극적으로 안내하여 피해자가 처리 절차를 몰라 신청하지 못하는 일이 발생하지 않도록 한다. 또 처리 과정에서 피해자를 보호하고 비밀을 유지하는 일이 매우 중요하다. 문의 및 신고 절차는 다음 표를 참고해 보자.

성폭력 피해 의심	성폭력 피해 사실을 알았을 때

▼ ▼

• 피 · 가해 사실 확인 • 상담: 성폭력 피해자 지원 센터 (1809-3075), 여성 긴급 전화(1366), 해바라기 센터, 성폭력 상담소 등 • 상담 후 피해 사실이 확인되면 즉시 신고	• 신고(수사 기관) • 경찰청·학교·여성 폭력 신고 센터(117) 교육, 의료, 아동 복지 종사자 등 신고 의무자는 반드시 경찰서 등에 신고해야 함.

▼ ▼

피 · 가해자 긴급 조치

- 피 · 가해자 분리(가해자가 교직원인 경우 수업 배제, 업무 배제 등)
- 응급 및 안전 조치
  - 학교 내외 상담실(Wee센터, 해바라기 센터, 성폭력 상담소 등)을 통해 상담, 치료, 법률 지원 등 적절한 조치, 현장 보존, 병원 이송 시 교사 동행, 피해자 지지
  - 친족 성폭력 등으로 인해 보호자로부터 긴급 격리가 필요한 경우 아동 보조 전문 기관(해바라기 센터) 또는 여성 긴급 전화(1366)로 인계
- 관련 학생 보호자 연락 및 교육청 보고(피해자가 학생일 경우)

▼

상담 · 치료 및 후속 지원

- (학교) 상담, 사안 조사 일정 감안 학습 지원, 성폭력 예방 교육
  - ※ 개인 신상 정보가 공개되어 2차 피해가 발생하지 않도록 유의
- (교육청) 단위 학교 성폭력 사안 현장 지원, 컨설팅 실시
- (학교 안전 공제회) 피해 학생의 신속한 치료를 위해 치료비 선지원

▼

사안 처리

출처: 교육부(2019) 학교 내 성희롱·성폭력 대응 매뉴얼

대중교통을 이용하는 과정에서 발생한 경우

만약 대중교통을 이용하는 과정에서 불법 촬영, 성추행 및 성희롱 피해를 입었다면
어떻게 대처해야 할까?

우리나라 생활 법령 정보 시스템에서 제시한 바에 따르면, 다음과 같다.

- 가벼운 신체 접촉이라도 현장에서 즉시 불쾌한 반응을 보이며 대응해야 한다.
- 직접 신고가 어렵거나 꺼려지는 경우 휴대 전화를 활용한 112 문자 메시지를 적극
  이용한다.

  ➡ 성추행범들은 피해 여성이 수치심이나 모멸감 등으로 쉽게 신고를 하지 못한
  다는 점을 악용하여 범행을 저지르는 경우가 많다고 한다. 그러므로 적극적
  인 신고는 무엇보다 효과적인 범죄 예방 방법이 될 수 있다.

  ➡ 만약 버스나 지하철 안에서 성추행범을 보거나 자신이 피해를 당했다면 즉시
  휴대 전화를 꺼내 112로 문자 메시지를 보낸다.

  ➡ 성추행 피해 시 문자 메시지 수신 번호를 '112'로 해서 자신이 타고 있는 대중
  교통 정보와 이동 방향, 어느 지역을 통과하고 있는지, 성추행범의 인상 착의
  등을 적어 보내면 된다.

✎ **"Only yes means yes(명백한 합의만이 진정한 합의이다.)"**

2021년 스페인 정부는 성폭력에 관한 정의를 개정하여 일명 '비동의 강간죄'를 신설하였다. 이에 따르면 성범죄 여부를 판단할 때 피해자 측이 '분명한 동의 의사를 표현한 경우'에만 성관계에 동의한 것으로 간주한다. "(1) 사건의 정황을 고려하여, 당사자의 의견이 (2) 명확하고 (3) 자유롭게 표현되었을 때만 동의가 있었다고 간주한다."는 것이다. 이에 따르면 명확한 '예스'만이 동의이고, 그 외 침묵이나 무저항, 망설임은 동의가 아니다. 이는 합의 없는 성관계는 성폭력이라는 개념에 기반하고 있으며 피해자의 '묵시적', '수동적' 동의는 성관계에 동의하지 않은 것으로 본다는 의미이다. 성범죄 가해자가 폭력을 가했는지, 이에 저항했는지 여부를 피해자 본인이 증명할 필요가 없는 것이 법안의 핵심이다. 성폭행 가해자의 폭력 · 위협 행위 탓에 성관계에 이르게 됐다는 점을 피해자가 입증하지 않아도 되도록 했다. 거리 성희롱 행위나 동의 없는 음란 이미지 · 동영상 전송 행위 등에도 벌금을 부과하도록 했다.

이 법안은 2016년 스페인 사회를 충격에 빠뜨린 '늑대 무리 사건'이 계기가 됐다. 당시 스페인 소몰이 축제 기간 중에 20대 남성 5명이 의사 표현이 불가능할 정도로 술에 취한 10대 여성을 집단 성폭행하고 이를 휴대폰으로 촬영하며 '늑대 무리'라고 이름 붙인 채팅 방에 영상을 공유하기도 했다.

가해자들은 1심에서 징역 9년의 유죄 선고를 받았지만, 성폭행보다 형량이 낮은 '성학대' 혐의만 적용됐다. 법원은 피해자가 눈을 감고 있는 등 적극적으로 행동하지 않았고, 당시 상황에 이의를 제기하지 않았다고 판단했다. 남성들이 위협

2018년 4월 26일(현지 시간) 스페인 북부 팜플로나에서 성폭행을 상징하는 붉은 장갑을 낀 스페인 여성들이 법원의 '솜방망이 성폭행 판결'에 항의하며 시위하고 있다. 스페인 법원은 이날 2016년 팜플로나에서 열린 '소몰이 축제'(산페르민 축제)에서 발생한 18세 여성 성폭행 사건과 관련해 피고 5명에게 '집단 성폭행' 대신 형량이 가벼운 '성 학대(sexual abuse)' 혐의를 적용해 각각 징역 9년 형을 선고했다. 검찰 구형은 20년이었다. 팜플로나=EPA연합뉴스

했다는 명백한 증거도 없다고 봤다. 가해자가 물리적 폭력이나 협박을 가했다는 명백한 증거가 있어야 성폭행으로 판결할 수 있도록 한 기존 법의 한계가 여실히 드러난 사건이었다. 이후 가해 남성 전원이 보석금을 내고 풀려나자 '법이 성범죄에 지나치게 관대하다.'는 비판이 일었다. 스페인 전역에서는 대규모 항의 시위도 잇따랐다. 당시 시위는 세계적인 '미투 운동' 확산과 맞물리며 주목받았다. 결국 스페인 대법원은 2019년 최종심에서 기존 판결을 뒤집고 가해자들의 성범죄 혐의를 인정했다. 가해자들의 형량은 징역 9년에서 15년으로 늘었다.

출처: 한국일보 2002. 8. 25. 기사 "명확한 동의 없는 성관계는 성폭행"… 스페인 '비동의 강간죄' 도입 (https://www.hankookilbo.com/News/Read/A2022082522150002767) 수정 인용 /한국 여성 정책 연구원(2021) '스페인, 성범죄 적용 및 처벌 강화 법안 승인' 온라인 게시 글 재구성

Ⓠ 우리나라 형법 제297조에서 강간죄를 어떻게 규정하고 있는지 살펴보자.

Ⓠ 스페인과 우리나라의 성범죄 판단 기준이 어떻게 다른지 찾아보자.

Ⓠ '비동의 강간죄'를 처벌하자는 우리나라 법률 개정안에 대한 여러 의견을 조사해 보고, 그에 대한 자신의 의견을 정리해 보자.

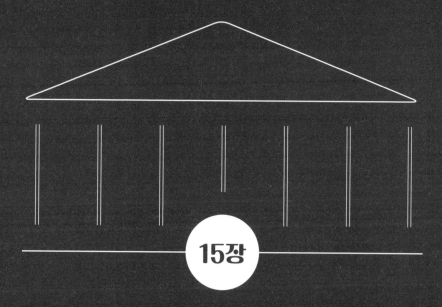

15장

계약:

나도 계약을 맺을 수 있을까?

위 사례 속 주인공의 하루 일과에서 계약을 찾아보자. 버스를 이용하는 것도, 문구점이나 매점, 인터넷 쇼핑몰에서 물건을 구입하는 것도, PC방이나 학원에서 서비스를 이용하는 것도 모두 계약에 해당한다. 우리가 살아가면서 하는 계약에는 또 어떤 것이 있을까? 미성년자의 계약은 성인의 계약과 어떻게 다를까?

⚖️ 계약이란 무엇일까?

계약이란 일정한 법률 효과를 발생시키기 위한 2인 이상 사이의 의사 표시의 합치를 말한다. 계약이 성립하기 위해서는 계약 당사자 간에 계약의 중요한 사항에 대한 의사의 합치가 있어야 한다. 예를 들어, 어떤 아파트를 1억 원에 사고 파는 계약을 맺는다고 생각해 보자. 아파트를 팔고자 하는 사람도 1억 원에 아파트를 팔겠다는 의사가 있어야 하고, 아파트를 사고자 하는 사람도 1억 원에 아파트를 사겠다는 의사가 있어야 한다. 그리고 아파트 인도 시기에 대하여도 당사자 간에 의사의 합치가 있어야 한다. 이처럼 계약의 당사자 간에 거래 대상, 가격 등의 중요한 사항에 대한 의사의 일치가 있어야 하는 것이다. 만약 아파트를 팔고자 하는 사람은 2억 원에 아파트를 팔고자 하고, 사고자 하는 사람은 1억 원에 사고자 한다면 계약 내용에 대한 합의가 이루어지기 어렵고, 계약이 맺어지지 않게 될 것이다.

그렇다면 계약 당사자들 간에 의사의 합치가 있으면 모두 법적 효력이 있을까? 아니다. 법적 효력을 갖춘 계약이 성립하기 위해서는 계약 당사자에게 의사 능력과 행위 능력이 있어야 한다. 의사 능력이란 판단하고 결정할 수 있는 능력을 의미한다. 어린아이나 술에 만취한 사람은 의사 능력이 없다고 볼 수 있다. 행위 능력은 스스로 효력 있는 법률 행위를 할 수 있는 능력이다. 만 19세 미만의 미성년자가 행위 능력이 없는 대표적인 예에 해당한다.

⚖️ 여러 가지 형태의 계약

우리가 살아가면서 경험하게 되는 계약에는 여러 가지가 있다. 근로 계약, 매매 계약, 소비 대차 계약, 임대차 계약 등이 대표적인 사례이다. 다음의 사례를 보면서 계약에 따라 어떤 내용의 권리와 의무를 갖게 되는지 생각해 보자.

⚖️ 미성년자도 계약을 할 수 있을까?

법률 행위란 권리와 의무를 발생시키는 행위를 말한다. 우리 민법 제5조 제1항은 "미성년자가 법률 행위를 할 때에는 법정 대리인의 동의를 얻어야 한다."라고 규정하고 있다. 그리고 "법정 대리인의 동의 없이 한 법률 행위는 취소할 수 있다."고 규정하고 있다. 이처럼 미성년자가 단독으로 법률 행위를 하지 못하게 한 것은 미성년자는 성인보다 사회 경험이 적고 합리적으로 판단하여 의사 결정할 수 있는 능력이 상대적으로 부족하다고 보아 미성년자를 특별히 보호해야 할 대상으로 보기 때문이다.

그렇다면 미성년자는 아무런 계약도 할 수 없는 것일까? 그렇지는 않다. 미성년자는 원칙적으로 행위 능력이 없고, 미성년자의 계약에는 법정 대리인의 동의가 필요하나, 모든 계약에 법정 대리인의 동의가 필요한 것은 아니다. 우리 민법은 "권리만을 얻거나 의무만을 면하는 행위는 동의를 필요로 하지 아니한다."라고 규정하고 있고, "법정 대리인이 범위를 정하여 처분을 허락한 재산은 미성년자가 임의로 처분할 수 있다."라고 규정하고 있기 때문이다. 부모님이 준 용돈으로 간식을 사 먹거나 학용품을 살 때 일일이 부모님의 동의를 받지 않는 것도 이 때문이다.

하지만 이처럼 법에서 미리 정해 둔 경우가 아니라면, 미성년자가 법정 대리인의 동의 없이 계약을 체결했을 때에는 미성년자 본인이나 법정 대리인이 취소할 수 있다. 취소할 때에는 계약으로 인해 받은 이익이 남아 있는 한도에서 상환하면 된다.

한편, 민법은 미성년자와 거래한 상대방을 보호하기 위한 방안도 마련해 두고 있다. 미성년자가 성인인 것처럼 하거나 법정 대리인의 동의가 있는 것처럼 거래 상대방을 속인 경우에는 미성년자와 법정 대리인은 계약을 취소할 수 없다. 예를 들어, 미성년자가 신분증을 변조하여 성인인 것처럼 판매자를 속였다거나, 법정 대리인의 동의서를 위조하여 법정 대리인의 동의가 있었던 것처럼 속였다면 계약을 취소할 수 없다.

또한 미성년자와 거래한 상대방은 미성년자의 법정 대리인에게 미성년자의 계약 행위를 취소할 것인지에 대해 확답을 요구할 수 있는 확답 촉구권과 일정한 요건에 따라 미성년자와의 계약 효과를 부인할 수 있는 철회권과 거절권을 가지고 있다.

더 알아보기

혼인한 미성년자는 성인처럼 대우한다고? – 성년 의제

* 관련 법률: 민법 제4조, 제807조, 제826조의2

우리나라 민법은 미성년자가 혼인을 했을 때에는 성년자로 보도록 규정하고 있다. 따라서 혼인한 미성년자는 자녀가 태어나면 자녀에 대해 친권을 행사할 수 있고, 독자적으로 금전 거래를 할 수 있다. 미성년자라 하더라도 혼인을 하면 새로운 가정을 꾸리는 만큼 독립성을 가질 수 있도록 한 것이다.

하지만 미성년자가 혼인을 했다고 해서 모든 면에서 성년으로 취급되는 것은 아니다. 성년 의제는 민법 상의 행위 능력만 인정하는 것이기 때문에 청소년 보호법, 근로 기준법과 같은 다른 법률에서는 여전히 미성년자로 취급된다. 따라서 혼인한 미성년자라고 해도 술이나 담배를 구입하는 것, 미성년자가 일할 수 없는 곳에서 일하는 것 등이 금지된다.

⚖️ 계약서를 반드시 작성해야 할까?

계약 당사자들 사이에 합의한 내용을 계약서로 작성하는 것은 중요하다. 물론 계약서가 없다고 해서 계약의 효력이 없는 것은 아니다. 구두 계약도 법적 효력을 갖는다. 하지만 계약과 관련된 분쟁이 생겼을 때 계약서가 없으면 계약의 내용을 증명하기 어려울 수 있고, 이로 인해 피해를 입을 수 있다. 예를 들어, 친구에게 만 원을 빌려주고 일주일 뒤에 돌려받기로 했다고 가정해 보자. 계약서를 작성하지 않았더라도 계약은 성립하고, 돈을 빌려간 친구는 일주일 뒤에 만 원을 갚을 의무가 있다. 하지만 만약 돈을 빌려간 친구가 나중에 돈을 빌려간 적이 없다고 우기면 어떻게 할까? 돈을 빌려주고 빌렸다는 내용의 계약서가 없다면 돈을 빌려줬다는 사실을 증명하기 어려워 돈을 돌려받는 데 어려움을 겪을 수 있다. 따라서 나중의 분쟁에 대비하기 위해서는 계약서를 작성하는 것이 좋다.

⚖️ 계약이 지켜지지 않았을 때에는 어떻게 해야 할까?

한 번 법적으로 유효한 계약을 맺으면 함부로 없던 일로 하거나 어길 수 없다. 만약 계약의 내용을 제대로 지키지 않으면 계약을 지킬 것을 요구할 수 있고, 계약을 지키지 않아서 발생한 손해를 배상하라고 요구할 수도 있다. 이처럼 개인과 개인 사이에 발생한 분쟁을 해결하기 위한 대표적인 방법으로는 민사 소송이 있다. 민사 소송은 법원의 판결을 통해 개인 간의 다툼을 해결하는 강제적이고 최종적인 절차이다. 만약 소송에서 다루어지는 금액이 3,000만 원을 넘지 않는 경우에는 보다 신속하게 재판을 받을 수 있는데 이를 소액 사건 심판 제도라고 한다.

📜 **내용 증명 우편**

내용 증명이란 발송인이 수취인에게 어떤 내용의 문서를 언제 발송하였다는 사실을 우체국이 공적으로 증명해 주는 우편 서비스이다. 상대방에게 문서를 발송했다는 사실과 그 문서에 어떠한 내용이 담겼는지를 증명할 수 있기 때문에 법적 분쟁이 발생했을 때 증빙 자료로 활용할 수 있다. 계약을 해지할 때나 계약을 지킬 것을 요구할 때, 계약

인터넷 내용 증명

을 지키지 않아 생긴 손해에 대한 배상을 청구할 때 등 다양한 상황에서 내용 증명 우편을 사용한다. 내용 증명 우편은 우체국에 직접 방문하여 발송할 수도 있고, 인터넷 사이트에서 발송할 수도 있다. 다만 내용 증명 우편이 보낸 문서의 내용까지 사실이라고 증명해 주는 것은 아님에 유의해야 한다.

✏️ 넷플릭스 드라마 '오징어 게임'에서는 많은 참가자들이 456억 원의 상금이 걸린 서바 이벌 게임에 도전한다. 게임에서 탈락하면 죽게 된다는 것을 알게 된 참가자들이 게임을 그만 두겠다고 할 때, 게임 진행자는 '참가자는 게임을 임의로 중단할 수 없다.'는 내용이 담긴 계약서에 서명했으므로 계속 게임에 참여해야 한다고 말한다.

🔍 오징어 게임 속 계약서는 법적으로 효력이 있다고 생각하는가? 왜 그렇게 생각하는가?

_____

_____

_____

🔍 허용되어서는 안 된다고 생각하는 계약의 내용에는 어떤 것이 있는가? 그렇게 생각한 이유는 무엇인가?

_____

_____

_____

✏️ 지난 일주일 동안 내가 맺은 계약에는 어떤 것이 있었을까? 누구와 어떤 권리와 의무를 주고받았는지 적고, 어떤 계약인지 분류해 보자.

_____

_____

_____

_____

_____

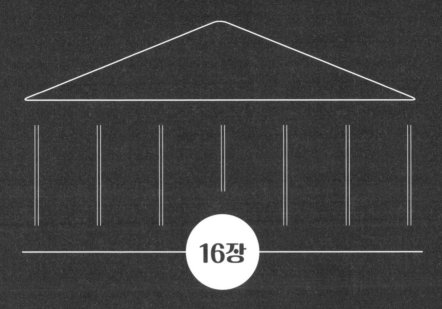

16장

근로:

중학생도 철야 택배 아르바이트를
할 수 있을까?

앵커

학생

앵커　중학교 1학년부터 철야 택배 아르바이트를 했다고 하는 청소년을 만나 보겠습니다.
　　　○○○ 학생은 몇 살이고, 몇 시부터 몇 시까지 아르바이트를 한 겁니까?

학생　저는 14세이고 밤 10시부터 새벽 6시까지 꼬박 밤을 새워 일했습니다.

앵커　그렇게 일하고 얼마를 받나요?

학생　똑같은 일이지만 어른들은 13만 원 받고, 저는 어리다고 7만 원 정도 받습니다.

앵커　학생들이 처음 하는 일이라 서투를 텐데. 그것 때문에 혼나기도 하나요?

학생　네. 나이 어리다고 상처 주는 욕설들도 많이 하셨어요.
　　　그래도 하루에 7만 원이 적은 돈도 아니고, 일 끝나면 바로 일당 주니까 하였어요.

앵커　대기업 택배 회사에서 청소년인 것을 알면서도 고용했다는 것이군요.
　　　이 일을 그만 둔 이유가 있나요?

학생　현장에서 사람 대하는 것도 너무 비인격적이고, 계속 일을 하면 몸이 안 좋아질 것
　　　같아서 그만 두었어요.

최근 단기간에 많은 돈을 벌 수 있는 철야 택배 아르바이트를 하는 청소년들이 늘어나고 있다. 청소년들은 밤 10시부터 새벽 6시까지 야간 근무를 하고, 무거운 택배 물품을 컨베이어 벨트에 올려 분류하는 작업을 하다 다치기도 한다. 그런데 이렇게 밤새 진행되는 아르바이트를 청소년이 해도 되는 걸까?

⚖️ 아동 노동의 역사

역사적으로 아동은 노동 현장에서 착취
당하는 취약한 존재였다. 18세기 산업 혁
명 시대에 아동들은 비위생적이고 위험한
공장에서 과도하게 일하다 다치거나 죽음
에 이르기도 했다. 당시 아동들은 기본적
인 교육권조차 보장받지 못하였고, 노동
현장에서 발생하는 폭력과 차별로 인해 인

미국 뉴베리의 방직 공장에서 일하는
어린이(1908년)

간의 존엄성마저 위협받았다. 이에 영국 의회에서는 공장법을 제정하여 아
동의 근로 조건을 개선하였고, 세계 각국에서는 아동 노동을 보호하는 법률
을 제정하기 시작하였다. 이러한 법의 보호는 20세기 초반부터 국제적으로
확대되어 많은 국가들이 국제 노동 기구(ILO)의 아동 노동을 규제하는 협약
을 채택하였다. 우리나라는 1999년에 고용에서의 최저 연령 협약을, 2001
년에는 최악 형태의 아동 노동 협약을 비준했다. 2019년 유엔 총회에서는
2025년까지 모든 형태의 아동 노동을 종식한다는 방침을 정하였다.

⚖️ 아동 노동에 대한 법의 보호: 헌법과 근로 기준법

연소자는 성인과 같은 능력을 갖추고 있지 않을 뿐 아니라, 근로 현장에서 고용주로부터 착취당할 위험에 처해 있는 취약한 존재라서 법의 특별한 보호가 필요하다. 우리나라도 1948년 헌법이 제정된 이래 아동 노동을 헌법과 법률로 보호하고 있다. 헌법 제32조 제5항은 "연소자의 근로는 특별한 보호를 받는다."라고 규정하고 있으며, 근로 기준법은 헌법의 규정을 구체화하여 연소자의 근로를 특별히 보호하기 위한 규정을 두고 있다.

취업 최저 연령 제한

아직 신체적, 정신적으로 발달하지 않은 아동은 건강한 가정에서 보살핌을 받으며 학교 교육을 받아야 한다. 법은 이러한 시기에 아동들이 노동 현장에 내몰리지 않고, 교육을 받을 수 있도록 취업 최저 연령을 제한한다. 근로 기준법에 따르면, 15세 미만자(중학교 재학 중인 경우에는 18세 미만자)는 근로를 할 수 없다(제64조 제1항). 단, 만 13세 이상 15세 미만인 경우에는 취직 인허증을 발급받으면 일을 할 수 있다. 우리나라가 가입한 국제 노동 협약도 마찬가지로 취업 최저 연령의 제한을 두고 있다. 이에 따라 사례 속 학생은 14세로 취직 인허증을 발급받지 않으면 택배 아르바이트를 할 수 없고, 이를 위반한 사용자는 형사 처벌을 받는다(제110조 제1호).

야간 근로 금지

야간 근로도 원칙적으로 금지된다. 사용자는 18세 미만자를 오후 10시부터 오전 6시까지의 시간에 근로를 시키지 못한다. 야간 근로를 하면 성장기에 있는 아동들은 피로와 스트레스로 인해 신체 건강이 악화될 수 있으며, 밤샘 근무로 낮 시간 학교 수업에 제대로 참여할 수 없게 된다. 야간 근로로 인한 건강상의 폐해는 성인에게도 치명적이기 때문에, 근로 기준법은 아동의 야간 근로를 원칙적으로 금지하고 있다(제70조 제2항). 단, 본인의 동의와 노동부 장관의 인가를 받으면 예외적으로 야간 근로를 할 수 있다. 사례 속 18세 미만의 청소년들도 오후 10시 이후에는 철야 택배 아르바이트를 할 수 없으며 이를 위반한 사용자는 형사 처벌을 받는다(제110조 제1호).

근로 계약 체결

연소자도 성인과 마찬가지로 직접 근로 계약을 체결할 수 있다. 이때 근로 계약서를 반드시 작성해야 하며, 가족 관계 증명서와 부모님 동의서를 제출해야 한다. 연소자의 근로 계약은 친권자나 후견인이 대리하여 체결할 수 없다. 다만 부모님은 미성년자에게 불리한 근로 계약을 해지할 수 있다. 근로 계약을 체결할 때에는 근로 조건이 법에 위반되는지 살펴봐야 하는데, 임금의 경우 최저 임금을 보장해야 하며, 연소자라는 이유로 성인보다 적은 임금을 줄 수 없다. 만일 최저 임금보다 적은 임금으로 계약한다면 그 부분에 한하여 무효가 된다. 사례 속 청소년에게 최저 임금보다 적은 임금을 준 것은 불법이며, 청소년은 사용자를 상대로 최저 임금에 해당하는 임금을 청구할 수 있다.

휴게 시간 및
휴일 보장

사용자는 청소년 근로자에게 근로 시간이 4시간인 경우에 30분 이상, 8시간인 경우에 1시간 이상의 휴게 시간을 보장해야 한다. 또한 1주 동안의 정해진 근무일에 개근하고, 4주를 평균으로 하여 1주 동안 15시간 이상 일을 한 근로 청소년은 1주에 평균 1회 이상의 유급 휴일을 제공해야 한다.

청소년 보호	내용
취업 연령 제한	15세 미만인 재(중학교 재학 중인 18세 미만자) 근로 금지
근로 시간	1일 7시간, 1주 35시간(사용자와 청소년 사이에 합의가 있는 경우 1일 8시간, 1주 40시간)
야간 근로 금지	18세 미만 연소자는 오후 10시부터 오전 6시 사이 야간 근로 금지
근로 계약 체결	연소자 근로 계약 직접 체결(아르바이트의 경우에도 마찬가지)
임금	최저 임금 및 야간 근로 수당, 연장 근로 수당, 휴일 근로 수당 적용
휴게 시간	근로 시간이 4시간인 경우에 30분 이상, 8시간인 경우에 1시간 이상
휴일 보장	1주 동안의 정해진 근무일에 개근하고, 4주를 평균(4주 미만인 경우에는 그 기간)으로 하여 1주 동안 15시간 이상 일을 한 근로 청소년은 1주에 평균 1회 이상의 유급 휴일
유해 업소 취업 금지	청소년 보호법에 근거하여, 청소년의 출입과 고용이 청소년에게 유해한 것으로 인정되는 곳(예: 단란 주점 및 유흥 주점)은 청소년이 일할 수 없을 뿐 아니라 출입해서도 안 됨.

⚖ 아동 노동에 대한 법적 구제/입법 방안

사례와 같이 사용자가 임금을 제대로 지급하지 않은 경우에는 사업장 관할 지방 고용 노동청에 진정을 하거나 고소할 수 있다. 진정이나 고소 전에 알바 상담 센터나 청소년 근로 권익 센터의 알바 지킴이를 통해 관련 내용에 대한 상담을 받을 수 있다. 법원에 소송을 제기할 수도 있는데, 이 경우에는 대한 법률 구조 공단의 상담을 받아 소송을 진행하는 것이 좋다.

이처럼 근로 기준법은 사용자가 아동의 건강한 발달을 저해하거나 노동 현장에서 아동 노동을 착취하지 못하도록 규제하여 연소자의 근로를 특별히 보호하고 있다. 특히 사용자에 대한 법적 제재는 역사적으로 지속되었던

※ 임금 체불, 폭행, 최저 임금, 산재 은폐, 부당 노동 행위 등 각종 노동법 위반 행위에 대해 진정 · 고소를 하는 곳

• 고용 노동부 e-고객 센터 민원 안내(http://minwon.molab.go.kr)

• 고용 노동부 상담 전화: (국번 없이) 1350

• 사업장 관할 지방 고용 노동청을 방문

　고용 노동부 홈페이지(www.moel.go.kr) ➡ 민원 ➡ 지방청/고용 센터 찾기 ➡

　지방 고용 노동 관서에서 관할 구역 및 지방 고용 노동청 위치 검색

※ 무료 법률 구조 등을 하는 곳

　대한 법률 구조 공단: 홈페이지 및 연락처 www.klac.or.kr 02)532-0132

부당한 아동 노동과 아동이 착취당하는 관행을 철폐하고, 연소자의 근로 환경을 개선하는 데에 도움을 주었다. 그러나 법을 위반한 사용자에게 법적 제재가 있더라도, 가정 형편이 어려운 아동들은 노동 현장에서 인권 침해를 당하고도 제대로 된 법적 대응을 하지 못하는 경우가 많다. 게다가 이러한 점을 악용하여 법을 피해 노동 현장에서 아동 노동을 착취하는 악순환이 발생하기도 한다.

　그래서 법으로 아동 노동과 야간 근로를 금지하는 것 외에 아동 노동의 착취를 근절하고 아동 인권을 보호할 수 있는 방안을 마련할 필요가 있다. 특히 빈곤을 겪고 있는, 임금이 생계 수단이 되는 아동들을 위한 복지 정책을 마련한다면 돈을 벌기 위해 열악한 노동 현장에 내몰리는 아이들이 점차 사라질 수 있을 것이다. 학생들에게 적합한 아르바이트를 국가와 지방 자치 단체가 제공하거나 직접 관리하고 적극적으로 감독하는 것도 노동 인권 침해를 감소시키는 데 도움이 될 것이다. 무엇보다 아동이 인간으로서 존중받으며 일할 수 있는 환경을 만들기 위해서는 법의 취지가 제대로 실현될 수 있도록 사회 구성원 모두가 노력하는 것이 가장 중요하다.

✏️ 법의 금지에도 불구하고 아동 노동 착취가 계속 일어나고 있는 이유는 무엇일까? 이에 대하여 구체적으로 서술해 보자.

🔍 대기업이 법을 위반하면서 철야 택배 아르바이트를 아동들에게 시키는 이유는 무엇일까?

🔍 아동들이 불법임을 알면서도 철야 택배 아르바이트를 하는 이유는 무엇일까?

✏️ **다음 기사를 읽고, 원고측 변호사가 되어 주장할 내용을 이야기해 보자.**

네슬레, 허쉬 등 글로벌 식품 기업들이 아프리카의 코코아 농장에서 아동 노동 착취를 묵인했다는 혐의로 미국에서 피소됐다. 2021년 2월 12일, 인권 단체인 국제 권리 변호사들(IRA)은 이날 미 워싱턴DC 연방 법원에 아동 노동 착취 혐의로 네슬레, 허쉬, 카길, 몬델레스 등 글로벌 식품 기업들을 상대로 집단 소송을 제기했다.

IRA는 서아프리카 말리 출신으로 코트디부아르의 코코아 농장으로 끌려가 노동 착취를 당했다고 주장하는 8명의 원고를 대리해 소장을 제출했다.

현재 모두 성인인 이들은 자신들이 16세도 되지 않았을 때 사기에 넘어가 코트디부아르의 코코아 농장에서 수년간 임금도 받지 못한 채 비인간적인 환경에서 노역에 동원됐다고 주장하고 있다.

원고 측은 네슬레와 허쉬 등 초콜릿을 제조해 판매하는 글로벌 기업들이 코트디부아르에서 직접 코코아 농장을 소유한 것은 아니지만 자신들의 영향력이 지배적인 이곳의 농장 지대에서 수천 명의 어린이가 강제 노동을 하는 사실을 인지하고도 이를 묵인했다고 주장했다.

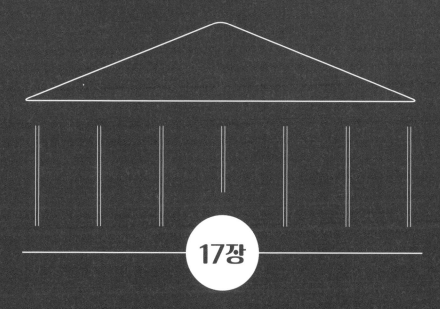

17장

부동산:

임차인을 보호하는 법에는
어떤 것이 있을까?

#부동산 #등기 #임대차 계약 #주택 임대차 보호법 #임대인과 임차인

우리는 주변에서 '부동산'이라는 단어를 많이 보고 듣는다. 집 주변에 있는 부동산 중개 사무소 간판에도 부동산이 큰 글씨로 쓰여 있고, 뉴스에서는 정부의 부동산 정책이 달라졌다는 소식을 전하기도 한다. 부동산이란 도대체 무엇일까? 그리고 부동산과 관련된 법에는 어떤 것이 있을까?

⚖️ 부동산이란 무엇일까?

부동산은 한자로 不動産(아닐 부, 움직일 동, 재산 산이 합쳐진 단어)이다. 움직여 옮길 수 없는 재산이라는 말이다. 토지나 토지에 지은 건물 같은 것이 부동산에 해당한다. 반대로 동산은 부동산을 제외한 물건을 말한다. 우리가 일상에서 사용하는 가방, 휴대 전화 등이 모두 동산에 해당한다.

가방이나 휴대 전화 같은 동산은 누가 그 물건을 소유한 사람인지 확인하기가 비교적 쉽지만, 부동산은 그 소유권자가 누구인지 쉽게 파악하기 어렵다. 그래서 부동산의 경우에는 그 물건에 대한 권리가 누구에게 속하는지를 공개적으로 확인할 수 있도록 하고 있다. 이를 위해 국가에서는 등기부라는 공적 장부를 만들고 부동산의 표시와 그 부동산에 대한 권리 관계를 기재하도록 하여 일반인에게 널리 공시하도록 한다. 이를 등기 제도라고 한다.

공시란 공공 기관이 권리의 발생, 변경, 소멸 따위의 내용을 공개적으로 게시하여 사람들에게 널리 알리는 것을 말해.

⚖️ 부동산 등기, 어떻게 읽을까?

등기부는 표제부, 갑구, 을구로 구성되어 있다. 표제부에는 토지와 건물의 소재지, 용도, 구조, 면적 등이 적혀 있다. 갑구에는 소유권과 관련된 사

항이 접수된 날짜 순으로 적혀 있다. 처음의 소유권자가 누구인지부터 소유
권이 어떻게 변동되어 왔는지, 현재의 소유권자가 누구인지에 관한 내용을
확인할 수 있다. 을구에는 소유권 이외의 권리인 저당권, 전세권 등이 기재
되어 있다. 토지나 건물을 담보로 은행에서 대출을 받았다면 을구에 그 내
용이 적혀 있다.

등기 사항 전부 증명서

인터넷 등기소

누구나 등기부의 내용을 열람하거나 등기 사항 전부 증명서를 발급받을 수 있다. 각 지역의 법원 등기소를 방문하는 것뿐만 아니라 대한민국 법원 인터넷 등기소 홈페이지를 통해서도 가능하다. 최근에는 쉽고 빠르게 등기부를 조회하고 발급받을 수 있는 인터넷 등기소를 이용하는 경우가 많아졌다. 인터넷 등기소 홈페이지에 들어가서 정확한 주소, 동 호수를 입력하고 일정한 수수료를 내면 그 집의 등기 사항을 확인할 수 있고 등기 사항 전부 증명서도 발급받을 수 있다.

인터넷 등기소
홈페이지

⚖️ 주택 임대차란 무엇일까?

우리는 모두 어딘가에 거주하면서 살아가고 있다. 자신이 소유한 주택에서 사는 경우도 있지만 다른 사람의 주택을 빌려서 사용하기도 한다. 주택을 빌려서 사용할 때에는 사용료와 사용 기간을 정하여 계약을 맺게 되는데, 이를 주택 임대차 계약이라고 한다. 그리고 주택 임대차 계약에서 주택을 빌려주는 사람을 임대인, 주택을 빌리는 사람을 임차인이라고 한다.

주택 임대차 계약에는 전세, 월세, 반전세 계약이 있다. 전세 계약은 임차인이 임대인에게 일정한 금액을 맡기고 주택에 거주하다가, 정해진 기한이 되면 주택을 돌려주고 처음에 맡겼던 금액을 돌려받는 계약을 말한다. 월세 계약은 임차인이 임대인에게 매월 일정한 금액을 지불하고 주택에 거주하는 계약을 말한다. 반전세 계약은 전세 계약보다는 적은 금액을 맡기고 차액에 해당하는 부분을 월세로 지급하는 계약을 말한다.

임대차 계약은 주거 공간에 관하여 큰돈이 오고가는 계약이기 때문에 문제가 발생하지 않도록 등기 사항 전부 증명서를 꼼꼼하게 살펴봐야 한다. 등기 사항 전부 증명서의 표제부에 기재된 주소(지번, 동 호수 등)와 내가 빌리려는 주택의 주소가 일치하는지, 등기부상의 소유자의 인적 사항(이름, 주소, 주민 등록 번호)과 계약을 맺는 상대방이 맞는지, 소유자가 중간에 바뀌지는 않았는지 확인해야 한다. 또한 빌리려는 주택에 압류나 가압류, 가처분 등이 있는지, 저당권이나 전세권이 설정되어 있는지 등을 확인해야 한다.

⚖ 임차인을 보호하는 법

우리나라에서는 국민의 주거 생활 안정을 보장하기 위해 주택 임대차 보호법을 제정하여 임차인에 대해 특별한 보호를 하고 있다. 이 법은 특별법이기 때문에 주택의 임대차 관계에 대해서는 민법보다 우선적으로 적용된다. 또한 임차인과 임대인이 자유롭게 정한 계약이라도 주택 임대차 보호법에 위반되는 임차인에게 불리한 내용은 효력이 없다.

그렇다면 주택 임대차 보호법에서 임차인을 보호하는 내용에는 어떤 것들이 있는지 살펴보도록 하자.

• 대항력

임대차 기간 중에 임대인이 사망하거나 주택을 다른 사람에게 팔았을 경우에 임차인이 상속인이나 주택 매수인과 같은 제3자에게 기존의 임대차 계약 내용을 주장할 수 있는 법률상의 힘을 대항력이라고 한다. 임차인이 주택을 인도받고 주민 등록(전입 신고)을 하면 그 다음날부터 대항력이 생긴다.

• 우선 변제권

임차인이 주택을 인도받고 주민 등록(전입 신고)을 하고 임대차 계약 증서에 확정 일자를 받았다면 임차한 주택이 경매에 넘겨졌을 때 확정 일자 이후 등기를 설정한 권리자나 기타 채권자보다 우선적으로 보증금을 돌려받을 수 있다. 이를 우선 변제권이라고 한다.

확정 일자

과거에는 확정 일자를 받기 위해 읍·면·동 주민 센터나 각 지역의 법원 등기소를 방문해야 했지만, 2015년부터는 온라인 확정 일자 제도가 시행되어 인터넷 등기소 홈페이지를 통해 언제 어디서나 확정 일자를 받을 수 있다.

• 계약 기간의 보장

임대차 계약 기간은 원칙적으로 2년으로 정하고 있다. 이는 임대인이 전세금이나 보증금, 월세 등을 자주 올리는 횡포를 막기 위한 것이다. 만약 2년 미만의 기간으로 계약을 했더라도 임차인은 2년의 계약 기간을 주장할 수 있다. 물론 임차인의 의사에 따라 처음 계약한 기간대로 계약을 유지하는 것도 가능하다.

• 묵시적 갱신

임대인과 임차인이 임대차 기간이 끝나기 6개월 전부터 2개월 전까지의 기간에 상대방에게 재계약을 하지 않겠다고 통지하지 않으면 임대차 계약은 이전의 계약과 동일한 조건으로 자동 갱신된다. 이를 묵시적 갱신이라고 한다. 묵시적 갱신이 되면 다시 2년간 임대차 계약이 이루어지는 것으로 보는데, 임차인은 묵시적 갱신 기간 중 언제라도 임대인에게 계약 해지를 통지할 수 있고, 통지 후 3개월이 지나면 보증금이나 전세금을 반환할 것을 요구할 수 있다.

- **계약 갱신 요구권**

임차인이 임대차 기간이 끝나기 6개월 전부터 2개월 전까지 계약 갱신을 요구할 경우 임대인은 정당한 사유 없이 거절하지 못한다. 임차인은 계약 갱신 요구권을 1회에 한하여 행사할 수 있다. 이때 갱신되는 임대차 기간은 2년으로 보며, 갱신되는 임대차는 전 임대차와 동일한 조건으로 다시 계약된 것으로 본다. 다만 보증금이나 임차료는 증감이 될 수 있으며, 증액의 경우에는 종전 임차료의 5%를 초과할 수 없다. 임대인은 임차인이 집세를 연체한 적이 있거나 주택을 고의로 파손한 경우와 같이 특별한 사유가 있을 때를 제외하고는 계약 갱신 요구를 거절할 수 없다.

Q 계약 갱신 요구권을 보장하는 것이 임차인의 안정적인 주거를 보장하는 장점도 있지만 임대인의 재산권 행사를 과도하게 제약한다는 비판도 있다. 부동산 임차인의 권리를 보호하는 과정에서 발생하는 문제에는 어떤 것이 있을지 생각해 보자. 그리고 이러한 문제에도 불구하고 임차인의 권리를 더 강하게 보호하는 이유는 무엇인지 글로 써 보자.

Q 주택 임대차 표준 계약서를 찾아 주택 임대차 상황을 가정하여 계약서를 작성해 보자. 그리고 계약서의 항목 중 임차인을 보호하기 위한 부분은 어떤 부분인지 찾아보자.

주택 임대차
표준 계약서

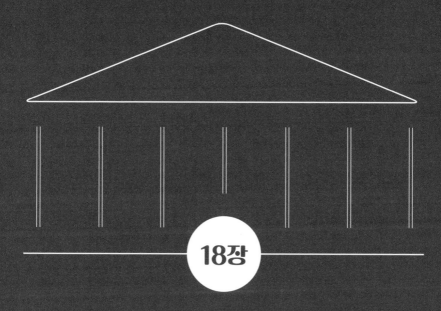

18장

소비자 보호:

청소년의 소비 생활에서
주의할 점은 무엇일까?

제시된 사례와 같이 헬스장에서 장기 회원권을 구입하였는데 만기가 되기 전에 폐업한 경우에 청소년들이 환불받을 수 있는 방법은 없을까? 소비 활동이 일상인 생활에서 청소년들이 현명한 소비자로서 자신을 보호하고 올바른 소비 생활을 할 수 있는 방안은 무엇일까?

⚖️ 청소년의 물품 구매

우리가 물건을 구입한다는 것은 판매자와 물품을 구매하는 계약을 체결한다는 것을 의미한다. 이와 같은 물품 구매 계약은 원칙적으로 소비자가 청약이라는 의사 표시를 하고, 판매자가 승낙함으로써 성립된다.

앞서 살펴본 사례에서 헬스장 이용권을 구매하는 것은 '계약'의 일종이다. 그런데 경우에 따라서는 물건을 구매한 후에 마음에 들지 않아서, 혹은 물건에 하자가 있어서 구매를 취소하고 싶은 경우도 발생한다. 민법 제527조에 따르면 물건을 구입한 후에 소비자가 단순히 마음이 바뀌었다는 이유만으로 청약을 철회할 수 없다. 하지만 보통은 판매자가 별도의 판매 정책을 마련하여, 물건의 가치가 훼손되지 않은 한 반품을 허용하는 경우가 많다. 물론 이러한 경우에도 반품에 필요한 비용은 소비자가 부담하도록 하는 사례가 대부분이다.

📜 청소년의 중고 거래 증가

최근 청소년들은 용돈을 벌기 위하여 'ㅇㅇ마켓'과 같은 동네 직거래 기반 플랫폼을 자주 활용하고 있다. 이들이 판매하는 물품은 장난감부터 옷, 신발 등까지 매우 다양한데, 실제 중고 거래 앱에서는 초등학생이나 중학생이 판매를 하러 나와서 깜짝 놀랐다는 후기를 심심찮게 볼 수 있다. 그런데 중고 거래는 주로 대면 거래로 실시되기 때문에 미성년자를 대상으로 하는 범죄에 노출될 우려가 있다. 또한 미성년자와

한 중고 거래는 보호자의 동의가 없다면 취소될 수도 있는데, 민법에 따르면 만 19세 미만의 미성년자는 법정 대리인의 동의 없이 계약을 체결한 경우 취소할 수 있다. 그런데 실제 미성년자와 중고 거래를 실시한 사람들은 이러한 사실 자체를 잘 알지 못하고 거래를 하는 경우도 있어 주의가 필요하다.

⚖️ 전자 상거래와 법

일반적인 물품 구매와 달리 할부 거래나 전자 상거래, 방문 판매와 같은 경우 소비자가 충동적으로 구매하기 쉽다. 특히 전자 상거래나 통신 판매와 같은 경우는 물건을 직접 확인하고 구매하는 것이 아니며, 상품이 전달되는 데에도 시간이 소요되기 때문에 일반적인 상품을 구매하는 상황과 다른 특성을 갖는다. 따라서 우리 법에서는 이와 같은 전자 상거래, 할부 거래 등을 하는 소비자를 특별히 보호하고자 『전자 상거래 등에서의 소비자 보호에 관한 법률(이하 전자 상거래법)』을 별도로 마련하고 있다.

법률	내용	법/QR 코드
전자 상거래 등에서의 소비자 보호에 관한 법률	일반적으로 소비자는 자신이 체결한 전자 상거래 계약에 대해 그 계약의 내용을 불문하고 그 청약 철회 및 계약 해제의 기간(통상 7일) 내에는 청약 철회 등을 자유롭게 할 수 있음.	제17조 1항
	소비자는 다음 각 호의 어느 하나에 해당하는 경우에는 통신 판매 업자의 의사에 반하여 제1항에 따른 청약 철회 등을 할 수 없다. 1. 소비자에게 책임이 있는 사유로 재화 등이 멸실되거나 훼손된 경우. …(이하 생략)…	제17조 2항

전자 상거래법에 따르면, 소비자는 전자 상거래 계약에 대하여 보통 7일 이내에 자유롭게 구매 의사를 취소(청약 철회)할 수 있다. 그러나 소비자가 잘못하여 물건이 훼손되거나, 소비자가 사용을 해서 물건의 가치가 훼손되는 등의 경우에는 주문을 취소하거나 반품할 수 없다.

청소년들은 인터넷 쇼핑몰에서 물건을 구매하거나, 게임용 아이템을 구입하는 등 일상생활에서 자주 전자 상거래를 활용한다. 그렇다면 청소년이 전자 상거래를 할 때 주의할 사항은 무엇일까? 인터넷을 통하여 상품을 구매하거나 서비스 계약을 할 때에는 직접 눈으로 보면서 구매하는 것이 아니기 때문에 믿을 만한 업체인지를 확인하는 것이 무엇보다도 중요하다. 게시판에 있는 물건이나 서비스 등에 관한 후기는 어떠한지, 판매 대금만 받고 배송을 제대로 해 주지 않는 등의 사기 업체는 아닌지 등을 꼼꼼하게 따져 볼 필요가 있다. 또한 제품에 관한 설명 등을 캡쳐해서 보관함으로써 혹시 모르는 문제가 발생하였을 경우를 대비할 필요가 있다.

⚖️ 소비자 문제 발생, 어떻게 해결해야 할까?

아무리 꼼꼼하게 확인하여도 소비 과정에서 문제가 발생하는 것 자체를 원천적으로 막기는 어렵다. 만약 구매한 물건에 결함이 있으면 어떻게 해야 할까?

전자 상거래 시 반품 불가를 고지한 경우

전자 상거래로 구매한 옷의 원단이나 재질 등이 사이트에 안내된 바와 달라 반품을 요청하는데도 불구하고, 사이트에 반품 불가 안내가 고지되었다는 이유로 반품을 해 주지 않는 경우가 종종 발생하고 있다. 현행 전자 상거래법에서는 소비자의 청약 철회 권리를 보장하고 있으나, 앞서 살펴본 바와 같이 "소비자의 사용 또는 책임 있는 사유로 재화가 훼손되거나 가치가 감소한 경우, 시간의 경과로 재판매가 곤란할 정도로 가치가 하락된 경우, 복제 가능한 재화 등의 포장을 훼손한 경우"에는 그 권리를 제한한다. 그러나 전자 상거래로 구매한 물품이 안내된 사항과 다르기 때문에 반품을 하고자 하는 경우는 청약 철회를 제한하는 사유에 해당되지 않으며, 사전에 고지하였다는 이유만으로 반품이 불가하다는 것은 오히려 소비자에게 불리한 계약을 금지하고 있는 전자 상거래법 제35조에 위배된다. 따라서 소비자는 당당하게 청약 철회를 요구할 수 있으며, 사업자는 이러한 요구에 응해야 한다.

전자 상거래법 제35조는 제17조(청약 철회 등)부터 제19조(손해 배상 청구 금액의 제한 등)까지의 규정을 위반한 약정으로서 소비자에게 불리한 것은 효력이 없다고 규정하고 있다.

온라인 게임 아이템의 구매를 취소할 수 있을까?

온라인 게임 서비스업 관련 '소비자 분쟁 해결 기준' 및 전자 상거래법에 따르면, 사업자가 판매하는 유료 아이템의 경우 구입 후 7일 이내에 청약 철회를 요구하여 대금을 환급받을 수 있다. 단, 사업자가 소비자의 사용 또는 일부 소비로 재화 등의 가치가 현저히 감소한 경우 등 청약 철회가 불가능한 상황을 소비자가 쉽게 알 수 있는 곳에 명확하게 게시하는 등의 조치를 미리 취한 때에는 청약 철회가 불가능하다.

해외 직구로 구매한 물건이
정품이 아니라면?

소위 말하는 명품을 모조하여 제작한 짝퉁 제품은 해외 직구가 금지된다. 짝퉁(가짜, 모조품) 등 지식 재산권을 침해하는 물품은 용도나 수량에 관계없이 수출입이 전면 금지된다. 또한 외국 물품을 우리나라에 반입하기 위해

필요한 '통관' 단계에서 짝퉁인 것이 발견되면, 해당 물건은 폐기된다. 더욱이 짝퉁 물건를 구매한 것이 고의에 의한 것이고, 반복적인 경우에는 관련 법에 따라 처벌까지 받을 수 있다.

해외 직구 물품은 피해 구제가 어려우므로 저렴한 가격에 앞서 안전성을 확인해 봐야 한다. 따라서 짝퉁 피해를 예방하기 위해서는 사전에 국제 거래 소비자 포털 등을 이용하여 사기 의심 사이트를 확인하는 것이 중요하다. 피해가 생겼다면 국제 거래 소비자 포털, 한국 소비자원, 1372 소비자 상담 센터를 통해 피해 구제를 접수, 진행할 수 있다. 환불이나 취소를 비교적 쉽게 받기 위해서는 신용 카드 결제를 이용해야 신용 카드사 차지백(Chargeback) 서비스를 받을 수 있다.

차지백(Chargeback) 서비스

차지백 서비스란 해외 직구 시 신용 카드로 구매했는데 미배송, 판매자 연락 두절, 환불 미이행 등으로 피해가 발생할 경우 소비자가 신용 카드사에 거래 취소를 요청하고 대금을 환불받을 수 있는 서비스를 말한다.

동네 헬스장을 장기 등록했는데, 갑자기 문을 닫았다면?

최근 헬스장과 같은 스포츠 센터를 한꺼번에 결제하여 장기 등록하면 많은 금액을 할인해 주는 사례가 증가하고 있다. 그런데 일부 업체의 경우 장기 등록을 받은 후에 폐업을 하고, 환불을 해 주지 않아 소비자들이 피해를 입는 경우가 많이 발생하고 있다. 업체에 문제가 발생한 경우 환불받기 어려운 상황이 많은 만큼 소비자는 높은 금액을 할인해 준다고 하여 바로 결제하기보다는 꼼꼼하게 파악하고 등록하는 것이 좋다. 또한 부득이 장기 등록을 하게 되는 경우에는 신용 카드의 할부 제도를 활용하여 결제함으로써 '할부 항변권'을 이용하는 것도 장기 등록으로 인한 피해를 막는 데에 도움이 된다. 할부 항변권은 할부 계약을 맺은 사업자에게 남은 할부금 지급을 거절할 수 있는 권리인데, 만약 헬스장이 도중에 문을 닫은 경우라도 헬스장 등록비를 할부로 카드 결제하였다면, 남은 할부금에 대하여 지급하지 않겠다는 의사를 신용 카드 회사에 접수할 수 있다.

급속한 금융 환경의 변화와 함께 청소년의 소비 생활에도 많은 변화가 나타나게 되었다. 2021년부터는 청소년에게도 신용 카드 발급이 가능하게 변화된 것만 보더라도, 이제는 더 이상 청소년이 성인의 통제 하에서만 소비 생활을 하는 것이 아니라 스스로 계획하고 판단하는 소비 생활의 주체로서 활동하게 된 것을 알 수 있다. 그러므로 청소년들은 소비와 소비자 보호에 대한 충분한 지식을 갖고, 모방 소비, 충동 소비와 같은 비합리적 소비 문화에 동조되지 않도록 하여 합리적인 소비 주체로서의 역할을 할 수 있도록 노력하여야 한다.

✎ 디지털 사회에서 발생하기 쉬운 소비자 문제는 무엇이 있는지 최근 뉴스를 검색하여 조사해 보자.

❓ 최근 발생하고 있는 대표적인 소비자 문제는 무엇일까?

_____

_____

❓ 이러한 문제가 발생하였을 때 어떻게 해결하면 좋을까?

_____

_____

✎ 나의 소비 생활에서 발생하였던 문제를 이야기하고, 이를 해결하기 위해 나는 어떠한 행동을 하였는지 발표해 보자.

_____

_____

_____

_____

_____

_____

_____

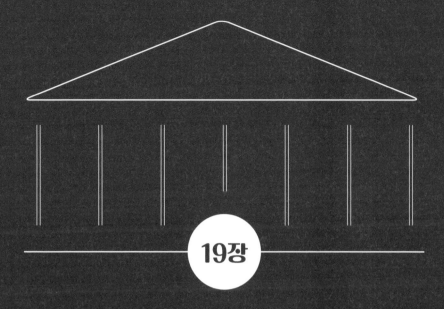

19장

학교 폭력과 소년 사건:

대한민국, '소년'을 부탁해!

#학교 폭력 #촉법 소년 #범죄 소년 #우범 소년

학교 폭력 피해자의 사례들이 사회에 알려지면서 많은 사람이 학교 폭력 문제의 심각성을 인식하게 되었고, 더 나아가 '소년 사건'에 대한 사회적 경각심도 커졌다. 특히 소년법을 악용한 범죄를 줄이기 위해 촉법 소년의 연령을 낮추자는 의견에 힘이 실리고 있다. 반면, "소년 사건에 대한 처벌 강화는 교화 효과가 없다."라는 목소리도 있다. 학교 폭력 문제에 대처하는 법적 방안은 무엇일까? 촉법 소년 연령 기준을 낮춰서 처벌을 강화하면 소년 사건이 줄어들까?

⚖️ '학교 폭력'에 대처하기 위한 법률적 대안은 무엇일까?

학교 폭력의
의미와 현황

우리나라의 「학교 폭력 예방 및 대책에 관한 법률」 제2조에 따르면 학교 폭력은 "학교 내외에서 학생을 대상으로 발생한 상해, 폭행, 감금, 협박, 약취, 유인, 명예 훼손, 모욕, 공갈, 강요, 강제적인 심부름 및 성폭력, 따돌림, 사이버 폭력 등에 의하여 신체·정신 또는 재산상의 피해를 수반하는 행위"를 의미한다.

교육부에서는 매년 1회 학교 폭력 실태를 전수 조사 형태로 실시하여 학교 폭력의 피해, 가해 및 목격 경험과 그에 대한 인식에 대하여 조사하고 있다. 사회적으로는 중·고등학교의 학교 폭력 사건들이 주목을 받지만, 학교 폭력 피해 응답률이 가장 높은 시기는 초등학교이다. 이에 따라 초등학교 때부터 학교 폭력 예방 교육을 의무적으로 실시하고 있으며, 학교 폭력이 단순한 친구들끼리의 장난이 아닌, 범죄가 될 수 있는 행위임을 어렸을 때부터 지속적으로 강조해 오고 있다. 또 학창 시절에 학교 폭력을 경험한 피해 학생이 가해 학생으로부터 진정한 사과와 적절한 치유를 받지 못할 경우 심적 고통이 매우 크다는 사실을 고려하여 이에 대한 회복과 치유를 위한 정책을 마련 중에 있다.

학교 폭력의
유형

　학교 폭력의 유형은 일반적으로 언어폭력, 집단 따돌림, 스토킹, 신체 폭력, 사이버 폭력, 금품 갈취, 성폭력 및 강요 등으로 구분한다. 구체적인 내용은 아래의 표에 나타나 있다. 특히 코로나19로 인하여 온라인 공간에서 수업 및 친교 활동이 늘어나면서 사이버 폭력을 경험하는 사례가 증가하고 있다. 학교 폭력은 학교 내외에서 학생을 대상으로 하는 폭력이므로 가해자가 학생이 아닌 경우에도 필요 시 피해 학생에 대한 보호 조치를 할 수 있고, 피해 학생이 학교를 다니지 않는 유예 상태의 청소년이어도 해당 법률을 적용할 수 있다.

피해 유형별 응답률

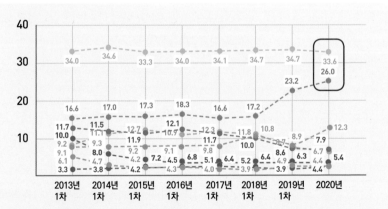

출처: 교육부, 2021 학교 폭력 실태 조사 보도 자료

언어 폭력	• 여러 사람 앞에서 특정인의 명예를 훼손하는 구체적인 사실(능력, 배경 등)을 말하거나 그런 내용의 글을 인터넷 · SNS 등으로 퍼트리는 행위(명예 훼손) ※ 내용이 진실이라고 하더라도 범죄이고, 허위인 경우에는 형법상 가중 처벌 대상이 됨 • 여러 사람 앞에서 특정인에게 경멸감을 주는 말(생김새에 대한 놀림, 병신, 바보 등 상대방을 비하하는 내용)을 하거나 그런 내용의 글을 인터넷 · SNS 등으로 퍼뜨리는 행위(모욕) • 신체 등에 해를 끼칠 듯한 말과 행동("죽을래?" 등) 또는 문자 메시지 등으로 겁을 주는 행위(협박)
금품 갈취 (공갈)	• 돌려 줄 생각이 없으면서 돈을 요구하는 행위 • 옷, 문구류 등을 빌린다며 되돌려주지 않는 행위
강요	• 속칭 빵 셔틀, 와이파이 셔틀, 과제 대행, 심부름 강요 등 의사에 반하는 행동을 강요하는 행위(강제적 심부름)
따돌림	• 집단적으로 의도적이고, 반복적으로 피하는 행위 • 싫어하는 말로 놀리기, 바보 취급, 빈정거림, 면박 주기, 골탕 먹이기, 비웃기 • 다른 학생들과 어울리지 못하도록 막는 행위
성폭력	• 폭행 협박을 하여 성행위를 강제하거나 유사 성행위, 성기에 이물질을 삽입하는 등의 행위 • 상대방에게 성적 모멸감을 느끼도록 신체적 접촉을 하는 행위 • 성적인 말과 행동을 함으로써 상대방이 성적 굴욕감, 수치심을 느끼도록 하는 행위
사이버 폭력	• 속칭 사이버 모욕, 사이버 명예 훼손, 사이버 성희롱, 사이버 스토킹, 사이버 음란물 유통, 대화명 테러, 인증 놀이, 게임 부주 강요 등 정보통신 기기를 이용하여 괴롭히는 행위 • 특정인에 대한 모욕적인 언사나 욕설 등을 인터넷 게시판, 채팅, 카페 등에 올리는 행위, 특정인에 대한 저격 글이 그 한 형태임. • 특정인의 명예를 훼손하는 사실이나 개인의 사생활에 관한 사실을 인터넷 · SNS 등을 통해 불특정 다수에 공개하는 행위 • 성적 수치심을 주거나 위협하는 내용, 조롱하는 글, 그림, 동영상 등을 정보 통신망을 통해 유포하는 행위 • 공포심이나 불안감을 유발하는 문자, 음향, 영상 등을 휴대폰 등 정보 통신망을 통해 반복적으로 보내는 행위

출처: 교육부, 2022 학교 폭력 사안 처리 가이드북

학교 폭력에 대처하는 법적 방안

학교 폭력 문제의 심각성이 커지면서, 학교 폭력 해결 절차의 적절성에 대해 재검토하자는 의견이 유력하게 제시되었다. 그 결과 2021년 6월 23일부터 학교 폭력 예방 및 대책에 관한 법률이 일부 개정되었으며, 학교 폭력 대책 심의 위원회는 심의 과정에서 아동 심리와 관련된 전문가를 출석하게 하거나 서면 등의 방법으로 의견을 청취할 수 있고, 학교의 장은 학교 폭력 사건을 인지한 경우 피해 학생의 반대 의사 등 특별한 사정이 없으면 지체 없이 가해자와 피해 학생을 분리하도록 하였다.

현재의 학교 폭력 해결 절차는 다음과 같다.

사전 예방	관계 회복	사후 지도
• 학생, 학부모, 교직원 대상 예방 교육 • 또래 활동, 체육·예술 활동 등 예방 활동 • CCTV, 학생 보호 인력 등 안전 인프라 구축	• 사안 처리 전 과정에서 관계 회복을 위해 노력	• 피해 학생 적응 지도 • 가해 학생 선도 • 주변 학생 교육 • 재발 방지 노력

초기 대응	사안 조사	전담 기구 심의		심의 위원회 조치 결정		조치 이행
• 인지·감지 노력 - 징후 파악 - 실태 조사, 상담, 순찰 등 • 신고 접수 - 신고 접수 대장 기록 - 학교장 보고 - 가해자와 피해 학생의 분리 - 보호자, 해당 학교 통보 - 교육청 보고 • 초기 개입 - 관련 학생 안전 조치 - 보호자 연락 - 폭력 유형별 초기 대응	• 긴급 조치 (필요시) - 피해 학생 보호 - 가해 학생 선도 • 사안 조사 - 사안 조사 - 보호자 면담 - 사안 보고	• 학교장 자체 해결 요건 충족 여부 심의 • 피해 학생 및 보호자의 심의 위원회 개최 요구 의사 서면 확인	요건 미충족 또는 부동의 ▶▶▶	• 심의 위원회 심의·의결 - 심의 위원회 개최 - 조치 심의·의결 - 분쟁 조정	• 교육장 조치 결정 - 학교장 통보 - 피해·가해 학생 서면 통보	• 조치 이행 - 피해 학생 보호 조치 - 가해 학생 선도 조치 • 가해 학생 조치 사항 학교생활 기록부 기재 • 가해 학생 보호자 특별 교육

요건 충족/동의 ⇓

학교장 자체 해결

조치 불복

행정 심판	행정 소송

출처: 교육부, 2022 학교 폭력 사안 처리 가이드북

학교 폭력에 대해서는 피해 당사자뿐 아니라 이를 목격한 사람도 신고할 수 있으며, 구두 신고, 교내 신고함 및 설문 조사, 이메일 및 학교 홈페이지 등의 교내 신고뿐 아니라, 117 학교 폭력 신고 센터 및 학교 전담 경찰관 등 교외 신고도 가능하다. 통보받은 소속 학교의 장은 학교 폭력 전담 기구를 통해 심의하여야 한다. 또 피해 및 가해 학생과 관련이 없는 사람이라고 하더라도 학교 폭력 행위에 대해 고발을 할 수 있다. 그리고 교육부의 사안 처리와 별개로 피해 학생 및 그의 보호자는 가해 학생 혹은 그의 보호자를 상대로 민사 소송을 통해 불법 행위에 대한 손해 배상을 청구할 수 있다.

이러한 해결 절차 과정에서 가해자에게 충분한 사과나 보상을 받지 못했다고 판단한 피해자의 보호자들이 일부 잘못된 판단으로 보복 행위 등을 하기도 하는데 이는 옳지 않은 선택이다. 학교 폭력 피해와 관련한 문제는 사회적으로 허용되어 있는 법적 테두리 안에서 해결하여야 한다. 가해자 혹은 가해자 학부모를 직접 만나서 충돌하는 과정에서 언어적, 신체적 폭력이 발생하는 경우 이는 학교 폭력과 별개의 형사 및 민사 사건으로 처리된다.

⚖️ 촉법 소년 연령 기준을 낮춰서 처벌을 강화하면, 소년 사건이 줄어들까?

'소년 사건'과 '촉법 소년'은 무엇일까?

소년 사건은 일반적으로 소년 보호 사건과 소년 형사 사건을 통틀어 이르는 표현이다. 이때, '소년'은 19세 미만의 사람을 의미한다. 소년은 성인과 달리 아직 신체적, 정신적으로 미성숙한 단계에 있기 때문에 특수성을 고려하여 범죄를 저지르거나 형법에 저촉되는 행위를 했을 때 일반 형사 절차와 다르게 이들을 대우한다.

형법 및 관련 법률에서는 소년을 다음과 같이 구분하고 있다.

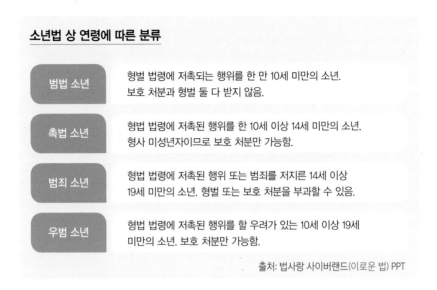

소년법 상 연령에 따른 분류

범법 소년 — 형벌 법령에 저촉되는 행위를 한 만 10세 미만의 소년. 보호 처분과 형벌 둘 다 받지 않음.

촉법 소년 — 형법 법령에 저촉된 행위를 한 10세 이상 14세 미만의 소년. 형사 미성년자이므로 보호 처분만 가능함.

범죄 소년 — 형법 법령에 저촉된 행위 또는 범죄를 저지른 14세 이상 19세 미만의 소년. 형벌 또는 보호 처분을 부과할 수 있음.

우범 소년 — 형법 법령에 저촉된 행위를 할 우려가 있는 10세 이상 19세 미만의 소년. 보호 처분만 가능함.

출처: 법사랑 사이버랜드(이로운 법) PPT

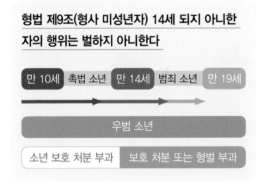

형법 제9조(형사 미성년자) 14세 되지 아니한 자의 행위는 벌하지 아니한다

표에 따르면 만 10세 미만의 아동은 살인을 저지르더라도 그에 대한 처벌을 받지 않는다. 촉법 소년 역시 형사 미성년자로서 형법상 책임 능력이 인정되지 않기 때문에 형법에 저촉되는 행위를 저질러도 범죄에 대한 형벌을 받지 않는다. 대신 '보호 처분'을 받는데 이는 가정 법원 소년부나 지방 법원 소년부가 소년을 보호하기 위해 내리는 결정에 해당한다.

'소년 사건'은 성인들의 형사 사건과 어떻게 다를까?

소년 사건에서 소년 형사 사건은 형사 소송법의 적용을 받고, 소년 보호 사건은 소년법의 적용을 받는다. 경찰, 검찰 등은 소년의 연령 및 가정 환경과 배경, 사건의 죄질 및 범법 의도 등을 검토하여 청소년의 범죄와 비행을 다룬다.

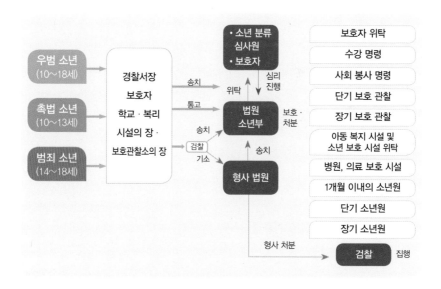

경찰서장은 범죄 소년에 대해서는 검사에게 사건을 송치하고, 촉법 소년이나 우범 소년의 경우 검사를 거치지 않고 바로 법원으로 보낸다. 소년 법원은 범죄 소년임이 발견되면 검사에게 보내 형사 절차를 따르게 하고, 그렇지 않으면 소년 보호 사건으로 처리한다.

검사는 범죄 소년을 수사하여 벌금 이하의 형에 해당하는 범죄를 행했거나 보호 처분에 해당하는 사유가 인정되면 그 소년을 소년 법원으로 보낸다. 만약, 검사가 판단하기에 재범 가능성이 희박하고 개선의 여지가 있다면 공소를 제기하지 않고, 지역의 범죄 예방 위원들에게 선도를 위탁하는 제도인 '선도 조건부 기소 유예'를 하기도 한다. 이들에 해당하지 않으면, 검사가 법원에 기소하여 일반 성인처럼 형사 재판을 받게 된다.

법원 소년부에서는 경찰이 보낸 촉법 소년과 우범화된 검사가 보낸 범죄 소년을 심리하여 보호 처분을 내릴 수 있다. 보호 처분 중 보호 관찰의 경우 1년 내지 2년간 보호 관찰관의 교육과 상담을 받는다. 또 보호 처분 중 소년원 송치 결정을 받은 경우 정규 소년원에서 교육 과정을 이수할 수 있다. 형을 선고받은 만 19세 미만의 소년 수형자를 수용하는 소년 교도소와 달리 소년원은 보호 처분을 받은 소년을 수용하여 교정 교육을 하는 시설이다.

통고 제도란 촉법 소년, 범죄 소년, 우범 소년에 대하여 보호자, 학교·사회 복리 시설·보호 관찰소의 장이 직접 관할 소년 법원에 접수시키는 절차를 말한다. 통고 제도는 수사 절차를 거치지 않고 사건 초기 단계에서 처리하는 장점이 있다. 통고를 접수한 소년부 판사는 소년 보호 사건으로 처리함이 적절하다고 판단되면 이를 수리하고, 소년 형사 사건으로 처리함이 적절하다고 판단되면 검찰청으로 사건을 보내게 된다.

형사 미성년자의 연령 기준을 어떻게 해야 할까?

소년 사건을 일반 형사 사건과 다르게 대우하는 가장 큰 이유는 소년의 특수성을 고려한 것이다. 그런데 최근 소년의 강력 범죄에 대한 언론 보도 및 드라마, 영화 등이 주목을 받으면서 촉법 소년의 강력 범죄를 엄벌하기 위하여 형사 미성년자의 연령 기준을 낮추자는 여론이 등장하였다. 연령을 낮추는 데 찬성하는 측은 소년법이 제정된 1953년 이후 사회가 크게 변화하였고, 어린 소년들이 불법 도박, 온라인 중고 거래 사기, 성매매 알선 및 신체적 폭력 등 강력 범죄에 연루되는 사례가 증가하였다는 사실에 주목한다. 반면, 신중하게 접근하자는 측은 범법 행위를 한 소년들이 가정 환경이 불우하거나 방치된 경우가 많으며 가정과 학교, 사회가 이들을 방임한 책임을 지는 것이 우선이라는 점, 소년범을 혐오하는 사회 분위기 조성이 재범 방지 및 교화라는 목적에 도움이 되지  않는다는 점을 지적한다. 이에 대한 충분한 사회적 논의와 합리적인 해결 모색이 필요하다.

✎ 다음은 '형사 미성년자의 연령 기준을 현행 14세보다 낮추어서 12세로 규정하는 대안'에 대한 전문가들의 토의 장면이다. 이에 대한 자신의 생각을 정리하여 글로 써 보자.

전문가 A: 현재 청소년의 발달 수준 등을 고려해 연령 기준을 낮춰야 한다. 특히 잔혹·강력 범죄를 저지른 일부에 대해서는 처벌할 필요가 있다. 현행 제도를 손보지 않는 것은 책임을 방기하는 것이다.

전문가 B: 현재 연령 기준이 외국과 비교해 특별히 높지 않다. 연령을 낮추더라도 그보다 더 어린아이들이 강력 범죄를 저지르면 또 다시 비행 청소년 혐오에 기반한 비슷한 논의가 반복될 것이다.

전문가 C: 흉악한 범죄를 저지른 13세 아이에게 10년 형을 내리면 그 아이는 23세에 나와 다시 범죄자가 될 가능성이 크다. 아이들이 지속형 범죄자가 되지 않도록 하려면 처벌 강화 외에 다른 대안이 필요하다. 법원에서 정신과 전문의, 아동 발달 전문가 등이 판사와 함께 사건을 살펴보고 피해자의 실질적 회복과 가해자의 반성을 돕는 것이 실효성 있는 방안이 될 수 있다.

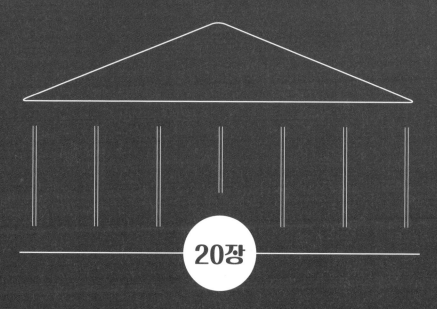

20장

저작권 보호:

저작권을 왜 보호해야
하는 것일까?

어떡하죠? 폰트 저작권을 침해했다는 내용 증명을 받았어요!

청소년이 제작한 서체 5종,
서울시립청소년미디어센터 홈페이지 통해 무료 배포

최근 일부 청소년이나 일반인들이 무심코 사용하던 폰트에 대해서 저작권을 침해했다는 내용 증명을 받고, 거액의 합의금을 내도록 요구받는 경우가 있다. 이러한 문제를 해결하기 위한 일환으로 서울시립청소년미디어센터에서는 청소년들이 서체 전문가와 함께 직접 폰트를 제작하는 프로젝트를 실시하였다. 이 프로젝트 결과, 청소년들은 총 5종류의 폰트를 개발하였고, 누구나 온라인상에서 저작권 걱정 없이 무료로 활용할 수 있도록 배포하였다.

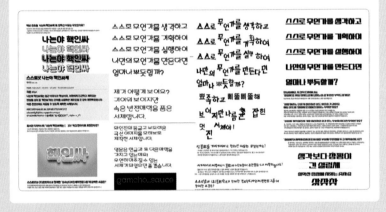

우리는 인터넷을 통해 다양한 폰트 파일을 쉽게 얻을 수 있다. 더욱이 최근에는 SNS가 활성화되면서 인터넷에서 얻은 폰트 파일을 활용해 다양한 콘텐츠를 만드는 사례가 증가하고 있다. 하지만 무료로 손쉽게 얻은 폰트라고 하여 무단으로 사용하면, 저작권 침해로 고소를 당할 수도 있다. 저작권은 왜 보호해야 하는 것일까? 저작권 보호와 관련하여 우리는 어떠한 점에 특히 주의해야 하는 것일까?

⚖️ 사람의 생각과 감정의 표현에 저작권이 있다?

사람은 평생 동안 자신의 감정이나 생각을 표현하며 살아간다. 타인과의 의사소통 혹은 자신의 주장을 위해서 사람들은 말이나 글, 그림, 음악, 사진, 영화, 프로그램 등 다양한 형태의 표현물을 만들어 낸다. 저작권은 이와 같이 사람의 생각이나 감정을 표현한 결과물에 대해 그것을 창작한 사람에게 주는 배타적이면서도 독점적인 권리를 말한다. 따라서 헌법이나 법률 등의 법 조항이나 사실의 전달에 불과한 시사 보도 같은 것은 보호받는 저작물이라고 볼 수 없다. 이러한 저작물은 창작한 것이 아니기 때문이다. 그러므로 학생들이 만들어 낸 음악, 그림, 글 같은 작품도 다른 사람의 것을 베끼지 않고 스스로 창작하였다면 얼마든지 저작물로 보호받을 수 있다.

그렇다면 인공 지능(AI)이 만들어 낸 음악이나 미술 작품 등은 저작물에 포함될까? 우리나라의 저작권법(제2조 1호)에 따르면, '인간의 사상 또는 감정을 표현한 창작물'을 저작물로 보고 있기 때문에 인공 지능(AI)이 만들어 낸 음악이나 미술 작품 등은 저작물에 포함되지 않는다.(저작권을 인정한 사례에 대해서는 제22장 생각 나누기 참조)

2023년 3월 15일, 미국 저작권청(USCO)은 인공 지능으로 만든 이미지는 저작권 보호를 받을 수 없다는 지침을 발표하였다. 해당 지침에서는 인공 지능을 활용해서 작품을 제작한 경우 그중 인간이 창의적으로 글을 쓰거나 이미지를 배열한 일부에 대해 저작권을 인정할 수 있으나, 인공 지능이 생성한 이미지 자체는 저작권을 인정할 수 없다고 분명하게 밝히고 있다.

출처: Ai 타임즈, 임대준 기자, 2023. 03. 16., 미 저작권청 "AI가 만든 그림은 저작권 대상 아니다."

⚖️ 저작권 보호의 역사

저작물에 대한 권리를 보호해야 한다는 의식은 언제부터 생겨났을까? '저작권'을 법적인 권리로 보호하게 된 것은 그리 오래되지 않았지만, 남의 저작물을 무단으로 베끼는 것에 대한 부정적 인식은 고대인들에게서도 찾아볼 수 있다. 물론 이때의 저작물 보호에 대한 인식은 단순히 도덕적인 차원에 그치며, 법적인 권리를 보장하는 데까지 나아가지는 못하였다.

15세기에 들어서 독일의 구텐베르크가 활판 인쇄술을 발명하게 되자, 저작물을 대량으로 복제하고 광범위하게 유통할 수 있게 되었다. 이때부터 사람들은 차츰 저작권을 '권리'로 인식하게 된다. 그 결과로 인해 등장한 것이 바로 1709년에 공포된 영국의 '앤 여왕법'이며, 세계 최초의 저작권법이다. 이 법으로 저작자에게 복제권이라는 권리가 주어지게 되었고, 이 권리를 양도받은 출판업자는 출판물에 대하여 독점적인 권리를 갖게 되었다. 하지만 이 법은 문서 저작물에 한정되어 있었으며, 이후 미술 작품, 공연 등에까지 저작권의 범위가 확대되었다. 우리나라에서는 1957년에 저작권법이 처음 제정되었으며, 이후 1980년대까지 큰 변화 없이 유지되다가 국제 사회의 변화, 디지털 기술의 발달 등으로 저작물 사용 환경이 바뀌면서 여러 차례 개정되었다.

🔍 '아기 상어' 저작권 소송

유튜브 조회 90억 '아기 상어' 저작권 소송(2021. 07. 23. 연합 뉴스)

미국의 동요 작곡가 조니 온리는 자신이 2011년 발표한 동요 'Baby Shark'가 구전 동요에 고유한 리듬을 부여하여 리메이크한 2차적 저작물인데, '상어 가족(아기 상어)'이 이를 표절하였으니 3천만 불을 배상하라고 주장하며 2019년 소송을 제기하였다. '상어 가족'을 제작한 스마트스터디는 조니 온리의 아기 상어는 창작성이 없어 조니 온리에게 2차적 저작권이 없다는 주장을 펼쳤다. 1심 재판부는 조니 온리가 만든 곡은 지극히 평범한 수준의 편곡으로 새로운 창작 요소가 없어 2차적 저작물로 볼 수 없으므로 원고 패소 판결을 내렸다. 이에 대해 조니 온리는 항소하였으나, 2심에서도 1심과 같이 원고 패소 판결을 하였다.

출처: https://www.yna.co.kr/view/AKR20210723045052004

⚖️ 저작권은 왜 보호해야 할까?

저작권법에 따르면, 저작권을 보호하는 목적은 저작자가 창작 활동에 전념할 수 있도록 하는 동기를 부여하고, 궁극적으로 문화와 관련 산업의 발전을 도모하는 데에 있다. 작가나 작곡가, 미술가 등 다양한 저작자들이 저작물로 인한 충분한 인센티브를 보장받지 못한다면 활발한 문화 예술 활동을 펼치기 어려울 것이다. 따라서 저작권법을 통해 저작자들의 권리를 충분히 보장하고 이들이 다양한 문화 예술 작품을 제작하고 활동을 펼칠 수 있는 바탕을 마련해 줄 필요가 있다.

저작권을 보호하는 것이 저작자만을 위한 것은 아니다. 오늘날 저작물은 불특정 다수에게 전달될 수 있으며, 이 과정에서 출판사나 신문사, 영화사, 극단 등 다양한 주체들이 관여하게 된다. 그러므로 저작권 보호는 저작자와 이를 배포하는 주체들, 그리고 저작물을 이용하는 사람들의 권리와 의무까지도 함께 규율하는 역할을 수행한다. 즉, 저작권법은 우리 사회의 전반적인 문화적 토대를 형성하고 계승해 나아가는 데에 중요한 역할을 담당하는 것이다. 우리나라 헌법도 문화 국가 원리를 기본 원리로 채택하고 있어 저작권을 법률로써 보호하는 것은 국민적 차원의 요청을 실현하는 것으로 볼 수 있다.

법률	내용	법/QR 코드
헌법	국가는 전통문화의 계승·발전과 민족 문화의 창달에 노력하여야 한다.	제9조
저작권법	이 법은 저작자의 권리와 이에 인접하는 권리를 보호하고 저작물의 공정한 이용을 도모함으로써 문화 및 관련 산업의 향상 발전에 이바지함을 목적으로 한다.	제1조

⚖️ 이런 것도 저작권 침해일까?

저작권의 개념과 사례가 다양하기 때문에 과연 어떠한 경우가 저작권 침해에 해당하는지 헷갈리는 경우가 많다. 일상생활에 나타나는 저작권 침해에 해당하는 사례와 그렇지 않은 사례를 살펴보도록 하자.

유명인의 레시피로 요리 영상을 만들었는데
유튜브에 공유해도 될까?

만약 요리의 재료, 조리 방법, 순서 등을 단순하게 표현한 레시피라면 아이디어에 해당하여 저작권의 보호를 받지 못한다. 하지만 레시피에 창의적인 표현이 담겨 있거나 사진이나 그림 등을 활용하여 새로운 형태로 레시피를 만들어 낸 경우에는 레시피 자체에 대하여 저작권의 보호를 받을 수 있게 된다. 그러나 어떠한 경우라도 요리를 하는 방법 자체는 저작권 보호의 대상이 되지 않기 때문에 이를 따라한 영상을 유튜브에 올린다고 해도 문제가 되지는 않는다.

돈을 주고 구매한 음악을 블로그나 다른 SNS 채널 등을 통하여
업로드하는 것도 저작권 침해가 될까?

구매한 파일이라고 하더라도 그것을 온라인상에 업로드할 때 전송이라고 하는 별도의 행위가 이루어지게 되는데, 무단 전송은 저작권자의 공중 송신권을 침해하는 것이 되므로 저작권 침해가 된다. 따라서 업로드를 하려면 별도로 저작권자의 동의를 받아야 한다.

클래식 음악을 웹사이트에 배경 음악으로
사용하는 경우에도 저작권 침해가 되는가?

2013년 7월 1일부터 저작 재산권의 보호 기간이 저작자의 사망일부터 50년에서 70년으로 조정되었다. 하지만 2013년 7월 1일 이전에 저작권 보호 기간이 소멸한 저작물에 대해서는 70년으로 연장된 보호 기간 규정이 적용되지 않는다. 따라서 일반적으로 1963년 6월 30일 이전에 저작자가 사망한 저작물의 저작권은 소멸하였다고 보면 된다. 모차르트와 같은 클래식 음악의 작곡자 대부분은 그 이전에 사망하였기 때문에 클래식 음악의 저작권은 현재 소멸한 것이다. 하지만 모차르트가 작곡한 음악을 다른 사람이 연주하여 공연하거나 음반을 제작한 경우 그 연주자나 음반을 제작한 사람에게 저작권과는 별도의 권리인 저작 인접권이 부여된다. 저작 인접권은 저작물을 일반 대중에게 매개하는 역할을 하는 사람들에게 부여된 권리로 저작권과 이웃하는 권리라는 의미를 가지고 있다. 그러므로 클래식 음악이라도 다른 사람이 연주하여 음반을 제작한 경우에는 그 음반을 사용함에 있어 연주자와 음반 제작자의 허락이 필요하다. 하지만 본인이 직접 클래식 음악을 연주하여 녹음한 경우에는 자유롭게 사용할 수 있다.

학생이 수업 시간에 발표하기 위해 저작물을 사용하려면 이용 허락을 받아야 할까?

다른 사람의 저작물을 이용하기 위해서는 저작권자에게 이용 허락을 받는 것이 원칙이다. 그러나 수업 목적상 필요하다고 인정되는 경우에는 저작물의 일부(부득이한 경우 전부)를 복제하거나 공중 송신할 수 있다. 단, 저작물의 제목과 저작자 이름 등 출처를 반드시 밝혀야 한다.

출처: 한국 저작권 위원회(2022). 청소년을 위한 알기 쉬운 저작권(p.78)

⚖️ 저작권을 침해하면 항상 처벌을 받을까?

청소년 저작권 침해 각하 제도와 저작권 교육 조건부 기소 유예 제도

사례에서 보는 바와 같이 청소년이나 일반인들이 저작권 침해 행위인 줄 모르고 무심코 폰트를 사용한 경우 이를 무작정 처벌한다면 가혹하다는 느

껌을 갖게 된다. 그래서 저작권법은 저작권법 위반 경험이 없는 청소년이 우발적으로 저작권 침해 행위를 한 경우 1회에 한하여 조사 없이 고소를 각하할 수 있도록 하고 있는데 이를 청소년 저작권 침해 고소 사건 각하 제도라고 한다.

또한 일반인의 경우라도 저작권 침해 행위라는 것을 모르고 처음으로 범행을 한 경우에는 한국 저작권 보호원의 저작권 교육 조건부 기소 유예 교육을 아수하는 조건으로 검사가 기소 유예를 할 수 있다.

표절과 오마주의 경계

오마주는 사전적 의미로 존경, 경의를 뜻하며, 다른 작품에서 유명한 부분을 차용하고, 존경의 의미를 담아내는 표현 방식을 말한다. 대표적으로 타란티노 감독의 영화 킬빌에서 우마 서먼이 입은 노란 트레이닝복은 영화배우 이소룡의 '사망유희'라는 작품을 오마주한 것이다. 재치있고 기발한 오마주는 사람들에게 큰 재미를 주기도 하고, 원작을 재조명하고 부각시키는 역할도 한다. 그런데 오마주와 표절을 구분하는 명확한 잣대가 없어 가끔 문제가 되기도 한다. 표절의 비난을 피하기 위해 오마주였을 뿐이라고 해명하는 경우도 있기 때문이다.

Q 표절과 오마주를 어떻게 구분할 수 있을까? 오마주도 저작권 침해로 볼 수 있을까?

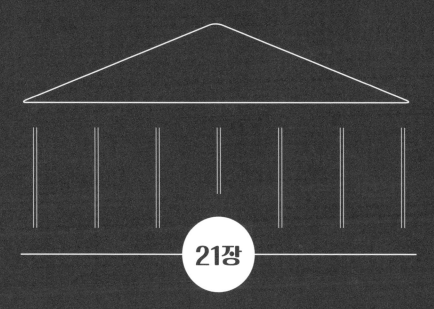

21장

사이버 범죄:

택배 배송 문자,
뭔가 이상한데?

최근 불특정 다수에게 인터넷 주소가 포함된 형태의 문자를 보내 클릭하도록 유도하는 사이버 범죄가 증가하고 있다. 문자 메시지(SMS)와 피싱(Phishing)을 합성하여 만들어진 '스미싱'은 대표적인 사이버 범죄의 유형이다. 이미 많은 청소년들이 이와 유사한 문자를 받아 본 경험이 있을 정도로 사이버 범죄는 우리 주변에 가까이 있다.

⚖️ 청소년 사이버 범죄의 증가

게임, 인터넷 등 청소년의 삶에서 사이버 공간은 오프라인 세계 못지않게 중요하다. 사이버 공간이 활성화됨에 따라 이를 악용하거나 범죄에 이용하는 사람도 점차 많아지게 되었다. 사이버 공간에서 이루어지는 범죄로는 해킹과 같은 테러형 범죄, 명예 훼손, 불법 사이트 개설, 전자 상거래 사기, 피싱 등이 있으며 그 종류가 매우 다양하다. 경찰

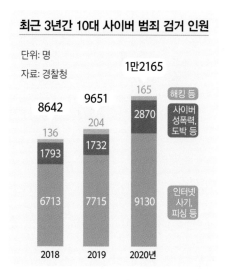

최근 3년간 10대 사이버 범죄 검거 인원

단위: 명
자료: 경찰청

청 자료에 따르면, 10대 청소년들의 사이버 범죄는 해마다 증가하는 추세이다. 인터넷 사기나 피싱과 같은 재산 범죄 외에도 사이버 성폭력 문제나 사이버 도박과 같이 청소년의 건강한 삶에 심각한 피해를 끼치는 범죄도 증가하고 있다. 사이버 범죄는 불특정 다수에게 악영향을 미칠 수 있고, 피해가 상상을 초월할 정도로 커질 수도 있다. 특히 청소년은 사이버 범죄의 가해자인 동시에 피해자가 되는 경우도 많기 때문에 우리 사회가 각별히 관심을 가질 필요가 있다.

⚖️ 사례로 보는 사이버 범죄

청소년들이 일상생활에서 경험할 수 있는 다양한 사이버 범죄 중 몇 가지 사례에 대해 먼저 살펴본 후, 이에 대처하는 방안으로 무엇이 있는지 살펴보도록 하자.

사이버 사기나
사이버 금융 범죄

온라인 게임을 할 때 필요한 캐릭터나 아이템을 구매하기 위하여 현금을 송금했는데 아이템을 보내 주지 않는 게임 사기나, 인터넷으로 중고 물품을 거래하려고 했는데 물품을 받지 못하고 현금만 입금한 인터넷 거래 사기 등은 청소년들이 쉽게 경험할 수 있는 대표적인 사이버 사기 사례이다. 게임 사기나 인터넷 거래에서의 사기를 예방하기 위해서는 에스크로(결제 대금 예치) 제도[2]를 이용해서 안전하게 거래를 하도록 하고, 물건을 구매할 때에는 해당 사이트가 믿을 만한지 등을 꼼꼼하게 확인하는 것이 좋다.

최근에는 정보 통신망을 이용하여 피해자의 계좌에서 현금을 이체받거나 소액 결제가 이루어지게 하는 등의 사이버 금융 범죄도 빈번하게 발생한다. 이러한 사이버 금융 범죄의 경우 우리가 일상생활에서 많이 사용하는 문자, 이메일 등을 활용하여 피해자의 개인 정보나 금융 정보를 손쉽게 가져갈 수 있기 때문에 전혀 예상하지 못한 피해를 당할 수 있다. 또한 최근에는 인터넷 아르바이트 사이트 등을 이용하여 청소년을 모집하고, 스팸 문자를 발송하도록 한 다음 대가를 지불하는 방식의 새로운 범죄 기법도 나타나고 있다. 일부 청소년들은 스팸 문자 발송 알바에 대해 크게 문제의식을 느끼지

---

2) 에스크로 제도: 결제 대금 예치 제도로 제품 등을 받을 때까지 은행 같은 제3자에게 결제 대금을 보관시키는 제도이다.

못하고 용돈벌이로 생각하는 경우도 있는데, 청소년들은 이러한 범죄에 대한 경각심을 가질 필요가 있다.

사이버상 불법 콘텐츠 관련 범죄

불법 콘텐츠 관련 범죄는 정보 통신망을 이용하여 법률에서 금지하는 재화나 서비스 등을 판매, 임대, 전시하거나 불법적인 정보를 배포하는 등의 사이버 범죄 유형을 의미한다. 사이버 성폭력, 사이버 도박, 사이버 명예 훼손 등이 대표적인 사례이다. 'n번방', '박사방' 사건과 같이 최근 불법적인 성 관련 영상물이나 불법 촬영물 등을 배포하거나 판매하는 등의 행위를 하는 사례가 증가하고 있다. 이들 사건의 경우 피해자의 상당수가 아동·청소년이었으며, 일부 가해자 역시 청소년이었던 점에서 사회적으로 큰 충격이었다.

사이버 도박도 최근 청소년들 사이에서 심각한 문제로 대두되고 있다. 청소년 도박의 대부분은 온라인상에서의 도박이기 때문에 사이버 범죄의 대표적인 사례로 볼 수 있다. 최근 청소년 도박 중독 사례가 급증하고 있으며, 그로 인하여 범죄에 연루되는 청소년도 증가하는 추세이다. 특히 청소년의 경우 발달 심리적인 특성으로 인해 성인에 비하여 심각한 중독으로 발전할 가능성이 높아 각별한 주의가 필요하다. 아울러 사이버 도박에 중독된 청소년들은 2차 범죄로까지 이어질 수 있어 문제의 심각성이 더욱 크다고 할 수 있다. 일부 청소년들은 사이버 도박으로 인하여 발생한 빚을 감당하지 못하여 불법 알바나 절도, 사기 등에까지 연루되기도 한다.

청소년 도박중독 증가
사각지대에 놓인 청소년들

⚖️ 사이버 범죄로부터 우리를 보호하려면?

│ 사이버 범죄를
│ 예방하기 위해서는?

『청소년 보호법』,『정보 통신망 이용 촉진 및 정보 보호 등에 관한 법률』등에 사이버상의 유해한 환경으로부터 청소년들을 보호하고 청소년들이 인터넷을 올바로 사용할 수 있도록 하기 위한 규정이 마련되어 있다. 청소년 보호법에는 청소년의 유해 환경 개선에 국가가 책임을 져야 한다고 명시되어 있고, 정보 통신망 이용 촉진 및 정보 보호 등에 관한 법률에는 인터넷을 통해 유통되는 청소년에게 해로운 정보는 방송 통신 위원회와 같은 국가 기관이 나서서 해결해야 한다고 명시되어 있다.

법률	내용	법/QR 코드
청소년 보호법	국가는 청소년 보호를 위하여 청소년 유해 환경의 개선에 필요한 시책을 마련하고 시행하여야 하며, …….	제5조 제1항
정보 통신망 이용 촉진 및 정보 보호 등에 관한 법률	방송 통신 위원회는 정보 통신망을 통하여 유통되는 음란 · 폭력 정보 등 청소년에게 해로운 정보(이하 "청소년 유해 정보"라 한다)로부터 청소년을 보호하기 위하여 …… 시책을 마련하여야 한다.	제41조 제1항

사이버 범죄의 피해를 당하지 않기 위해서는 사이버 범죄의 유형별로 주의 사항을 기억해 둘 필요가 있다. 예를 들어, 피싱이나 스미싱과 같은 사이버 금융 범죄의 경우에는 문자나 이메일 등을 이용할 때 주의를 기울일 필요가 있는데, 출처가 불분명한 이메일이나 문자의 링크 등은 절대 열지 않고 삭제해야 한다. 또한 자신의 개인 정보에 해당하는 이메일 등은 인터넷

게시판 등에 남길 때 신중할 필요가 있으며, 인터넷 채팅 등을 통하여 이름이나 주소, 학교 등의 신상 정보를 알려 주지 않도록 각별히 주의해야 한다. 그리고 스마트폰 채팅앱을 통한 무분별한 채팅을 삼가고 출처 불명 설치 파일(*.apk)도 실행하지 않아야 한다.

또한 백신 프로그램은 항상 최신 버전으로 업데이트하고 실시간 감시 상태를 유지할 수 있도록 해야 하며, 각종 비밀번호는 주기적으로 변경하고 2단계 인증을 설정하거나 해외 로그인은 차단하는 등 보안 설정을 강화하도록 해야 한다. 또한 인터넷상에서 개인 거래를 할 때는 안전 거래 사이트를 이용하도록 해야 하며, 이때에도 경찰청이 운영하는 '사이버캅 앱'과 같은 앱을 활용하여 결제 사이트 자체가 진짜인지 확인할 필요가 있다. 만약 가족이나 지인 등이 메신저를 활용하여 돈을 요구하는 경우는 지인을 사칭한 범죄일 우려가 있으므로, 입금하기 전에 즉시 전화하여 확인하는 것이 필요하다.

사이버 범죄가 발생했을 때는 어떻게 해야 할까?

만약 청소년 여러분이 사이버 범죄의 피해를 당하게 되었다면, 어떻게 하는 것이 좋을까? 경찰청의 '사이버 범죄 신고 시스템(ECRM)'을 통해 홈페이지 상에서 사이버 범죄로 인한 신고나 상담, 제보를 할 수 있다. 만약 온라인상으로 신고하기 어려울 때에는 경찰서 민원실에 직접 방문하거나 전화를 통해서도 신고할 수 있다. 전화로 사이버 범죄를 신고하고자 할 때는 112로 전화하면 되고, 사이버 범죄에 대한 상담이 필요할 때는 182로 전화하면 된다.

사이버 범죄 신고 시스템(ECRM)-경찰청

- https://ecrm.police.go.kr/
- 사이버 범죄 피해로 인한 신고, 상담, 제보를 할 수 있도록 하고 있음.
- 사이버 범죄에 대한 긴급 신고는 112, 민원 상담은 182로 전화하여 할 수 있으며, 365일 24시간 상담이 가능함.

그 외에도 사이버 범죄의 유형이나 피해 양상에 따라서 다양한 기관의 상담을 받을 수도 있다. 만약에 개인 정보를 침해당한 것에 대하여 신고나 상담이 필요할 때에는 '개인 정보 침해 신고 센터'에 신고하거나 상담할 수 있다. 또한 불법 스팸에 대한 신고가 필요할 때에는 '불법 스팸 대응 센터'에 신고할 수도 있다.

개인 정보 침해를 신고하려면?

- http://privacy.kisa.or.kr(개인 정보 침해 신고 센터)
- http://www.privacy.go.kr(개인 정보 보호 종합 포털)
- 웹사이트를 통한 신고를 원칙으로 하고 있으나 전자 우편이나 우편 등의 방법으로도 가능하며, 전화를 하고자 할 때는 118로 할 수 있음.

불법 스팸에 대하여 신고하고자 할 때에는?

- https://spam.kisa.or.kr(불법 스팸 대응 센터)
- 인터넷, 우편, 전화(118) 등 다양한 방법으로 신고할 수 있음.

일반적으로 위장 수사는 불법이며, 형사 소송법 제308조의2에 따르면 "적법한 절차에 따르지 아니하고 수집한 증거는 증거로 할 수 없다."라고 명시되어 있다. 이는 수사 과정에서 발생할 수 있는 과도한 인권 침해나 권력 남용을 막고, 강력한 권한인 수사에 대하여 적절한 제한을 가하기 위한 것으로 볼 수 있다. 하지만 'n번방 사건' 이후로 온라인상에서 이루어지는 아동·청소년 대상 성범죄에 대해서는 부득이 위장 수사가 필요하다는 의견이 활발하게 제기되었으며, 이에 따라 아래와 같은 법률이 마련되었다.

> **아동·청소년의 성 보호에 관한 법률(21. 3. 23. 관련 조항 신설 / 21. 9. 24. 시행)**
>
> 제25조의2(아동·청소년 대상 디지털 성범죄의 수사 특례)
>
> ① …… 신분을 비공개하고 범죄 현장(정보 통신망을 포함한다) 또는 범인으로 추정되는 자들에게 접근하여 범죄 행위의 증거 및 자료 등을 수집(이하 "신분 비공개 수사"라 한다)할 수 있다.
>
> ② …… 다른 방법으로는 그 범죄의 실행을 저지하거나 범인의 체포 또는 증거의 수집이 어려운 경우에 한정하여 수사 목적을 달성하기 위하여 부득이한 때에는 다음 각 호의 행위(이하 "신분 위장 수사"라 한다)를 할 수 있다.

경찰이 위장 수사를 시행한 지 1년 만에 아동·청소년 디지털 성범죄자 261명이 붙잡혔다. 또한 검거된 10명 중 7명은 성 착취물을 팔거나 유포한 것으로 나타났다.

제시된 글에 나타난 위장 수사 제도 외에 아동·청소년을 대상으로 한 온라인 성범죄를 예방하기 위한 방안에는 어떠한 것이 있을까?

_____

_____

_____

_____

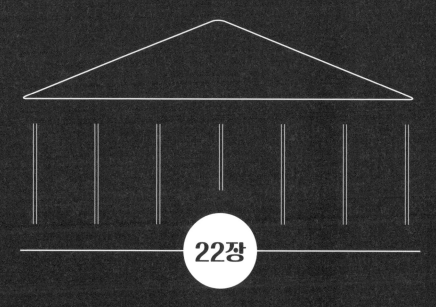

22장

인공 지능:

우리는 인공 지능과
공생할 수 있을까?

우리는 인공 지능과 공생할 수 있을까?

2018년 미국 뉴욕 크리스티 경매에서 프랑스의 인공 지능 화가 '오비우스'가 그린 '에드몽 드 벨라미'라는 초상화가 세계 최초로 43만 2500달러에 낙찰되었다. 처음 예상 가격은 1만 달러였으나 실제 경매에서는 이것의 40배 이상을 뛰어넘었다. 또한 이는 같은 날 경매에 나온 세계적인 팝아트 예술가 앤디 워홀의 작품과 로이 릭턴스타인의 낙찰가를 합친 금액보다 두 배 이상 높은 금액으로 화제를 모았다. 이 작품에는 화가의 낙관 자리에 'min G max D Ex[log(D(x))] +Ez[log(1-D(G(z)))]'라고 표시되어 있는데 이는 그림 제작에 쓰인 알고리즘이다.

오비우스는 입력된 데이터들을 통하여 새로운 작품을 만들어 낼 수 있다. 오비우스 개발자 측은 "알고리즘은 창의성을 모방할 수 있다."며 "오비우스는 인공 지능의 창조적 잠재력 탐구를 위해 최신 딥러닝 모델을 연구하는 개발자, 예술가들의 집합체"라고 밝혔다

에드몽 드 벨라미
뉴욕 크리스티 경매에서 43만 2500달러에 낙찰된 인공 지능 화가 오비우스가 그린 그림

인공 지능을 통한 창작은 딥러닝 기술을 활용하여 기존의 작품을 학습하고 이를 기반으로 복제와 분석을 통해 새로운 작품을 만든다. 이러한 과정을 통해 만들어진 인공 지능 창작물에도 저작권을 부여할 수 있을까?

⚖️ 인공 지능의 발전 단계

인공 지능은 머신 러닝(Machine learning) 중에서 인간의 뉴런과 시냅스를 모방한 인공 신경망을 활용한 딥러닝(Deep learning)을 핵심으로 하고 있다. 인공 지능은 발전 단계에 따라 약한 인공 지능, 강한 인공 지능, 슈퍼 인공 지능으로 나눌 수 있다. 약한 인공 지능은 구글의 자동 번역기, 페이스북의 자동 얼굴 인식, 엔비디아의 무인 자율 주행 자동차와 같이 특정한 부분에서만 특화된 지능을 가지고 작업을 수행하는 것이다. 강한 인공 지능은 모든 분야에서 인간과 동등하거나 우월한 능력을 가진 인공 지능을 가리킨다. 구글 딥마인드의 뮤 제로는 기존의 알파고를 뛰어넘어 규칙을 모르는 상태에서도 강화 학습을 통하여 게임을 마스터하는 능력을 가지고 있다. 슈퍼 인공 지능은 모든 영역에서 인간의 능력을 뛰어넘는 인공 지능으로 한 개의 슈퍼 인공 지능이 전 인류의 지능을 뛰어넘는 단계이다. 컴퓨터 과학자이자 미래 학자인 레이 커즈와일은 2040년이면 인공 지능의 능력이 인간 능력을 뛰어넘을 것으로 예측하였다.

⚖️ 인공 지능과 지능형 로봇

지능형 로봇이란 인공 지능을 갖추고 외부 환경을 스스로 인식하고 상황을 판단하여 자율적으로 동작하는 기계 장치(기계 장치의 작동에 필요한 소프트웨어 포함)를 의미한다. 지능형 로봇은 제조 현장에서 관련 작업을 수행하는 산업용 로봇, 의료, 군사, 재난 등의 전문 영역에서 작업을 수행하는 전문 서비스 로봇, 교육, 건강, 여가 생활을 지원하는 개인 서비스 로봇 등으로 구별할 수 있다.

개인 서비스 로봇은 상용화되어 판매 중이다. 아마존에서 제작한 가정용 로봇은 가족 구성원의 얼굴을 기억하고 간단한 메시지를 전달하며, 집안을 돌아다니며 수상한 사람이 있는지 살펴본다. 또한 실내에서 애완 동물을 찾아 영상을 사용자에게 전달해 주기도 하고, 쓰레기를 옮기거나 작은 음료수를 옮겨 주기도 한다.

지능형 로봇법

우리나라에서는 2008년부터 『지능형 로봇 개발 및 보급 촉진법(약칭: 지능형 로봇법)』이 시행되고 있다. 지능형 로봇법은 지능형 로봇의 지능이 발전함에 따라 발생할 수 있는 사회 질서의 파괴와 같은 각종 폐해를 방지하여 지능형 로봇이 인간의 삶의 질 향상에 이바지할 수 있도록 '지능형 로봇 윤리 헌장'을 제정하도록 규정하고 있다. 이 헌장은 지능형 로봇의 개발·제조 및 사용에 관계하는 사람들에 대한 행동 지침을 정하고 있다.

지능형 로봇 윤리 헌장 초안

1장(목표): 로봇 윤리 헌장의 목표는 인간과 로봇의 공존공영을 위해 인간 중심의 윤리 규범을 확립하는 데 있다.

2장(인간, 로봇의 공동 원칙): 인간과 로봇은 상호 간 생명의 존엄성과 정보, 공학적 윤리를 지켜야 한다.

3장(인간 윤리): 인간은 로봇을 제조하고 사용할 때 항상 선한 방법으로 판단하고 결정해야 한다.

4장(로봇 윤리): 로봇은 인간의 명령에 순종하는 친구·도우미·동반자로서 인간을 다치게 해서는 안 된다.

5장(제조자 윤리): 로봇 제조자는 인간의 존엄성을 지키는 로봇을 제조하고 로봇 재활용, 정보 보호 의무를 진다.

6장(사용자 윤리): 로봇 사용자는 로봇을 인간의 친구로 존중해야 하며, 불법 개조나 로봇 남용은 금한다.

7장(실행의 약속): 정부와 지자체는 헌장의 정신을 구현하기 위해 유효한 조치를 시행해야 한다.

⚖️ 챗 GPT

챗 GPT(Generative pre-trained transformer)는 Open AI가 만든 딥러닝 프로그램으로 대화형 인공 지능 챗봇을 의미한다. 챗 GPT의 작동 원리는 GPT에 먼저 데이터를 학습시킨 후, 질문에 답을 하도록 학습시킨다. 이후 GPT에게 대화 즉, 챗(Chat)을 하도록 훈련을 시킨 것이다. 2018년 GPT1 출시를 시작으로 2023년 3월 GPT4가 공개되었다. GPT4는 글자뿐만 아니라 이미지를 인식하여 이를 분류하고 분석하는 기능을 갖추고 있다. 예를 들어, 울고 있는 아이의 사진을 업로드하여 "이 아이에게 어떻게 해 주면 좋을까?"

라고 질문을 하면 "우선 이 아이에게 이유가 무엇인지 물어보는 것이 좋습니다. 그리고 자신이 느끼는 감정을 솔직하게 표현할 수 있도록 안전한 공간을 마련해 주는 것이 중요합니다."라고 마치 눈으로 아이를 직접 본 것처럼 답을 한다. 또한 챗 GPT는 질문이 구체적일수록 보다 상세한 답변을 해 주며, 25,000 단어 이상의 텍스트를 처리할 수 있어 보고서를 비롯한 각종 문서 작성에 도움을 줄 수 있다. 이처럼 챗 GPT는 각종 정보와 아이디어 제공, 프로그래밍 코드 작성과 같은 부분에서 우리 삶에 유용하지만, 그 사용으로 인한 부정적 영향도 있어 사회적 논의가 필요하다.

우선 챗 GPT가 작성한 내용을 자신이 직접 쓴 것처럼 제출하는 표절 사례가 대표적인 문제점으로 제기되고 있다. 표절 검사 시스템으로 논문이나 과제에 챗 GPT 개입 여부를 검사할 수 있지만 이 시스템으로 100% 완벽하게 표절을 찾아낼 수 없으며, 챗 GPT를 사용하지 않았는데도 이것을 활용했다고 잘못 판단할 우려도 있다. 또한 챗 GPT의 답변이 항상 정확하지 않을 수 있다는 문제도 제기되고 있다. 챗 GPT가 알려 준 참고 문헌이 실제로 존재하지 않는 가짜 정보였다거나 추천해 준 의학적 진단이나 정보에 오류가 있다는 사례들이 계속 보고되고 있어 정확하지 않은 정보 제공으로 인한 사회적 혼란이 우려된다.

또한 챗 GPT 사용에 따른 개인 정보 침해도 문제로 제기되고 있다. 챗 GPT는 직접적으로 정보를 수집하지는 않지만 데이터를 학습하는 과정에서 출판물이나 기사 등과 같은 공식 정보 이외에도 이메일이나 SNS 게시물 등 개인 정보가 포함된 정보들도 학습하게 되는데 이 과정에서 개인 정보 침해가 발생할 수 있다. 여기에 챗 GPT를 악용한 해킹의 우려 가능성도 제기되고 있다. Open AI는 해킹 우려가 있는 질문은 차단하도록 챗 GPT를 설계하였다고는 하지만 해커들이 우회 방법을 찾아 이를 챗 GPT에게 실행시킬 가능성도 있다. 이러한 문제점을 해결하기 위해서는 챗 GPT의 윤리적인 사용과 거짓 정보를 판별하는 비판적 사고 함양 및 해킹 방지 기술 개발 등 사용자의 자발적인 노력이 필요하다.

⚖️ 인공 지능과 자율 주행 자동차

자율 주행 자동차는 사람의 조작 없이 자동차 스스로 운행이 가능한 자동차를 말한다. 우리나라는 2027년 레벨4(고도 자율 주행) 단계의 자율 주행 자동차 상용화를 목표로 1조 원이 넘는 돈을 투입하는 자율 주행 기술 분야 지원책을 발표하였다. 그러나 자율 주행 자동차의 상용화가 현실화되려면 기술 분야의 발전에 발맞춘 관련 법 제도의 정비가 필요하다.

자율 주행 자동차 단계

자율 주행 기술의 경우 운전자 또는 시스템의 개입 정도에 따라 총 6단계로 나뉜다.

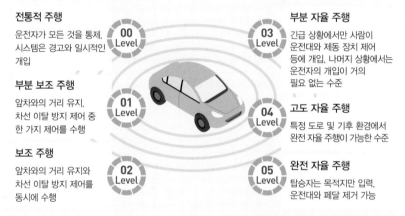

전통적 주행
운전자가 모든 것을 통제,
시스템은 경고와 일시적인
개입

00 Level

부분 자율 주행
긴급 상황에서만 사람이
운전대와 제동 장치 제어
등에 개입, 나머지 상황에서는
운전자의 개입이 거의
필요 없는 수준

03 Level

부분 보조 주행
앞차와의 거리 유지,
차선 이탈 방지 제어 중
한 가지 제어를 수행

01 Level

고도 자율 주행
특정 도로 및 기후 환경에서
완전 자율 주행이 가능한 수준

04 Level

보조 주행
앞차와의 거리 유지와
차선 이탈 방지 제어를
동시에 수행

02 Level

완전 자율 주행
탑승자는 목적지만 입력,
운전대와 페달 제거 가능

05 Level

출처: https://blog.naver.com/matchup_kr/222346471090

자율 주행 자동차와 법적 문제

2021년 도로 교통법 개정을 통하여 '행정 안전부령으로 정하는 완전 자율 주행 시스템에 해당하지 않는 자율 주행 시스템을 갖춘 자동차의 운전자는 자율 주행 시스템의 운전자 직접 운전 요구에 지체없이 대응하여 조향 장치, 제동 장치 및 그 밖의 장치를 직접 조작하여 운전하여야 한다.'는 자율 주행 자동차 운전자 준수 사항이 신설되었다. 그러나 자율 주행 자동차의 상용화에 대비하여 자율 주행 자동차의 운행을 위한 도로 설치의 기준 재설정, 자율 주행 교통 안전 시설 범위 확대, 사고 발생 시 배상 책임 문제 등을 다각도로 검토하여 관련 법을 개정할 필요가 있다. 또한 자율 주행 자동차의 운행에 있어 운전의 주체에 대한 명확한 규정이 필요하다. 현재의 도로 교통법은 사람의 운전을 중심으로 여러 사항을 규정하고 있기 때문에 자율 주행 자동차 시대를 맞이하여 인간 운전자와 자율 주행 시스템을 구분하여 관련 교통 법규를 마련할 필요가 있다.

또한 자율 주행 자동차는 차량 센서를 통하여 주행 환경을 분석하고 운행한다. 따라서 정보의 활용과 보안과 같은 정보 통신과 관련된 문제도 고려해야 한다. 자율 주행 자동차의 운행 중에 수집되는 정보가 개인 정보일 경우 이에 대한 보호 방안, 데이터 이용에 대한 사업자의 통제 방식, 자율 주행 자동차의 운행 중 해킹으로 인한 사고 방지 등 다양한 측면에서의 면밀한 법적 검토가 요구된다.

자율 주행 자동차의
주행 사고 책임은?

자율 주행 중 사고가 발생하였다면 사고 책임 주체는 자율 주행 운행 형태에 따라 달라진다. 자율 주행 Level 0~5 중 어느 수준으로 운행하는지, 사람이 조작하는 수동 운전 모드인지, 자동 주행 모드로 운전하지만 운전석에 앉아 상황 주시 의무가 있는지 또는 운전석에 앉지는 않지만 어떤 형태로든 통제할 책임이 있는지, 사람은 승객일 뿐 모든 통제권이 자율 주행 시스템에 있는지 등에 따라 제조 회사, 시스템 입력자, 운전자 등 사고 책임 주체가 달라지는 복잡성을 안고 있다.

✏️ 미국의 스티븐 테일러(Steven Thaler) 박사는 자신이 개발한 인공 지능(AI) 다부스(DABUS)가 레고처럼 쉽게 결합되는 용기 등을 발명했다고 주장하며 전 세계 16개국에 특허를 신청하였다. 2021년 호주 연방 1심 법원은 AI는 발명자가 될 수 없다는 명시적 규정이 없고 특허법상 발명자를 나타내는 'Inventor'는 'Elevator'와 같이 발명하는 물건으로도 해석이 가능하다며 AI를 발명자로 인정하는 최초의 판결을 내렸으나, 2022년 호주 연방 2심 법원에서 1심 법원의 판단이 잘못됐다고 만장일치로 결정했다. 또한 미국 특허청은. '사람만을 특허의 발명자로 인정한다.'고 판결하였으며, 영국 특허청도 같은 이유로 특허 등록을 거절하였다. 우리나라도 현행 특허법상 '자연인이 아닌 AI를 발명자로 한 특허 출원은 허용되지 않는다.'는 이유로 특허 등록을 거절하였다.

• 한국, 미국, 일본, 유럽 등 AI 창작물에 대한 인식 및 법 개정 현황

AI의 창작물(발명품)에 대한 각국 인식	
한국	특허청 "AI는 발명자로 인정될 수 없어" 결론, '인간의 창작물'에 대해서만 특허권 인정
미국	"발명자는 자연인에 한정" 결론, DABUS가 그린 그림 저작원 요청 기각
영국	특허청 "AI는 발명자 될 수 없어. AI에서 출원인으로 권리 양도도 불가"
호주	연방 1심 법원, AI 발명자 인정. 연방 2심 법원 "1심 판결 잘못" 만장일치 결론

주요국의 AI 저작권 관련 논란 현황	
한국	AI법, 제도, 규제 정비 로드맵 마련 계획 발표(2020년 12월)
미국	AI가 창작한 그림에 대한 저작권 등록 거부(2022년 2월)
영국	저작권법 개정해 AI 학습용 데이터 면책 조항 도입(2018년 5월)
유럽 연합	로봇 시민권 권고안 통과해 전자 인격 부여(2017년 2월)

출처: 언론 종합

Q 우리나라에서 특허법이 개정되어 인공 지능 발명에 대한 특허를 인정한다면 다음 중 누구에게 특허권을 주어야 할까?

① 인공 지능 기계를 만든 사람(제작자)
② 인공 지능 기계를 소유한 사람(소유자)
③ 인공 지능 기계를 조작한 사람(조작자)

Q 인공 지능의 저작권 침해에 대해 어떻게 생각하는지 의견을 함께 나누어 보자.

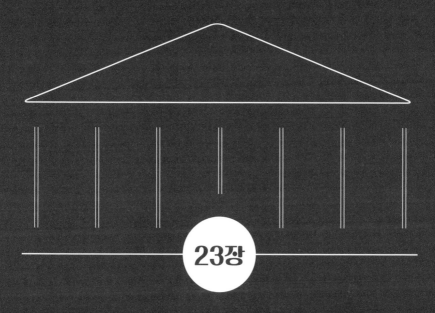

23장

게임과 법:

청소년의 게임 제한은
정당한가?

우리나라는 2022년 1월부터 '게임 셧다운제'를 없앴다. 그러나 한편으로는 청소년의 게임 중독을 예방하기 위한 제도가 필요하다는 의견도 만만찮은 것이 현실이다. 여러분은 위에서 언급한 중국의 사례와 같이 청소년의 인터넷 게임을 강하게 규제하는 것이 필요하다고 생각하는가? 아니면 청소년들의 자율에 맡기는 것이 좋다고 생각하는가?

⚖️ 게임 셧다운제 폐지

우리나라는 청소년들이 인터넷 게임에 중독되는 것을 예방하기 위하여 2011년부터 '게임 셧다운제'를 실시하였다. 이에 따라 우리나라의 16세 미만 청소년들은 오전 0시부터 오전 6시까지 인터넷 게임을 할 수 없었다. 이렇게 10년간 청소년들의 게임을 규제하던 '게임 셧다운제'는 2022년 1월 1일부터 역사 속으로 사라지게 되었다. 게임 셧다운제를 담고 있던 『청소년 보호법』이 개정되면서 셧다운제에 대한 규정 자체가 삭제되었기 때문이다. 다만 『게임 산업 진흥에 관한 법률』 제12조의3에 따라, 청소년 본인이나 보호자가 요청하는 경우에는 게임물 이용 시간을 원하는 시간대로 설정할 수 있다. 이를 '게임 시간 선택제'라고 하는데, 게임 시간 선택제는 셧다운제 폐지 이전부터 시행되던 법률 규정으로, 현재도 그대로 유지되고 있다. 따라서 2022년 1월 1일 이후로 청소년들은 보호자와 상의하여 게임 시간을 자유롭게 정하여 이용할 수 있게 된 것이다.

이와 같이 게임 이용에 대한 법률이 바뀌게 된 이유는 최근 청소년의 게임이나 인터넷 등 디지털 이용 환경이 급격하게 변화되었기 때문이다. 셧다운제가 처음 시작될 때만 하더라도 PC 게임을 하는 청소년들이 대부분이었으나, 이제는 PC 게임보다 모바일 게임을 하는 청소년들이 더욱 많아지게 되었다. 이러한 모바일 게임은 셧다운제의 적용을 받지 않았기 때문에, '게임 셧다운제'가 있어도 청소년들은 아무런 규제 없이 자유롭게 게임을 할 수 있었다.

또한 최근의 청소년들은 게임 중독보다는 동영상, 메신저 등에 중독되는 경우가 더욱 많기 때문에 셧다운제로 게임만을 과도하게 규제한다는 비판도 계속 이어졌다. 이와 같이 변화된 상황을 고려하여 셧다운제에 대한 폐지 논의가 이어졌고, 2022년 1월 1일부터는 게임 셧다운제를 완전히 폐지하게 된 것이다.

관련 법률	내용	법/QR 코드
게임 산업 진흥에 관한 법률	······ 게임물 이용자의 게임 과몰입과 중독을 예방하기 위하여 다음 ······ 내용을 포함하여 과도한 게임물 이용 방지 조치를 하여야 한다. ······ 3. 청소년 본인 또는 법정 대리인의 요청 시 게임물 이용 방법, 게임물 이용 시간 등 제한 ······	제12조의3 1항

그렇다면 다른 나라는 청소년 게임에 대해서 어떻게 법적으로 규제하고 있을까? 사실 중국을 제외하고는 국가가 일방적으로 게임의 이용을 제한하는 사례를 찾아보기 어렵다. 유럽 연합(EU), 미국, 일본 등은 개인이나 가정에서의 자율적인 조절을 원칙으로 하고 있기 때문이다. 하지만 중국은 2021년 8월부터 어린이와 청소년의 게임에 대해 보다 엄격하게 규제하기 시작하였다. 어린이와 청소년들의 게임 중독을 막기 위하여 미성년자의 경우 요일과 시간까지 정하여 게임 가능한 시간을 규제한 것이다. 그리하여 중국 어린이와 청소년들은 금, 토, 일 혹은 법정 공휴일의 밤 8시부터 9시까지만 게임을 할 수 있게 되었다. 그러나 이와 같이 미성년자의 게임 접속 시간을 규제하더라도 청소년들이 부모와 같은 성인의 명의를 도용하여 게임을 한다면 막을 수 있는 특별한 방법이 없다는 점에서 여전히 실효성에는 의문이 제기되는 상황이다. 청소년의 게임에 대한 법적 규제는 과도한 규제로 청소년들의 자유를 침해하는 것일까? 아니면 자라나는 청소년의 신체적, 정신적 건강을 지키기 위한 최소한의 방편인 것일까?

⚖️ 청소년의 게임 제한

게임 셧다운제는 폐지되었지만, 청소년 보호법에서는 청소년의 게임 이용과 관련된 여러 가지 사항을 규제하고 있다. 청소년 보호법 제24조 제1항에 따르면, 인터넷 게임 사이트에 가입하려는 만 16세 미만의 청소년은 부모님의 동의를 받아야 게임 사이트에 가입할 수 있다. 또한 게임 산업 진흥에 관한 법률 제21조 제2항에서는 연령에 따라 게임물의 등급을 구분하도록 하고 있다.

관련 법률	내용	법/QR 코드
청소년 보호법	…… 회원으로 가입하려는 사람이 16세 미만의 청소년일 경우에는 친권자 등의 동의를 받아야 한다.	제24조 1항
게임 산업 진흥에 관한 법률	게임물을 유통시키거나 이용에 제공하게 할 목적으로 게임물을 제작 또는 배급하고자 하는 자는 …… 그 게임물의 내용에 관하여 등급 분류를 받아야 한다.	제21조 1항

게임물의 등급을 분류할 때에는 게임의 선정성이나 폭력성의 정도, 범죄나 약물과 관련된 내용이 있는지, 부적절한 언어가 사용되는지, 사행심을 유발하는지 등을 종합적으로 고려한다. 게임물의 등급을 받은 다음에는 게임 서비스를 제공하거나 게임을 제작해서 배포할 때에 아래와 같은 정보를 표시하도록 되어 있다. 또한 이용 가능한 연령 등급을 전체 이용가, 12세 이용가, 15세 이용가, 청소년 이용 불가로 구분하고 있으므로, 청소년들은 게임을 이용하기 전에 아래의 표시를 꼼꼼하게 살펴보아야 할 것이다.

등급 구분	이용 등급	설명
ALL 전체이용가	전체 이용가	누구나 이용할 수 있는 게임물
12 12세이용가	12세 이용가	12세 미만은 이용할 수 없는 게임물
15 15세이용가	15세 이용가	15세 미만은 이용할 수 없는 게임물
18 청소년이용불가	청소년 이용 불가	청소년은 이용할 수 없는 게임물

출처: https://www.grac.or.kr/institution/etcform01.aspx

게임을 하기 위하여 오락실이나 PC방에 가는 청소년들도 많은데, 게임 산업법 시행령 제16조 제2호에서는 이러한 곳에 대한 청소년 출입 시간을 제한하는 규정을 두고 있다. 오락실이나 PC방의 경우 청소년 출입 시간은 오전 9시부터 오후 10시까지이다. 다만 부모님이나 선생님과 같이 청소년을 보호하거나 감독할 만한 사람과 함께할 경우에는 출입 시간 외에도 이용할 수 있다. 만약에 청소년이 출입 시간을 위반할 경우에는 오락실이나 PC방 업주는 1년 이하의 징역 또는 1,000만 원 이하의 벌금에 처해질 수도 있다.

⚖️ 게임 산업과 법

2000년대 중반 '바다 이야기'라는 오락실 게임은 우리나라를 매우 시끄럽게 만들었다. 바다 이야기 게임은 일본의 슬롯머신을 본따서 만든 성인용 아케이드 게임인데, 같은 그림이 여러 장 나오면 상품권이 경품으로 지급되었다. 이 상품권은 당시 게임장 주변 환전소에서 곧바로 현금화할 수 있었기 때문에 사행성이 짙었다. 게다가 당시 많은 오락실에서 불법 개조를 통해 바다 이야기 게임의 중독성과 도박성을 높이자, 점차 더 많은 사람이 빠져들게 되었다. 큰돈을 잃고 스스로 목숨을 끊은 사람까지 생겨났으며, 사회적으로 심각한 문제를 유발하게 되었다. 당시 사행성 게임을 규제하지 못한 정부 정책은 많은 비판을 받게 되었고, 이 사건 직후 정부는『게임 산업 진흥에 관한 법률(게임 산업법)』을 만들었다. 게임 산업법에서는 '바다 이야기' 게임에서 나타난 여러 문제를 막고자 1만 원 이상의 경품을 제공하는 행위나 게임물을 이용하여 획득한 결과물을 돈으로 바꾸어 주는 등의 행위는 전면적으로 금지하였다. 그 이후로 우리나라에서는 오락실과 같은 특정한 장소에서 화폐를 지불하고 플레이하는 형식의 '아케이드 게임'은 활성화되지 못하였다.

그러나 우리나라와 달리 미국이나 일본 등에서는 점수 보상형 아케이드 게임을 위한 오락실이 패스트푸드점, 패밀리 레스토랑, 놀이공원 등과 결합하여 가족형 복합 놀이 공간의 형태로 지속적으로 발전해 왔다. 이에 국내의 우수한 게임 업체들은 점수 보상형의 아케이드 게임을 만들어 해외로 수출하면서도 정작 국내에서는 운영해 볼 수 있는 기회를 갖지 못하였다. 최근 정부는 이와 같은 과도한 규제에 대하여 문제점을 인식하고 점수 보상형 아케이드 게임을 2년간 시범적으로 운영해 보기로 하였다. 정부는 운영 결과를 점검하고, 향후 게임 산업에 대한 규제의 방향을 조정할 계획이다.

게임 산업법은 앞서 살펴본 바와 같이 게임으로 인한 사회적 문제를 해결하기 위한 목적으로 2006년에 제정되었다. 게임 산업법은 한편으로는 건전한 게임 문화 확립에 도움이 된다는 의견도 있지만, 다른 한편으로는 게임의 개발을 오히려 저해하고, 게임 산업 발전을 방해한다는 비판도 받고 있다. 최근에는 급성장하고 있는 'P2E(Play to Earn) 게임' 즉, 게임을 하면서 돈을 벌 수 있도록 구성된 형태의 게임에 대해서 규제를 해제해 달라고 하는 국내 게임사들의 요구도 거세지고 있다. 과연 게임을 어디까지 규제하는 것이 적절할까?

🖊 P2E(Play to Earn) 게임과 게임 산업법

P2E는 게임을 통해 얻은 재화를 거래해 돈을 벌 수 있는 형태의 게임이다. 게임 내에서 퀘스트를 깨면서 보상으로 가상 화폐를 얻을 수 있는 등의 형태로 구성되어 있는데, 블록체인 기술을 활용하여 게임 내에서의 자산을 개인 간 거래할 수도 있고, 암호 화폐로 바꾸어 실물 경제에서도 이용할 수 있도록 한다. 말 그대로 게임을 통해 실제로 돈을 버는 것이 가능해진 것이다. 해외에서는 P2E 게임 시장의 규모가 빠르게 커지고 있고, 국내 게임사도 해외 P2E 시장에 적극적으로 진출하고 있다. 그러나 국내에서는 현행법상 P2E 게임을 사행성 게임으로 규정하고 있기 때문에 이용이 금지되어 있다.

ⓠ 우리나라에서도 P2E 게임이 가능하도록 법을 개정할 필요가 있다고 생각하는가? 그렇게 생각하는 이유는 무엇인지 글로 써 보자.

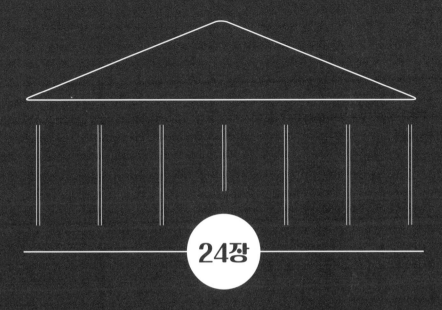

24장

차별과 혐오:

차별과 혐오가 없는 세상,
어떻게 만들 수 있을까?

1918년, 스페인 독감이 대유행하자 외국인과 이주자 혐오가 확산되었다.

1923년 관동 대지진 때 일본에서는 사회 혼란의 책임을 조선인에게 전가하여 대학살이 자행되었다.

코로나19 펜데믹 때, 서구 사회에서는 동양인에 대한 증오 범죄가 일어나기도 했다.

국가나 사회가 위기에 처하게 되면, 왜 항상 외국인이나 약자를 혐오하고 차별하는 것일까?

역사적으로 국가나 사회가 전쟁, 재난과 같은 위기에 처하면 사회적 약자나 소수자에 대한 차별과 혐오가 더욱 확산되어 왔다. 최근 코로나19 대유행 시기에도 이러한 일은 우리 나라를 포함한 전 세계에서 일어났다. 우리 모두는 차별과 혐오가 없는 세상을 꿈꾸지만, 이런 세상을 만드는 것은 왜 어렵기만 할까? 차별과 혐오를 없애기 위해 어떠한 법과 제도의 마련이 필요할까?

⚖️ 차이를 매개로 행해지는 차별

　서로 다름을 인식하는 것은 인간의 기초적 본성이다. 생물학적 성별에 따라 남녀를 구분하고, 피부색에 따라 인종을 구분한다. 관습, 문화, 종교 등에 따라 '우리'와 '너희'를 구분한다. 이처럼 우리의 뇌는 외부에서 들어오는 정보를 끊임없이 범주화하곤 한다. 가령 한 사람이 살면서 접하게 되는 고양이는 무수히 많겠지만, 이것을 '고양이'라는 집단 또는 개념으로 범주화를 하게 되면 그 모두를 고양이라는 한 묶음으로 기억할 수 있다. 심리학자들은 사람이 본능적으로 범주적 사고를 하는 이유를 뇌의 과부하 회피 전략으로 설명한다. 개개의 사물과 자극을 모두 기억하기 힘들기 때문에 자연스레 하나의 묶음으로 생각하여 사고의 효율을 높이고 뇌의 과부하를 피한다는 것이다.

　이러한 범주화를 사람에게 적용하면 내집단과 외집단의 구별로 이어진다. 나와 피부색이 같고, 성별이 같으며, 종교가 같은 '우리'라는 인식은 종종 불필요한 차별을 유발시킨다. '우리'에는 반드시 '너희'가 대응한다. 다른 사람을 다른 집단으로 인식하면, 고정 관념이 발생하게 되고 이를 매개로 혐오와 차별이 자라나게 된다. 특정 인종은 게으르다거나 특정 국가 사람들은 비위생적이라는 인식은 과학적 근거도 없이 우리의 마음속에 자리 잡은 편견과 고정 관념이다. 코로나19 대유행 시기에 세계의 많은 사람들은 코로나19가 중국에서 유래한 것 같다고 유추하면서 혐오를 표출하기도 하였다. 이와 관련하여 중국인에 대한 혐오가 동양인 전체를 대상으로 확산되면서,

한국인도 혐오 범죄를 당하기도 하였다.

차별은 사전적으로 개인이나 집단의 특성을 이유로 부당하게 구별하여 대우하는 행위를 말한다. 차이를 강하게 인식하여 고정 관념에 매몰되면 자신도 모르게 차별을 행할 수 있다.

⚖️ 미묘하고 심오한 차별과 평등의 세계

차별과 평등은 미묘하게 얽혀 있다

대부분의 사람들은 차별이 나쁘다고 생각한다. 하지만 차별이 없는 상태, 즉 '평등'에 관해서는 저마다의 생각과 지향에 차이가 있다. 일부는 절대적 평등을 추구하나, 다수는 상대적 평등이나 기회의 평등이 합당하다고 생각한다. 어떤 상태가 상대적 평등, 기회의 평등이 달성된 것인가에 대해서도 정작 의견 일치가 어렵다.

예를 들어, 식당을 운영하는 가게 주인이 외국인 출입 금지 방침을 내건다면 누구나 심각한 차별이라고 생각한다. 그런데 독립 운동가의 후손인 가게 주인이 일본인 출입 금지 방침을 내걸었다면 어떠한가? 미국 대학 입시에서 소수 인종에 대한 적극적 우대 정책(affirmative action)으로 인해 더 높은 성적을 얻고도 대학에 불합격한 백인 학생은 공정이라는 가치 아래 차별을 당한 것일까? 아니면 전체 인종 간 평등이 더욱 증진된 것으로 이해해야 할까? 평등이라는 가치를 윤리적으로 어떻게 해석하고 받아들이는가에 따라 특정 행위의 차별성이 결정된다. 차별은 나쁘지만 무엇이 평등이고 무엇이 차별인지 정하는 건 어려운 일이다.

우리는 진정으로
평등해지고 싶은가?

사람들이 평등을 원한다는 관념에 대해서도 비판적 의심을 던져 볼 필요가 있다.

사례1

미국의 건국 과정을 살펴보자. 종교적 박해와 차별을 피해 아메리카 땅으로 이주한 미국인들은 독립 선언서를 작성하며, '전 세계에서 가장 위대한 민주주의 실험'을 시작했다. 하지만 이내 노예 제도와 여성의 시민권 박탈 등 수많은 불평등을 제도화했다.

사례2

1820년 아프리카 기니만 서단에 세워져 1847년 독립한 라이베리아의 국가명에는 '자유의 나라'라는 뜻이 담겨 있다. 미국의 해방 노예가 건국의 중심 세력이었기 때문이다. 미국에서 억압과 착취, 차별을 경험한 노예들이 자유와 평등을 찾고자 국가를 건설하자 큰 주목을 받았다. 그러나 미국계 라이베리아인들은 해안 지역의 정치적·경제적 우위를 선점하며 기득권을 형성했고, 얼마 안 가 토착 원주민들이 야만적이고 문명화되지 않았다는 이유로 차별 정책을 펼쳤다.

이민규(2021). 차이, 차별, 처벌. 알에이치코리아, 84~85쪽 내용 재구성

사례에 나타난 사람들은 모두 평등한 세상을 꿈꿨지만, 정작 자신들이 기득권을 가지기 시작하자 약자를 대상으로 차별을 행하고 있다. 유사한 사례는 우리 주변에서 쉽게 찾을 수 있다. 평등한 세상을 만들기도 어렵지만 우리에게 진정성이 있는가도 생각해 볼 문제다.

⚖️ 차별은 혐오에서 자라나고, 다시 혐오를 키운다

│ 차별과 혐오의 관계

누군가를 열등하게 여기거나 배척하는 마음을 가지면, 그 사람과 같은 취급을 받는 게 부당하게 여겨진다. 따라서 혐오하는 마음은 차별 행위로 이어진다. 고정 관념과 편견에 근거한 차별이 지속될수록 혐오는 더욱 커진다. 차별은 혐오를 통해 자라나지만, 다시금 차별 행위가 혐오를 키우게 된다. 차별과 혐오는 밀접하게 순환한다. 특정 집단이나 소수자를 혐오한다면 고용이나 교육 기회에서 불이익을 주거나, 능력과 노력에 대해 정당한 대우와 보상을 제공하지 않는 차별을 범하게 된다.

사전적으로 혐오란 어떠한 것을 미움, 불결함 등의 이유로 싫어하거나 기피하는 감정을 말한다. 특히 혐오 감정은 싫어하거나 기피하는 다양한 감정이 복합적으로 어우러져 매우 강하게 작동한다. 또한 개인과 개인 사이에 나타나기도 하지만, 개인과 집단, 집단과 집단 사이의 감정으로 번져 나간다.

│ 혐오가 번져 가는
│ 이유는 무엇일까?

사람은 집단생활을 통해서만 생존과 안전을 강하게 확보할 수 있다. 자신이 속한 내집단은 자신을 보호하고 함께 성장하는 데 더없이 좋은 토양을 제공한다. 전쟁이나 감염병과 같은 위협 상황에 놓이게 되면 자신과 내집단을 지키려다 보니, 다른 사람과 다른 집단에 대한 혐오가 나타나기도 한다. 내집단과 외집단을 구분하고, 비합리적이고 근거 없이 외집단을 비난하고 배제하는 감정이 혐오로 연결되게 된다. 그렇다면 혐오가 급격히 번져가는 위협 상황에는 어떤 것들이 있을까?

우선 국가·사회적 위기가 있다. 전쟁이나 재난, 경제 위기 등의 상황에 처하면 사람들은 위기로 인한 어려움과 불안을 헤쳐 나가기 위해 특정 집단을 희생양으로 삼아 책임을 전가한다. 역사적으로 제1차 세계 대전 패전 이후 극도의 경제적 어려움을 겪던 독일인들은 유대인을 제물 삼아 홀로코스트를 자행한 바 있다. 1923년 일본 관동 대지진 당시에는 재난으로 인한 사회적 혼란과 불안이 조선인에 대한 혐오로 번져 조선인 대학살이라는 만행이 일어나기도 했다. 코로나19 시국에 일어난 중국인과 동양인에 대한 무차별적 혐오도 이와 비슷하다.

한 국가나 사회의 문화가 지나치게 집단주의적이라면 혐오가 더욱 쉽게 확산된다. 또 오늘날에는 인터넷을 비롯한 미디어가 가짜 뉴스나 음모론을 통한 혐오 확산의 창구 역할을 하기도 한다.

⚖️ 차별과 혐오를 극복하기 위해서는?

차별과 혐오를 극복하기 위한 자세

차별이나 혐오를 당한 사람은 인간적인 모멸감을 느끼게 된다. 한 명의 사람으로서, 사회의 한 구성원으로서 정당한 대우와 존중을 받지 못하기 때문이다. 더구나 차별과 혐오는 너무 쉽게 희화화되고 번져나가 사회의 건전성을 해치게 된다. 혐오와 차별을 방치하지 말고 반드시 극복해야 하는 이유다.

이를 위해서는 차별과 혐오에 이성적으로 대응하는 자세가 필요하다. 우선 어떠한 이유로도 다른 사람과 집단을 차별하고 혐오하는 것은 옳지 못한 것임을 인식해야 한다. 차별과 혐오는 다른 사람의 자유와 권리를 침해하는 것이다. 자신이 부당한 대우를 받는다고 상상해 보면, 그러한 행동이 도덕적으로나 윤리적으로 매우 잘못된 것임을 쉽게 알 수 있다. 나아가 특정 집단을 혐오하는 것은 부당한 책임 전가일 뿐, 위기나 문제 상황에 대한 해결 수단이 될 수 없다. 관동 대지진 당시 일본인의 조선인 대학살이나 코로나 19 시기 서구 사회에서 동양인에 대한 무차별적 증오 범죄는 결코 해결책이 될 수 없는 혐오 행동이다. 다만 사회 구성원의 의식 개선만 무턱대고 기대할 순 없다. 법과 제도적 뒷받침도 필요하다.

법·제도적
개선 노력

우리 헌법은 차별을 금지하는 평등의 대원칙을 규정하고 있다.

헌법 제11조

① 모든 국민은 법 앞에 평등하다. 누구든지 성별, 종교 또는 사회적 신분에 의하여 정치적·경제적·사회적·문화적 생활의 모든 영역에 있어서 차별을 받지 아니한다.

평등의 원칙은 우리 헌법의 최고 원리에 해당하므로, 법을 만들거나 집행할 때에도 따라야 한다. 국민은 합리적 이유 없이 불평등한 대우를 받지 않고, 평등한 대우를 요구할 수 있는 기본권을 가진다. 헌법 재판소는 평등권이란 '같은 것은 같게, 다른 것은 다르게' 취급해야 하는 것을 의미한다고 보았다. 이로써 합리적 근거에 따른 차별까지 금지하는 것은 아님을 알 수 있다.

평등과 차별 금지에 대한 헌법 규정은 개별 법률로 구체화되기도 한다. 남녀 고용 평등법, 양성 평등 기본법, 장애인 차별 금지법, 고령자 고용법, 기간제 근로자법, 파견 근로자법이 별도로 제정되어 있다. 이 외에도 국가 인권 위원회법에 따라 차별 행위를 당한 사람이라면 국가 인권 위원회에 해당 내용을 진정할 수 있도록 하고 있다.

✏️ **다음 글을 읽고, 질문에 대해 생각해 보자.**

헌법과 개별 법령을 통해 차별 금지를 규정하고 있지만, 여기에도 허점은 있을 수 있다. 우선 헌법은 그 자체로 추상적이고, 개별 차별 금지 법령으로는 다양하게 발생하는 각종 차별 상황을 빠짐없이 다룰 수 없어 실질적인 대처와 피해 구제가 어렵다는 지적이 있다. 또한 개별 법령은 주로 고용이나 교육에서의 차별만 금지하고 있어, 전반적 영역에서의 차별을 금지하는 포괄적 차별 금지법의 제정 필요성이 지속적으로 제기되고 있다. 물론 반론도 존재한다. 헌법, 국가 인권 위원회법 및 개별 법령으로도 충분히 대처가 가능할 뿐 아니라, 도덕적 · 윤리적 이유로 포괄적 차별 금지법은 해악이 더 크다는 주장이다. 차별과 혐오가 없는 세상을 위해, 우리는 어떤 법과 제도를 만들어 나가야 할까?

Q 국회에 발의된 포괄적 차별 금지법의 내용을 조사해 보자.

_____

_____

_____

_____

Q '포괄적 차별 금지법'이 반드시 제정되어야 한다는 주장에 대해, 찬성과 반대의 입장을 선택하고 근거를 들어 토론해 보자.

_____

_____

_____

_____

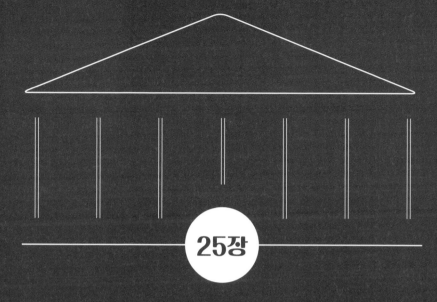

25장

팬데믹과 건강:

감염병 확대 방지
VS
개인의 사생활 보호

Q 팬데믹과 건강

감염병 확대 방지 VS 개인의 권리 보호

코로나19가 전 세계에 확산됨에 따라 각국 정부에서는 이에 대응하기 위해 공공 데이터를 활용하였다. 프랑스 공중 보건청에서는 프랑스 전역의 지역별, 성별, 연령별 입원 환자 수, 퇴원 환자 수, 누적 사망자 수 등과 같은 코로나19 환자 데이터를 제공하였다. 이탈리아에서는 코로나19 입원 환자 수, 집중 치료자 수, 총 입원 환자 수, 자가 격리자 수, 현재 총 확진자 수, 신규 확진자 수, 완치자 수, 사망자 수, 총 누적 확진자 수 등에 대한 정보를 시민 보호청과 협력하여 제공하였다. 미국 공공 데이터 포털에서는 미국 전역의 지역별, 연령별 코로나19 잠정 사망자에 대한 데이터를 다양한 오픈 포맷(CSV, RDF, JSON 등)으로 개방하였다.

우리나라에서는 감염병 예방법에 따라 감염병 확산으로 '주의' 이상의 위기 경보가 발령되면 감염병의 지역별·연령대별 발생 및 검사 현황 등 국민들이 감염병 예방을 위해 알아야 하는 정보를 정보 통신망 게재 또는 보도 자료 배포 등의 방법으로 공개하고 있다. 감염병이 대유행하는 팬데믹 상황에서 국민의 알 권리가 우선일까? 아니면 개인의 사생활 보호가 우선일까?

⚖️ 팬데믹에 대한 법의 보호: 헌법과 감염병 예방법

헌법 제36조 3항의 '모든 국민은 보건에 관하여 국가의 보호를 받는다.'는 규정을 통해 국가는 국민의 건강을 보호하여야 함을 확인할 수 있으며, 헌법 제34조 제6항의 '국가는 재해를 예방하고 그 위험으로부터 국민을 보호하기 위해 노력해야 한다.'는 규정을 통해 국가는 국민의 안전을 포괄적으로 보장하여야 함을 알 수 있다. 이를 실현하는 한 방편으로 국민 건강에 해가 되는 감염병 유행을 방지하고, 국민 건강의 증진 및 유지를 목적으로 하는 『감염병의 예방 및 관리에 관한 법률』이 시행되고 있다.

감염병과 관련된
국민의 권리와 의무

국민은 의료 기관에서 감염병에 대한 진단 및 치료를 받을 권리가 있으며, 감염병으로 격리 및 치료 등을 받은 경우 이로 인한 피해를 보상받을 수 있다. 국가 및 지방 자치 단체는 감염병 환자의 인간으로서의 존엄과 가치를 존중하고 그 기본적 권리를 보호하며, 법률에 따르지 아니하고는 취업 제한 등의 불이익을 주어서는 안 된다. 또한 국민은 치료 및 격리 조치 등 국가와 지방 자치 단체의 감염병 예방 및 관리를 위한 활동에 적극 협조해야 한다.

감염병과 관련된
다른 나라의 조치

영국 정부는 감염병 확산 방지를 위해 의료 및 공중 보건 담당자에게 코로나19 확산 위험이 있는 사람들을 선별, 격리 및 구금할 수 있는 권한을 즉시 제공하도록 하는 「2020 건강 보호(코로나바이러스) 규정(Health protection (coronavirus) regulations 2020)」을 발표하였다. 이 규정에 따라 공중 보건 담당자는 확진자로 의심되는 경우 격리 유지, 여행, 활동 및 다른 사람들과의 접촉 제한 등을 요구할 수 있다.

독일의 바이에른 주는 '코로나 팬데믹에 따른 감염병 보호 조치에 관한 명령'을 통해 거주자들의 행사 및 집회 금지, 영업 금지, 출입 및 방문 금지, 한시적 외출 제한 등을 시행하였다. 특히 제4조 제2항은 타당한 사유가 없는 경우에는 주거지를 벗어날 수 없도록 하고 있다. 타당한 사유에는 직업 활동, 의료적 필요, 생필품 구매, 배우자·노약자 등 방문, 보조를 필요로 하는 사람이나 미성년자의 동반, 가까운 가족의 장례식 참여, 야외 활동 및 운동(단, 혼자 또는 같은 세대 구성원과 함께 하는 경우에만 허용) 등이 포함된다.

⚖️ 국민 건강과 법: 보건 의료 기본법과 의료법

『보건 의료 기본법』은 '모든 국민은 법률이 정하는 바에 따라 자신과 가족의 건강에 관해 국가의 보호를 받을 권리를 가지며, 성별·연령·종교·사회적 신분 또는 경제적 사정 등을 이유로 자신과 가족의 건강에 관한 권리를 침해받지 않는다.'고 규정하고 있다.

『의료법』은 모든 국민이 수준 높은 의료 혜택을 받을 수 있도록 의료인의 자격과 면허 요건, 의료 행위에 대한 설명 의무, 무면허 의료 행위 금지 등 국민 의료에 대한 사항을 규정하고 있다. 의료법 개정으로 2023년 9월부터 의료 기관의 장이나 의료인은 전신 마취 등 환자의 의식이 없는 상태에서 수술을 하는 장면을 CCTV로 촬영하여야 한다. 단, 수술이 지체되면 환자의 생명이 위험해지거나 심신상의 중대한 장애를 가져오는 응급 수술을 시행하는 경우, 환자의 생명을 구하기 위하여 적극적 조치가 필요한 위험도 높은 수술을 시행하는 경우 등에서는 의료 기관의 장이나 의료인은 촬영을 거부할 수 있다. 그러나 이 법률이 개정되기 전에는 개정 여부를 둘러싸고 찬반 입장이 팽팽하게 맞섰다. 찬성 입장에서는 수술 과정에서의 의료 사고 발생, 대리 수술로 인한 여러 문제, 마취된 환자에 대한 불법 행위 등 의료 과실이나 범죄 행위를 규명하기 위한 객관적 증거를 CCTV를 통해 확보할 수 있다고 주장하였다. 반면 반대 입장에서는 수술실에서 CCTV를 녹화할 경우 의료 사고 및 분쟁에 대비하여 최소한의 방어적 수술만 할 것이며, CCTV 녹화로 수술과 관련하여 얻을 수 있는 정보는 제한되어 있어 실질적으로 환자에게 도움이 되지 못하고 수술 집중도를 저해할 수 있다며 설치를 반대하였다.

보건 의료 서비스에 관한 자기 결정권

『보건 의료 기본법』에 따라 모든 국민은 보건 의료인으로부터 자신의 질병에 대한 치료 방법, 의학적 연구 대상 여부, 장기 이식 여부 등에 관하여 충분한 설명을 들은 후 이에 관한 동의 여부를 결정할 권리, 보건 의료와 관련하여 자신의 신체상·건강상의 비밀과 사생활의 비밀을 침해받지 아니할 권리 등을 가진다. 또한 『호스피스·완화 의료 및 임종 과정에 있는 환자의 연명 의료 결정에 관한 법률(약칭: 연명 의료 결정법)』에 따라 모든 환자는 최선의 치료를 받으며, 자신이 앓고 있는 병의 상태와 예후 및 향후 본인에게 시행될 의료 행위에 대하여 분명히 알고 스스로 결정할 권리가 있다.

무의미한 연명 치료 중단 판례

76세 김 할머니는 폐암 발병 여부를 확인하기 위한 폐종양 조직 검사를 받던 중 과다 출혈로 심장 정지가 발생하여 인공 호흡기에 의존하게 되었다. 김 할머니의 보호자는 '환자는 평소 무의미한 생명 연장을 거부하고 자연스러운 사망을 원한다는 의사를 표시하였으므로 이와 같은 생명 연장 조치는 환자의 자기 결정권 행사에 반하는 위법 행위로서 더 이상의 연명 치료는 중단되어야 한다.'고 주장하였다. 반면 병원 측에서는 환자는 현재 의식 불명으로 그 의사를 확인할 수 없을 뿐만 아니라 치료의 중단은 곧 환자의 사망을 초래하므로 환자에 대한 생명 보호 의무가 우선하는 병원은 환자에 대한 치료를 중단할 수 없다고 주장하였다.

이에 대하여 대법원은 이미 의식의 회복 가능성을 상실하여 더 이상 인격체로서의 활동을 기대할 수 없고, 자연적으로는 이미 죽음의 과정이 시작되었다고 볼 수 있는 회복 불가능한 사망의 단계에 이른 후에는, 의학적으로 무의미한 신체 침해 행위에 해당하는 연명 치료를 환자에게 강요하는 것이 오히려 인간의 존엄과 가치를 해하게 된다고 판결하였다.[3]   (2009다17417 전원 합의체 판결)

　　연명 의료 결정법에 따라 환자도 원하지 않고, 의학적으로도 무의미한 연명 의료를 시행하지 않을 수 있도록 연명 의료 결정 제도를 시행하고 있다. 이는 연명 의료 계획서나 사전 연명 의료 의향서를 통하여 '임종 과정에 있다는 의학적 판단을 받을 경우 연명 의료를 시행하지 않거나 중단하는 것에 동의한다.'는 내용을 사전에 결정하여 작성하는 것이다. 연명 의료 계획서는 말기 환자나 임종 과정에 있는 환자의 요청에 따라 담당 의사가 작성하며, 사전 연명 의료 의향서는 19세 이상의 성인이 보건 복지부의 지정을 받은 사전 연명 의료 의향서 등록 기관을 방문하여 충분한 설명을 듣고 직접 작성한다. 이미 내용을 작성하였다 하더라도 본인이 언제든지 그 의사를 변경하거나 철회할 수 있다.

---

3) 김 할머니는 인공 호흡기를 뗀 뒤에도 튜브로 영양을 제공받으면서 7개월 이상 생존하다가 2010년 1월 10일 사망하였다.

254 청소년의 법과 생활

생각 나누기

코로나19 사태가 심각해지면서 세계 각국에서도 병실 부족으로 어려움을 겪었다. 이러한 상황을 해결하기 위해 이탈리아의 경우 성공 가능성이 높은 환자부터 치료하라는 권고안을 제시하였다. 그러나 이는 중증 환자나 고령자에 대한 치료 거부를 정당화한다는 비판을 받았다. 한편, 스웨덴의 스톡홀름에서는 고령자만 코로나 진단 검사를 하기로 하여 연령 차별이라는 비판을 받았다.

우리나라에서는 코로나19 위중증 환자 가운데 증상이 발현된 후 20일이 지난 환자는 증상이 호전되지 않더라도 코로나 전담 중환자 병실에서 일반 중환자실이나 다른 병원으로 옮기도록 하는 지침을 정하였다. 이에 대해 대한중환자 의학회는 '이러한 지침은 병원 내에서 중환으로 악화되는 환자, (응급)수술 후 집중 치료가 필요한 환자, 응급실로 내원하는 중환자 등 다른 비코로나19 중환자의 적절한 치료를 받을 권리를 직접적으로 제한하거나 침해하는 결과를 가져올 것'이라며 우려를 표명하였다.

전염병이 전 세계적으로 유행하여 병실이 부족할 경우 어떤 환자부터 치료를 해야 할지 친구들과 생각을 나누어 보자.

✏️ 한 마을에 갑자기 새로운 바이러스가 나타나 많은 사람들이 열과 두통 증상을 보였다. 특히 증상이 심한 경우 내출혈 증상까지 일으켰다. 보건 당국이 이 질병을 추적한 결과 환자들 모두 보육 시설 종사자인 A씨와 직·간접적으로 접촉한 사실을 밝혀 냈다. 정작 A씨는 치료하기 어려운 희귀 바이러스를 보유한 '보균자'이지만 아무런 증상이 없다. 그러나 A씨가 몇 주 전에 만진 물건에 가볍게 닿기만 해도 이 바이러스에 감염될 위험이 있다.

의사들은 치료법이 개발될 때까지 A씨를 병실에 격리하기를 바란다. 이 바이러스 보균자로 알려진 사람은 현재까지 A씨밖에 없기 때문에 A씨를 격리하면 더 이상 바이러스가 전파되지 않을 것으로 판단하였기 때문이다. 그러나 A씨는 격리에 강력하게 반대하고 있다. 아무 잘못도 저지르지 않은 A씨를 격리하는 것이 옳은 일일까? 공익을 위하여 A씨는 격리 요구를 따라야만 하는 것일까?

출처: Jacob. M. (2019). Who Says you're dead?. Algonquin Books of Chapel Hill. 김정아(역)(2021). 누구 먼저 살려야 할까?. 서울: 한빛비즈

🔍 희귀 바이러스 보균자의 강제 격리에 대해 어떻게 생각하는지 찬반 토론을 해 보자.

_____

_____

_____

_____

_____

_____

_____

_____

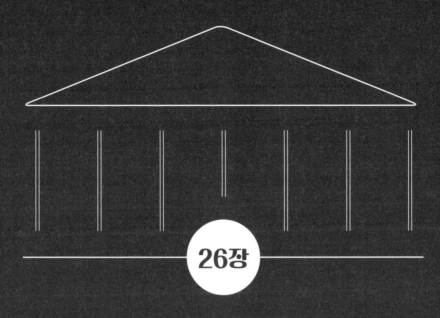

26장

빅데이터와 개인 정보:

당신의 개인 정보는
안녕하십니까?

#개인 정보   #빅데이터   #개인 정보 침해 신고

🔍 빅데이터와 개인 정보

데이터 브로커를 아시나요?

기업에게 소비자에 대한 정보는 매우 큰 경제적 가치를 지닌다. 그러나 각 기업들이 소비자들의 정보를 수집, 분석하는 데에는 한계가 있다. 이러한 틈새를 공략하여 새롭게 등장한 것이 '데이터 브로커(Data broker)'이다. 데이터 브로커는 소비자의 개인 정보를 전문적으로 수집하고 이를 다른 기업에 재판매하는 기업을 의미한다. 가장 대표적인 데이터 브로커인 액시엄(Acxiom)은 전 세계 약 7억 명의 소비자 정보를 가지고 있다. 데이터 브로커들은 인구 통계, 주소 변경과 같은 정부 데이터, 보도 자료, 전화번호부, SNS와 같은 공개 정보, 제

품 구매 일자, 결제 방법 등과 같은 민간 데이터를 활용하여 정보를 수집하며 다른 데이터 브로커와 정보를 거래하기도 한다.

데이터 브로커들은 고객에게 맞춤형 상품 제공, 특정 고객층 발굴, 연락이 끊어진 사람 찾기 등과 같은 긍정적 측면을 강조하지만, 개인의 입장에서는 자신의 정보가 어떤 경로를 통하여 수집, 유통되는지 알 수 없으며, 정보를 서로 연결하여 개인이 밝히고 싶지 않은 민감한 정보가 추론될 수 있다는 부정적 측면도 가지고 있다.

개인 정보는 고정불변한 개념이 아니라 시대의 흐름에 따라 변화되고 확대되고 있다. 4차 산업 혁명 시대를 맞이하여 사물 인터넷, 인공 지능, 빅데이터 등을 기반으로 여러 정보가 기하급수적으로 늘어나고 있는 현실에서 어느 범위까지 개인 정보로 규정하여 보호해야 할까?

⚖️ 개인 정보의 의미

개인 정보는 살아 있는 개인에 관한 정보로서 성명, 주민 등록 번호 및 영상 등을 통하여 개인을 알아볼 수 있는 정보, 해당 정보만으로는 특정 개인을 알아볼 수 없더라도 다른 정보와 쉽게 결합하여 알아볼 수 있는 정보, 앞의 사항을 가명 처리함으로써 원래의 상태로 복원하기 위한 추가 정보의 사용·결합 없이는 특정 개인을 알아볼 수 없는 정보(가명 정보) 등이 이에 해당한다.

현대 사회에서는 빅데이터를 기반으로 하여 다양한 데이터를 결합하고 분석하여 개인에 대한 정보를 추론할 수 있으며, 이를 통해 개인에게 맞춤형 정보를 제공할 수 있으나, 특정 개인의 정보 노출 등 부정적인 영향을 미치는 경우도 발생할 수 있다.

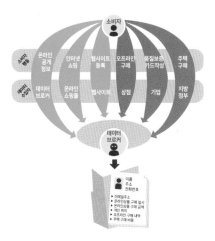

데이터 브로커의 소비자 데이터 수집 과정
출처: http://it.chosun.com/site/data/html_dir/2015/05/15/2015051585024.html

⚖️ 개인 정보에 대한 법의 보호: 개인 정보 보호법

우리나라에서는 개인의 자유와 권리를 보호하고, 개인의 존엄과 가치를 구현하기 위해 개인 정보의 처리 및 보호에 관한 사항을 규율하는 『개인 정보 보호법』을 시행하고 있다.

정보 주체의 권리

개인 정보 보호법에 따라 정보 주체는 자신의 개인 정보와 관련하여 개인 정보의 처리에 관한 정보를 제공받을 권리, 개인 정보의 처리에 관한 동의 여부, 동의 범위 등을 선택하고 결정할 권리, 개인 정보의 처리 여부를 확인하고 개인 정보에 대한 열람(사본 발급 포함) 및 전송을 요구할 권리, 개인 정보의 처리 정지, 정정·삭제 및 파기를 요구할 권리, 개인 정보의 처리로 인하여 발생한 피해를 신속하고 공정한 절차에 따라 구제받을 권리, 완전히 자동화된 개인 정보 처리에 따른 결정을 거부하거나 그에 대한 설명 등을 요구할 권리 등을 보장받는다.

개인 정보의 처리

개인 정보 처리자는 개인 정보 이용 동의를 받을 때 개인 정보의 수집·이용 목적, 수집하려는 개인 정보의 항목, 개인 정보의 보유 및 이용 기간, 동의를 거부할 권리가 있다는 사실, 동의 거부에 따른 불이익이 있는 경우에는 그 불이익의 내용을 정보 주체에게 알려야 한다.

개인 정보
보호 원칙

개인 정보 처리자는 다음과 같은 개인 정보 보호 원칙을 준수해야 한다.

- 개인 정보의 처리 목적을 명확하게 하여야 하고 그 목적에 필요한 범위에서 최소한의 개인 정보만을 적법하고 정당하게 수집하여야 한다.
- 개인 정보의 처리 목적에 필요한 범위에서 적합하게 개인 정보를 처리하여야 하며, 그 목적 외의 용도로 활용해서는 안 된다.
- 개인 정보의 처리 목적에 필요한 범위에서 개인 정보의 정확성, 완전성 및 최신성이 보장되도록 하여야 한다.
- 개인 정보의 처리 방법 및 종류 등에 따라 정보 주체의 권리가 침해받을 가능성과 그 위험 정도를 고려하여 개인 정보를 안전하게 관리하여야 한다.
- 개인 정보 처리 방침 등 개인 정보의 처리에 관한 사항을 공개하여야 하며, 열람 청구권 등 정보 주체의 권리를 보장하여야 한다.
- 정보 주체의 사생활 침해를 최소화하는 방법으로 개인 정보를 처리하여야 한다.
- 개인 정보를 익명 또는 가명으로 처리하여도 개인 정보 수집 목적을 달성할 수 있는 경우 익명 처리가 가능한 경우에는 익명에 의하여, 익명 처리로 목적을 달성할 수 없는 경우에는 가명에 의하여 처리될 수 있도록 하여야 한다.

⚖️ 개인 정보 유형과 개인 정보 침해 신고

개인 정보
유형

구분		내용
인적 사항	일반 정보	성명, 주민 등록 번호, 주소, 연락처, 생년월일, 출생지, 성별 등
	가족 정보	가족 관계 및 가족 구성원 정보 등
신체적 정보	신체 정보	얼굴, 홍채, 음성, 유전자 정보, 지문, 키, 몸무게 등
	의료 · 건강 정보	건강 상태, 진료 기록, 신체 장애, 장애 등급, 병력, 혈액형, IQ, 약물 테스트 등의 신체 검사 정보 등
정신적 정보	기호 · 성향 정보	도서 · 비디오 등 대여 기록, 잡지 구독 정보, 물품 구매 내역, 웹사이트 검색 내역 등
	내면의 비밀 정보	사상, 신조, 종교, 가치관, 정당 · 노조 가입 여부 및 활동 내역 등
사회적 정보	교육 정보	학력, 성적, 출석 상황, 기술 자격증 및 전문 면허증 보유 내역, 상벌 기록, 생활 기록부 등
	병역 정보	병역 여부, 군번 및 계급, 제대 유형, 근무 부대, 주특기 등
	근로 정보	직장, 고용주, 근무처, 근로 경력, 상벌 기록, 직무 평가 기록 등
	법적 정보	전과 · 범죄 기록, 재판 기록, 과태료 납부 내역 등
재산적 정보	소득 정보	봉급액, 보너스 및 수수료, 이자 소득, 사업 소득 등
	신용 정보	대출 및 담보 설정 내역, 신용 카드 번호, 통장 계좌 번호, 신용 평가 정보 등
	부동산 정보	소유 주택, 토지, 건물 등
	기타 수익 정보	보험(건강, 생명 등) 가입 현황
기타 정보	통신 정보	E-Mail 주소, 전화 통화 내역, 로그 파일, 쿠키 등
	위치 정보	GPS 및 휴대폰에 의한 개인의 위치 정보
	습관 및 취미 정보	흡연 여부, 음주량, 선호하는 스포츠, 여가 활동 등

출처: 개인정보보호포털: https://www.privacy.go.kr/front/contents/cntntsView.do?contsNo=35

잊힐 권리 서비스

잊힐 권리는 온라인상에 남아 있는 자신과 관련된 각종 정보의 삭제를 요구할 수 있는 권리를 말한다. 잊힐 권리를 보장하기 위해 방송 통신 위원회는 2016년 '인터넷 자기 게시물 접근 배제 요청권 가이드라인'을 발표했다. 이는 회원 탈퇴 등으로 본인이 직접 지울 수 없게 된 게시물에 대해 다른 사람이 접근할 수 없게 하는 것이다. 개인 정보 보호 위원회는 만 19세 미만 아동·청소년 시기에 본인이 게시하였으나 지금은 삭제를 희망하는 게시물에 대해 정부가 대신 접근 배제를 요청하는 '디지털 잊힐 권리 시범 사업 서비스'를 2023년 4월 24일부터 시작하였다.

털린 내 정보 찾기 서비스

인터넷상 불법 유통되는 개인 정보는 명의 도용이나 보이스 피싱 등과 같은 각종 범죄에 악용될 우려가 있다. 음성화 사이트에서 유통되고 있는 개인 정보 유출 확인을 통해 2차 피해를 예방하기 위하여 개인 정보 보호 위원회에서는 '털린 내 정보 찾기 서비스'를 시행하고 있다.

신고 절차 (https://kidc.eprivacy.go.kr/intro/service.do)

피고 A 법인은 약국 관리 프로그램을 관리 및 배포하는 회사로서 처방전의 정보를 A 법인에 자동으로 전송하는 프로그램을 개발하였다. A 법인은 이 프로그램을 이용하여 전국 1만 8,000여 개의 약국에서 약 443억 건에 이르는 환자들의 처방 정보 및 의료진 정보를 수집하였다. 이후 A 법인은 수집한 정보를 미국계 통계 회사에게 약 16억 원을 받고 판매하였고, 미국계 통계 회사는 구입한 정보를 통계화하여 국내 제약 회사들에게 약 70억 원을 받고 판매하였다.

이에 대하여 대한 약사회에서는 정보 주체의 동의 없이 국내 처방전 정보를 암호화하여 판매한 행위를 의사와 환자의 개인 정보 보호법 위반이라고 보고 A 법인을 상대로 민사상 손해 배상 청구와 형사 고소를 하였다.

이에 대해 피고 측은 안정적 암호화 방식을 사용하였기 때문에 부호화된 데이터를 해석할 수 있는 형태로 되돌리기 어려우며, 통계 목적으로 정보가 활용되었기 때문에 개인 동의 없이 제공이 가능하다고 주장하였다. 반면 원고 측은 제공된 데이터에 매칭 테이블을 결합한다면 데이터 해석이 가능하기 때문에 개인 정보에 해당하며, 이것은 환자의 동의가 필요한 사항이라고 주장하였다.

이 사건에 대해 어떤 결론을 내릴지 다음 단계에 따라 써 보자.

단계	내용	나의 생각
1단계	F(Fact): 사실 관계 확인하기	
2단계	I(Issue): 핵심적인 쟁점 파악하기	
3단계	R(Reasoning): 논리적 연관성에 따라 추론하기	
4단계	C(Conclusion): 결론 도출하기	

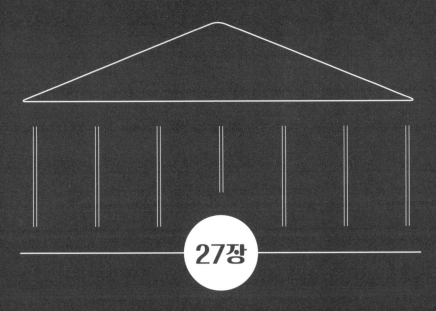

27장

동물권:

동물들도 소송을 할 수 있을까?

앵커   동물당 관계자

앵커	오늘은 네덜란드 동물당 관계자와 인터뷰를 하겠습니다. 안녕하세요. 네덜란드 동물당(PvdD)에 대해 소개 부탁드립니다.
동물당 관계자	2002년 창당한 네덜란드 동물당은 동물의 권리인 동물권 보장과 동물 복지 실현을 목표로 활동하고 있습니다. 유럽 의회에서 3석을 확보하고 있습니다.
앵커	그동안 동물권과 관련된 성과는 무엇인지요?
동물당 관계자	2014년 모피 생산을 위한 동물 사육 금지 법안을 통과시켰으며, 2015년 서커스에 동물 출현을 금지시키고 재미로 동물을 사냥하는 '트로피 헌팅' 금지 법안을 제안했습니다. 또한 네덜란드 정부가 육류 소비 감소를 최우선 의제로 선언한 것도 저희 당의 가장 큰 성과 중의 하나입니다.
앵커	다른 나라에도 동물당이 있는지요?
동물당 관계자	전 세계 19개국에 동물당이 있습니다. 2019년에는 네덜란드, 벨기에, 프랑스, 독일, 핀란드, 스웨덴, 스페인, 포르투갈, 이탈리아 등에 있는 11개 동물당이 유럽 의회 선거에 앞서 역사상 처음으로 벨기에 브뤼셀에 모여 인간과 동물의 이익을 동등하게 대해야 한다는 공동 선언문을 발표하기도 했습니다.

동물권은 동물이 객체가 아닌 주체로서 향유할 수 있는 권리이다. 동물권을 주장하는 사람들은 인간이 다른 동물보다 좀 더 나은 지능을 갖추고 있다는 이유로 인간에게 동물의 권리를 침해할 수 있는 권한이 부여되지는 않는다고 주장한다. 그렇다면 동물도 권리가 침해당했을 때 소송을 제기할 수 있을까?

⚖️ 동물권에 대한 논의

동물권에 대해 연구하고 있는 피터 싱어(Peter Singer)는 인간 이외의 동물들도 즐거움과 고통을 느낄 수 있는 '쾌고 감수 능력'을 가진 생명체로서 인간과 동물을 차별하는 것은 '종 차별주의'라고 주장한다. 따라서 모든 지각이 있는 동물들은 각기 내재적인 권리를 가지고 있으며, 각 주체가 가지고 있는 가치는 존중받아야 한다는 것이다. 동물과 인간의 이익을 공평하게 고려해야 한다는 것이다.

동물은 실험용이 아닙니다

⚖️ 동물과 관련된 법: 동물 보호법

우리나라 동물 보호법은 동물에 대한 학대 행위 방지 등 동물을 적정하게 보호·관리하기 위하여 필요한 사항을 규정함으로써 동물의 생명 보호, 안전 보장 및 복지 증진, 건전하고 책임 있는 사육 문화 조성 등 동물과의 조화로운 공존에 이바지함을 목적으로 하고 있다. 그러나 동물 보호법에서는 동물을 보호받을 존재로 인정할 뿐 권리 주체로는 인정하고 있지 않다.

동물에 대한
법적 지위 변화

현행 민법 제98조는 '본법에서 물건이라 함은 유체물 및 전기 기타 관리할 수 있는 자연력을 말한다.'고 규정하고 있다. 이에 따라 동물은 유체물인 물건으로 취급된다. 따라서 동물에게 상해를 입혔을 때 가해자를 형사 처벌할 수 있는 대표적 죄목 중 하나는 재물 손괴이다. 그러나 동물의 생명 존중에 대한 사회적 공감대가 형성되면서 민법 제98조의2로 '동물은 물건이 아니다.'라는 조항을 신설하는 내용의 법안이 국회에 제출되었다. 이것은 동물에게 물건이 아닌 동물 자체로서의 법적 지위를 인정하는 것이다.

다른 나라의
동물의 법적 지위

오스트리아, 독일, 스위스, 프랑스, 스페인 등에서는 권리의 주체인 인간, 권리의 객체인 물건, 그리고 생명을 지닌 보호 대상으로서의 동물로 구분하고 있다. 오스트리아는 1988년 '동물은 물건이 아니다. 동물은 별도의 법률에 의하여 보호된다. 물건에 관한 규정들은 유사한 규정들이 존재하지 않는 때에 한하여 동물에 대해 적용한다(제285a조).'고 민법을 개정했다. 독일은 1990년에 '동물은 별도의 법률에 의하여 보호된다(제90a조).'는 조항을 민법에 추가하였으며, 스위스는 2003년 '동물은 물건이 아니다. 동물에 대해서 특별한 규정이 없는 한 이에 대해서는 물건에 적용될 수 있는 규정이 적용된다(제614a조).'고 민법을 개정하였다. 프랑스는 2015년 '동물은 감성을 지닌 생명체이다. 동물을 보호하는 법률의 유보 하에 동물은 재산법제에 따른다.'는 규정을 민법에 추가하였으며, 스페인에서는 2021년 동물의 법적 지위를 물건에서 '지각을 가진 존재'로 간주하는 민법 개정안이 의회를 통과하였다.

세계 동물
권리 선언

　1978년 선언된 유네스코 세계 동물 권리 선언은 '모든 동물의 삶은 존중받을 권리가 있고, 동물은 부당하게 취급받거나 잔인하게 학대받지 않아야 한다. 야생 동물은 자연환경에서 자유롭게 살 수 있고 자유롭게 번식할 권리가 있으며, 인간에 의존하고 있는 동물은 생명을 유지하고 보호받을 권리를 갖는다. 육체적 또는 정신적 고통을 수반하는 동물 실험은 동물의 권리에 위배되는 행위이다.'와 같은 내용을 담고 있다.

동물권 관련 판결

2003년 환경 단체에서는 경상남도 양산시 천성산에 있는 도롱뇽 서식지를 지키기 위해 원고를 천성산 도롱뇽으로 하여 경부 고속 철도 천성산 구간의 공사 중지 가처분 신청을 하였다. 이에 대해 재판부는 "자연물인 도롱뇽에 대하여 당사자 능력을 인정하고 있는 현행 법률이 없고, 이를 인정하는 관습법도 존재하지 않는다."고 가처분 신청을 기각하였다. 당사자 능력은 자기 이름으로 재판을 청구할 수 있는 자격이다. 또한 2019년 설악산 케이블카 설치를 반대하며 설악산에 서식하는 산양이 원고가 된 소송이 있었지만 이 역시 당사자 능력 때문에 소송 자체가 인정되지 않았다.

아르헨티나 동물원에 사는 침팬지 세실리아는 같이 살던 친구들이 모두 죽고 홀로 쓸쓸하게 우리 속에서 살고 있었다. 2016년 아르헨티나 동물권 전문 변호사 협회는 동물원의 작고 열악한 우리에 갇혀 생활하고 있는 침팬지 세실리아의 권리를 인정해 달라는 소송을 제기하였다. 이에 대해 아르헨티나 법원은 "세실리아는 사물이 아니라 비인간 권리(The nonhuman rights)를 가진 존재로 봐야 한다."면서 "동물원에서 석방해 동족들이 모여 사는 브라질의 보호 구역으로 보내야 한다."고 판결하였다. 이는 비인간 동물에 대해 '기본 권리를 갖는 법적 인격체'라고 판단한 세계 최초의 판결이다.

세계 여러 나라의
동물과 관련된 법

( ) 이탈리아

이탈리아의 수도 로마시에서는 원형 모양의 어항은 산소가 충분하지 않아서 금붕어들이 시력을 잃을 수 있다는 이유로 원형 어항에 금붕어를 키우는 것을 금지하는 법을 제정하였다.

( ) 스위스

스위스는 무리를 지어 살아야 하는 동물을 단독으로 키우는 것을 법으로 금지하고 있다. 따라서 기니피그, 토끼, 앵무새 등 무리 생활을 하는 동물을 한 마리만 키우게 되면 처벌을 받는다.

( ) 노르웨이

노르웨이에서는 반려견 주인은 반드시 하루 세 번 이상 반려견을 산책시켜 주어야 한다. 반려견을 산책시키지 않은 사실을 알게 된 사람은 동물 학대 신고 사이트를 통해 신고도 가능하다.

( ) 뉴질랜드

뉴질랜드에서는 동물을 이용한 싸움을 구경한 사람도 처벌을 받는다. 또한 동물 학대와 반려동물을 유기한 사람에게는 징역형을 선고한다.

( ) 미국

미국에서는 반려동물 신탁 제도를 통하여 반려동물에게 유산을 상속할 수 있다. 마이클 잭슨이 키우던 침팬지는 약 200만 달러를 유산으로 받았으며, 방송인 오프라 윈프리는 반려견들에게 약 3,000만 달러의 재산을 증여하였다.

출처: 데일리(2020.8.2.). 우리나라에선 허용, 외국에선 처벌? 동물 보호법 위반 행동
https://post.naver.com/viewer/postView.nhn?volumeNo=28912696&memberNo=15460571&vTyp
e=VERTICAL(검색일 2022.7.8.)

✎ **반려동물 보유세**

농림 축산 식품부는 '2020~2024년 동물 복지 종합 계획'을 통해 반려동물을 키우는 가구에 반려동물 보유세를 도입하여 반려인에 대한 책임감을 강화하고, 지자체 동물 보호 센터 및 전문 기관 등의 운영비로 이를 활용하는 방안을 검토하겠다고 밝혔다.

이에 대해 찬반의 입장이 팽팽하게 대립되고 있다. 반려동물 보유세를 반대하는 입장에서는 '동물 보호와 유기를 방지하기 위해 도입된 반려동물 등록 제도도 제대로 시행되고 있지 않은 현실에서 반려동물 보유세가 추진되기는 어렵다.'고 주장하고 있다. 또한 반려동물 보유세가 도입되면 당장 부담이 늘어 반려동물을 버리는 사람의 수가 급증할 수 있다고 주장한다.

반면 반려동물 보유세를 찬성하는 입장에서는 '반려동물 보유세를 도입한다면 무책임한 반려동물 입양을 줄일 수 있으며 동물 학대나 동물 유기를 막을 수 있다.'고 주장한다. 또한 반려동물 보유세로 재원을 확보하여 동물 복지 시설을 확대하고, 많은 돈이 필요한 동물 치료비에 공적 반려동물 건강 보험을 도입할 수 있다며 이에 찬성하는 입장이다.

ⓠ 반려동물 보유세에 대해 찬성과 반대로 입장을 나누어 토론을 해 보자.

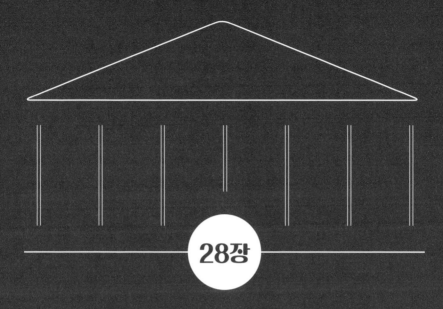

28장

환경:

기후 위기 속에서
우리는 어떻게 행동해야 할까?

Q 기후 위기

기후 위기 속에서 우리는 어떻게 행동해야 할까?

세계 각국이 이상 기후로 몸살을 앓고 있다. 호주와 캐나다에서는 기록적인 산불로 많은 피해가 발생하였으며, 영국에서는 폭염으로 철로가 휘어지고 화재가 발생하여 철도 운행이 중단되기도 하였다. 프랑스에서는 원자로 냉각에 사용되는 강물 온도가 폭염으로 올라가 원전 가동이 일시 축소되기도 하였다. 파키스탄에서는 장기간 폭우로 국토의 3분의 1 가량이 물에 잠기고 인명 피해가 속출하였다.

우리나라도 이상 기후로 인한 피해에서 예외는 아니다. 가속화되고 있는 기후 변화로 고산 침엽수종이 멸종 위기에 처해 있다. 농업 분야에서는 한파, 이상 저온, 폭염, 집중 호우, 태풍 등으로 농작물의 피해가 속출하고 있다. 이상 고온으로 수온이 높아짐에 따라 양식 생물에 피해가 발생하는가 하면 한파로 수온이 낮아져 양식장에 큰 피해를 주기도 하였다. 또한 집중 호우로 주택, 농경지, 도로 침수가 발생하

고 많은 인명 피해를 가져오기도 하였으며, 여름철 폭염과 열대야가 지난 10년 사이에 50% 이상 증가하였다. 이런 상황이 지속된다면 우리나라의 기후도 온대 기후가 아니라 아열대 기후가 될 것이라는 우려가 제기되고 있다. 이제 기후 변화는 기후 위기를 넘어 기후 재앙으로 가고 있다고 과학자들은 경고하고 있다.

유엔 학술 단체인 유엔 대학 환경 안전 연구소(UNU–EHS)는 최근 전 세계적으로 일어난 각종 이상 기후·재난이 서로 연결되어 있고 점점 복잡해지고 있다는 내용을 담은 보고서 '상호 연결된 재해 위험'을 발표했다. 기후 변화에 따른 환경 위기에서 우리는 어떻게 행동해야 할까?

⚖️ 기후 위기에 대응하기 위한 법: 헌법과 기후 위기 대응을 위한 탄소 중립 · 녹색 성장 기본법

헌법 제35조 제1항은 "모든 국민은 건강하고 쾌적한 환경에서 생활할 권리를 가지며, 국가와 국민은 환경 보전을 위하여 노력하여야 한다."고 규정하고 있다. 2021년 기후 위기에 따른 심각한 영향을 예방하기 위하여 온실가스 감축 및 기후 위기 적응 대책을 강화하고, 탄소 중립 사회로의 이행 과정에서 발생할 수 있는 경제적 · 환경적 · 사회적 불평등을 해소하기 위하여 「기후 위기 대응을 위한 탄소 중립 · 녹색 성장 기본법」이 제정되었다. 이는 범지구적인 기후 위기의 심각성을 인식하고 종합적인 위기 대응 전략을 수립하여 탄소 중립 사회로의 이행과 녹색 성장 추진을 목적으로 하고 있다.

기후 위기, 탄소 중립, 녹색 성장이 무엇인가요?

- 기후 위기는 극단적인 날씨뿐만 아니라 물 부족, 식량 부족, 해양 산성화, 해수면 상승, 생태계 붕괴 등 기후 변화가 인류 문명에 회복할 수 없는 위험을 초래하여 획기적인 온실가스 감축이 필요한 상태를 의미한다.
- 탄소 중립은 대기 중에 배출 · 방출 또는 누출되는 온실가스의 양에서 온실가스 흡수의 양을 상쇄한 순 배출량이 영(0)이 되는 상태를 의미한다.
- 녹색 성장은 에너지와 자원을 절약하고 효율적으로 사용하여 기후 변화

와 환경 훼손을 줄이고 경제와 환경이 조화를 이루는 성장을 의미한다.

⚖️ 기후 위기와 국제적 협력

│ 유엔 기후 변화 협약
│ 채택

　1992년 6월 브라질 리우데자네이루에서 개최된 유엔 환경 개발 회의에서 채택된 유엔 기후 변화 협약(UNFCCC)에서 선진국과 개도국은 '공동의 그러나 차별화된 책임'에 따라 각자의 능력에 맞게 온실가스를 감축할 것을 약속하였다. 유엔 기후 변화 협약은 차별화된 책임 원칙에 따라 협약 부속서 1에 포함된 42개국에 대해 2000년까지 온실가스 배출 규모를 1990년 수준으로 안정화시킬 것을 권고하였다.

　이후 당사국 간의 구속력 있는 교토 의정서(1997)가 채택되기도 하였으나 미국, 일본 등의 불참으로 실천되지 못하다가 2015년 제21차 당사국 총회(COP21, 파리)에서는 2020년부터 모든 국가가 참여하는 신 기후 체제의 근간이 되는 파리 협정(Paris agreement)이 채택되었다. 이로써 선진국에만 온실가스 감축 의무를 부과하던 기존의 교토 의정서 체제를 넘어 모든 국가가 참여하는 보편적인 체제가 마련되었으며, 회원국 모두가 '자발적으로' 국가 온실가스 감축량을 5년 단위로 제출하기로 했다.

　2022년 유엔 기후 변화 협약 당사국 총회(COP27)에서는 기후 변화로 인한 '손실과 피해' 대응을 위한 재정 기구 신설이 당사국 총회 정식 의제로 채택되었으며, 기후 변화에 가장 취약한 국가를 위한 기금 설립에 합의하였다. 이는 기후 온난화로 인하여 많은 피해를 받고 있는 국가들을 지원하기 위한 것이다.

기후 변화에 관한
정부 간 협약체(IPCC)

기후 변화에 관한 정부 간 협약체(IPCC)는 유엔 산하 세계 기상 기구(WMO)와 유엔 환경 계획(UNEP)이 공동으로 조직한 단체로서, 기후 변화와 관련된 전 지구적인 환경 문제에 대처하기 위해 각국의 기상학자, 해양학자, 빙하 전문가, 경제학자 등 3,000여 명의 전문가들로 구성되어 있다. IPCC에서는 기후 변화의 과학적 근거, 기후 변화의 위험성과 적응, 저감 대책에 대한 중요한 연구 결과를 주기적으로 평가하여 제공한다. IPCC의 2021년 제6차 제2실무 그룹 보고서 저자로 참여한 아로마 레비(Aromar revi)는 한국 기후 위기 상황에 대해 "한국이 여러 조치를 하더라도 폭풍이 더 자주 발생하고, 해수면이 상승하면서 문제가 발생할 것이다. 해수면이 2~3m 높아지면 안전해 보이는 도시들도 큰 영향을 받게 된다."고 밝혔다.

기후 관련
세계 소송

• 네덜란드

2013년 네덜란드 환경 단체 우르헨다(Urgenda) 재단은 네덜란드 정부가 제시한 2020년까지 1990년 대비 14~17% 온실가스 감축안이 불충분하다고 주장하며 시민 886명과 함께 정부를 상대로 소송을 제기하였다. 이들은 기후 위기의 심각성을 고려하였을 때 네덜란드 정부에서는 온실가스 감축 목표치를 25~40%로 상향해야 한다고 주장하였다. 또한 네덜란드 정부는 국민의 기본권이 침해당하지 않도록 하는 주의 의무를 위반하였으며, 유엔 인권 협약 제2조의 생명권과 제8조의 가족 및 사생활의 권리를 위반하였다고 주장하였다. 이에 대해 2015년 헤이그 지방 법원은 네덜란드의 온실가스 배출량을 2020년까지 1990년 대비 최소 25% 감축하라고 판결하였다. 이것은 기후 변화에 대한 정부 책임을 인정한 세계 첫 판결이다.

• 독일

독일 환경 단체 분트(BUND), 미래를 위한 금요일, 그린피스 등은 연방기후 보호법이 제시하는 온실가스 감축 목표치가 불충분하여 독일 기본법 제20a조(국가는 헌법적 질서의 테두리 내에서 입법을 통해 그리고 법률과 법에 정해진 바에 따라 행정 및 사법을 통해 자연적 생활 기반과 그 동물을 보호한다.) 등이 침해되었다고 소송을 제기하였다. 이에 대해 2021년 독일 연방 헌법 재판소는 국가는 기후 변화의 위험으로부터 국민의 생명과 건강, 그리고 미래 세대의 자유를 보호할 의무가 있음에도 불구하고, 현행 독일 연방 기후 보호법의 온실가스 감축 목표 관련 규정은 미래 세대에게 탄소 예산을 소비할 권리를 불평등하게 분배하고 그 결과 미래 세대의 자유권을 포괄적으로 제한한다고 보고 위헌 결정을 내렸다.

• 호주

2019년 호주 북부 지역 저지대에 거주하는 토러스 섬 원주민들은 유엔 인권 이사회(UNHRC)에 기후 변화에 따른 해수면 상승으로 폭우와 폭풍이 빈번해지고 홍수가 자주 발생하여 삶의 터전이 파괴되고, 주 수입원인 어업과 농업을 제대로 할 수 없게 되었다는 주장을 제기하였다. 이에 대하여 2022년 유엔 인권 이사회는 호주 정부가 기후 변화에 대한 적절한 조치를 취하지 않아 원주민들이 고유한 문화를 즐기고, 사생활을 누릴 수 있는 권리가 침해당하였으므로 호주 정부가 이를 보상하여야 한다고 판단하였다. 토러스 원주민들은 해수면 상승으로 자신들의 거주지와 고유문화가 위협에 처해 있다며 자신들이 기후 난민이 되지 않도록 보호해 줄 것을 청구하는 소송을 2021년 호주 법원에 제기하기도 하였다.

• 우리나라

청소년들은 어른들보다 기후가 변화한 지구에서 더 오래 살아갈 것이므로 지금의 어른들보다 기후 재난으로 인해 더 많은 피해를 받을 것이다. 기후 변화 대응의 책임을 다하지 않은 것은 어른들인데도 그 결과를 청소년들이 감수해야 한다. 즉, 문제의 원인을 제공한 주체와 결과를 감수해야 하는 주체 사이에 세대 간 불평등 문제가 발생한다. 그래서 기후 변화의 심각성에 적극적인 대응을 요구하는 청소년들의 외침이 이어지고 있다.

2022년 8월까지 국내에 제기된 대표적인 기후 소송은 다음과 같다. 2020년 청소년 기후 행동의 소송, 같은 해 11월 중학생 2명이 제기한 기후 소송, 2021년 10월 기후 위기 비상 행동과 녹색당이 제기한 기후 소송, 2022년 6월 태아를 포함한 어린이가 낸 아기 기후 소송 등이다. 이러한 소송은 모두 정부의 온실가스 감축 목표가 불충분하여 미래 세대를 포함한 시민의 기본권을 침해했다는 것이 주요 내용이다.

이 중 2020년 정부의 적극적 기후 대응을 촉구해 온 청소년 단체 '청소년 기후 행동'의 경우를 살펴보면 청소년들은 '지구 온난화의 영향으로 이상 기후가 발생하여 자연재해와 생태계 파괴 등 환경 위기가 심화하고 있지만 정부가 이런 기후 변화를 방치하고 있다.'며 헌법 재판소에 헌법 소원 심판 청구서를 제출했다. 이들은 '현재 정부의 온실가스 감축 목표로는 지구 평균 기온 상승을 2도 이하, 더 나아가 1.5도 이하로 억제하기 위해 2015년 12월 국제 사회가 체결한 파리 협정을 지킬 수 없다.'면서 '이것은 헌법에서 보장한 생명권과 행복 추구권, 정상적인 환경에서 살아갈 환경권 등을 심각하게 훼손하는 것'이라고 청구 이유를 밝혔다.[4]

---

4) 이 사건은 3년째 심리 중이며, 2023년 3월 청소년 기후 행동은 헌법 재판소의 빠른 판결을 촉구하는 기자 회견을 열었다. 이 사건은 2024년 4월 23일 공개 변론이 진행될 예정이다.

🖊 2019년 프랑스에서는 그린피스 프랑스, 옥스팜 프랑스 등 4개의 환경 단체가 프랑스 정부를 상대로 소송을 제기하였다. 환경 단체들은 프랑스 정부의 기후 변화에 대한 대응 조치가 온실가스 배출을 억제하기에 미흡하며, 파리 기후 협약을 지키지 않았다고 주장하면서 바닷물 온도 상승으로 인한 양식장 피해 사례, 대기 오염으로 인한 건강 피해 사례를 제시하였다. 이들은 온라인에서 2만 5,000건의 증거 자료를 수집하고, 100여 명의 피해 증언을 확보하였다. 230만 명의 프랑스인들이 온라인 지지 서명에 동참하였다. 이에 대해 프랑스 정부는 '정부는 기후 변화 대응을 위해 노력을 해 왔으며, 전 지구적인 문제인 지구 온난화에 대한 배상 책임을 정부가 지기는 어렵다.'고 주장하였다.

Q 환경 문제는 전 지구적으로 서로 복잡하게 연결되어 있다. 이러한 환경 문제에 대해 국가는 어디까지 책임을 져야 하는 것일까?

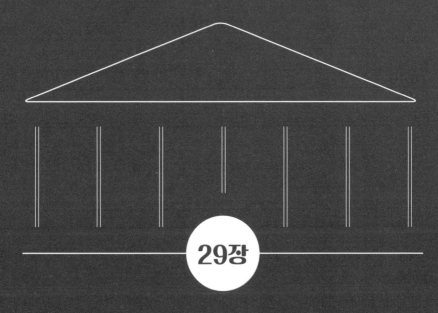

29장

입법 참여:

입법 참여를 통해
주권자가 되다

#입법   #입법 참여   #주민 발안   #대의 민주주의

인구가 많을수록 청년 의원 비율이 낮다?

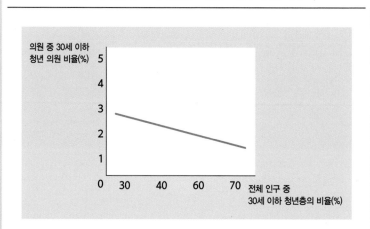

2018년 발간된 국제 의원 연맹 보고서에 따르면 전체 인구 가운데 청년층(30세 이하)이 많은 국가일수록, 도리어 청년 의원(30세 이하)의 비율은 낮아지는 경향이 있다고 한다. 대의 민주주의 제도는 국가 운영과 의사 결정의 효율성을 위해 운영되고 있는데, 과연 우리의 대표자들은 주권자인 시민을 잘 대표하고 있을까?

효율적이고 전문적인 국가 운영을 위하여 현대 민주주의 국가 대부분은 대의제를 채택하고 있다. 대의제의 핵심은 선출된 권력의 대표성에 달려 있다. 시민들의 의사를 잘 대변하고 이를 입법 과정이나 국가 운영에 잘 반영할 수 있어야 한다. 그러다 보니 시민 의사 왜곡, 정치 무관심 등의 문제가 나타나면 대의제도 한계를 가지게 된다. 이를 극복할 수 있는 방안은 없을까?

⚖️ 우리는 정말로 주권자일까?

대한민국은 민주 공화국, 국민은 주권자

헌법은 한 국가의 최고 규범이며, 국민의 기본적 권리와 국가의 조직과 작용에 대한 기본 원칙을 규정하고 있다. 우리 헌법 제1조에는 어떤 내용이 담겨 있을까? 아마도 헌법 내용 가운데 가장 중요하거나 강조하고 싶은 내용일 것이다. 국가별로 헌법 제1조의 내용은 차이가 있다. 미국의 수정 헌법 제1조는 종교, 언론, 출판, 집회의 자유와 청원의 권리를 규정하고 있다. 국민의 표현의 자유를 가장 우선시하는 것이다. 독일의 연방 헌법 제1조는 훼손할 수 없는 인간의 존엄성을 천명하고, 이를 존중하고 보호하는 것이 국가 권력의 책무임을 선언하고 있다. 우리나라는 어떠할까?

대한민국 헌법 제1조 ① 대한민국은 민주 공화국이다.
② 대한민국의 주권은 국민에게 있고, 모든 권력은 국민으로부터 나온다.

대한민국 헌법 제1조는 대한민국이 민주 공화국이며 주권이 국민에게 있고 입법권, 행정권, 사법권과 같은 모든 권력은 국민으로부터 나온다고 규정하고 있다. 대한민국 국민 개개인이 주권자임을 강조하고 있는 것이다.

대의 민주주의로 움직이는
현대 민주 국가

　민주 국가에서 국민이 주권자라 할지라도 광범위한 크기의 영토와 많은 인구를 가진 현대 국가가 직접 민주주의를 시행하는 것은 효율성과 가능성 모두 낮다. 이런 이유로 현대 민주 국가는 대의 민주주의를 토대로 국가를 운영하고 있다. 대의 민주주의란 시민들이 자신들의 대표자를 선출하고, 대표들로 구성된 대의 정부가 국가 운영과 정책 결정을 담당하는 정치 형태를 말한다. 대의 민주주의의 장점이 국가 운영의 효율성에만 있는 것은 아니다. 상대적으로 정치에 더 관심이 많고 능력이 뛰어난 전문가가 국가 운영에 관여하면 더욱 좋은 성과를 낼 가능성도 높아진다. 또한 시민 다수가 선동에 휩쓸려 잘못된 결정을 내리는 것도 어느 정도 예방할 수 있다.

존 스튜어트 밀(J. S. Mill)의 〈대의 정부론〉

밀은 〈자유론〉의 저자이자 대표적인 근대 사상가로 알려져 있다. 밀의 저서 가운데 〈대의 정부론〉은 그의 사상을 집대성해 놓은 저작으로 손꼽힌다. 이 책에서 밀은 '참 민주주의'와 '거짓 민주주의'를 구분하는데, '참 민주주의'를 정치 공동체 모두의 참여와 모두의 의사를 반영하는 최선의 대의 정부로 규정하였다. 밀은 대의 민주주의를 통해 자율, 개성, 자립, 자치, 공동선과 같은 개인적, 사회적 가치들을 제대로 보호할 수 있으리라 믿었다.

존 스튜어트 밀

대의 민주주의의
문제는 무엇일까?

　대의 민주주의의 장점에도 불구하고 문제점이 없는 것은 아니다. 시민들의 대표가 부패하는 도덕적 문제가 발생하기도 하고, 무능하여 제대로 정책을 펼치지 못하기도 한다. 때로는 권력의 위임자인 시민들의 목소리에 귀 기울이기보다 자신이 속한 정당의 뜻에 따르는 경우도 허다하다. 시민들의 의사가 정치에 반영되지 않고 특정 정파, 계층, 집단의 이익이 우선할 우려가 있다. 시민들의 의사가 왜곡되거나 전달되지 않고, 부패한 권력을 감시하거나 견제할 장치가 작동하지 않을 때 대의 민주주의는 심각한 위기에 노출된다.

근대 사상가 장자크 루소(J-J Rousseau)는 자신의 저서 〈사회 계약론〉에서 "영국 국민들은 자신들이 자유롭다고 믿고 있다. 하지만 그들은 심각한 오해를 하고 있다. 그들이 자유로운 것은 오직 의회 의원을 선출할 때뿐이다. 선거가 끝나자마자 그들은 다시 노예가 된다."라고 하였다. 우리는 우리가 주권자라고 믿고 있지만, 대표성의 약화 문제나 시민들의 정치적 무관심 문제 등을 떠올려 보면 우리가 정말 진정한 주권자인지 생각해 볼 필요가 있다.

장자크 루소

⚖️ 시민들의 입법 참여가 필요하다

입법 참여를 통한
대의제 한계 극복

대의제가 가지는 문제를 해결하기 위해서는 시민들의 다양한 참여와 관심이 필요하다. 이 가운데서도 입법 참여는 대의제 한계 극복을 위한 중요한 수단이 될 수 있다. 대의제에서는 국민의 대표가 모여 의회(우리나라는 대한민국 국회)를 구성하고 입법권을 행사한다. 입법 과정에 시민들이 관심을 가지고 참여하는 것은 대의제 극복을 위한 핵심이 된다. 입법 참여를 통해 시민들은 자신들의 이익과 원하는 바를 의회에 전달할 수 있고, 대표자들에게는 시민의 감시와 견제가 작동한다는 인식을 심어 주어 책임 의식을 높일 수도 있다. 근본적으로 시민들의 활발한 참여 그 자체는 민주주의가 추구하는 이상과도 부합한다.

또한 시민들의 입법 참여는 입법에 정당성을 부여하는 역할을 한다. 대표가 시민들의 선거에 의해 선출되었다 할지라도 시민들의 의사가 정치에 반영되지 않는다면 제대로 된 정당성을 갖추었다고 보기 어렵다. 입법 과정에 시민들이 참여하고 제 목소리를 낼 수 있다면 입법 과정의 정당성도 높아질 것이다. 시민 참여를 보장하기 위해서는 입법 과정에 시민들이 원활하게 접근할 수 있도록 해야 한다. 그래야 공동체 구성원의 감시와 참여가 가능하며, 입법 전반에 대한 신뢰와 효능감으로 이어질 것이다.

참여만 해도 사람들의 만족감이 올라간다고?

예일대학교의 타일러(T. Tyler) 교수는 사법 절차에 대해 사람들이 느끼는 만족감에 대한 흥미로운 연구 결과를 제시한 바 있다. 사법 절차에 대해 판결 내용이 만족스러운 것(내용 만족)과 절차가 공정했다고 생각하는 것(절차 만족) 중에 어떤 것이 만족감에 더 크게 영향을 주었는가를 분석하였다. 그 결과 두 가지 모두 만족감에 영향을 주지만, 내용에 대한 만족보다 절차적 공정성에 대한 만족이 더 큰 영향을 미친다는 결과를 발표하였다. 그는 또 다른 연구에서 재판뿐 아니라 어떤 사안이라도 이와 유사한 현상이 나타난다는 사실을 밝히기도 하였다. 어떤 사안이라도 절차가 공정하다고 인식하면 그 사안 전체가 정당하다고 생각하게 된다는 것이다.
이러한 연구 결과를 통해 시민들이 입법 과정에 접근할 수 있고 적극적으로 참여하여 의견을 개진할 수 있다면, 입법 과정에 대한 전반적인 신뢰가 높아질 수 있고 그결과 만들어진 법에 대해서도 더욱 잘 따를 것이라고 생각해 볼 수 있다.

출처: Tyler, T. R.(1984). The role of perceived injustice in defendant's evaluations of their courtroom experience. Law & Society Review, 18, 51-74.

시민들이 자유롭고 능동적으로 입법에 참여하기 위해서는 법과 제도적 장치 마련도 중요하지만, 시민들의 높은 시민 의식도 요구된다. 역량을 갖춘 시민들이 주권자로서의 지위를 분명하게 인식하고, 입법 과정에 참여하여 의견을 개진하면서 감시와 비판을 하는 것이 올바른 입법의 기틀이 됨을 생각해야 한다. 시민들의 의견이 많이 반영되어 만들어진 법이라면 우리가 더 타당하게 받아들일 수 있을 것이다. 자발적으로 법을 존중하고 지키려는 마음도 커지게 된다. 이를 위해서는 시민 한 명 한 명이 참된 주권자로서 자신의 소중한 권리를 행사해야 한다.

⚖️ 어떻게 입법 참여를 할 수 있을까?

입법 참여를 위한
다양한 방안

첫째, 국회법에는 국회에 제출된 법률안에 대해서 입법 예고를 하도록 규정하고 있다. 예고된 법률안에 대해 의견이 있을 경우 통합 입법 예고 센터((http://opinion.lawmaking.go.kr) 등을 통해서 의견을 제출할 수 있다. 국회의 입법 과정에 시민들이 참여하는 첫 단계라고 볼 수 있다.

둘째, 공청회를 통해 입법 과정에 의견을 개진할 수도 있다. 공청회는 학식, 경험이 있는 사람들로부터 의견을 듣고 입법 등에 반영할 수 있도록 하는 절차이다. 전문가뿐 아니라 이해관계가 있는 일반 국민들에게도 입법 과정 공청회에 참여하여 의견을 진술할 기회를 제공한다는 점에서 중요한 입법 참여 수단으로 볼 수 있다.

셋째, 국회법에서는 청문회를 통해서도 중요한 법률안의 심사를 위한 의견을 얻을 수 있도록 정하고 있다. 다만 현실적으로는 국정 조사나 국정 감사와 같은 경우에만 청문회가 활용되고 있다. 앞으로는 중요 안건 심사 등에서도 널리 활용되어 청문회가 실질적으로 기능하도록 할 필요가 있다.

마지막으로, 헌법상 청원권에 따라 국회를 상대로 입법 청원을 통해 의견을 개진할 수도 있다. 국회도 국가 기관인 만큼 헌법과 국회법에 따라 청원을 할 수 있도록 하고 있는데, 이 가운데 입법에 대한 청원도 가능하다.

국회법

제64조(공청회) ① 위원회(소위원회를 포함한다. 이하 이 조에서 같다)는 중요한 안건 또는 전문 지식이 필요한 안건을 심사하기 위하여 그 의결 또는 재적위원 3분의 1 이상의 요구로 공청회를 열고 이해관계자 또는 학식·경험이 있는 사람 등(이하 "진술인"이라 한다)으로부터 의견을 들을 수 있다. (후략)

제65조(청문회) ① 위원회(소위원회를 포함한다. 이하 이 조에서 같다)는 중요한 안건의 심사와 국정 감사 및 국정 조사에 필요한 경우 증인·감정인·참고인으로부터 증언·진술을 청취하고 증거를 채택하기 위하여 위원회 의결로 청문회를 열 수 있다.

제82조의2(입법 예고) ① 위원장은 간사와 협의하여 회부된 법률안(체계·자구 심사를 위하여 법제 사법 위원회에 회부된 법률안은 제외한다)의 입법 취지와 주요 내용 등을 국회 공보 또는 국회 인터넷 홈페이지 등에 게재하는 방법 등으로 입법 예고하여야 한다. (후략)

제123조(청원서의 제출) ① 국회에 청원을 하려는 자는 의원의 소개를 받거나 국회 규칙으로 정하는 기간 동안 국회 규칙으로 정하는 일정한 수 이상의 국민의 동의를 받아 청원서를 제출하여야 한다.

국회 입법 예고에 관한 규칙

제5조(의견 제출 및 보고) ① 입법 예고된 법률안에 대하여 의견이 있는 자는 입법
예고 기간 동안 문서 또는 국회 등 홈페이지에 게재하는 방법으로 소관 위원회에
의견을 제출할 수 있다.

지방 자치에서의
입법 참여

지방 자치에서도 입법 참여는 가능하다. 지방 자치 제도의 의의를 고려하
면 지방 자치에서의 입법 참여는 더욱 의미가 크다고 볼 수 있다. 지방 자치
에서는 주민 발안 제도를 통해 입법에 참여할 수 있다. 해당 지방 자치 단체
에 주민 등록되어 있는 18세 이상 주민이라면, 해당 지방 자치 단체의 조례
를 제정, 개정, 폐지할 것을 청구할 수 있다. 또 규칙의 제정, 개정, 폐지와
관련된 의견을 해당 지방 자치 단체의 장에게 제출할 수 있다. 지방 자치에
서도 주민들이 의견을 제시하도록 하고 이를 입법 과정에 반영할 수 있도록
제도가 마련되어 있는 만큼, 주인 의식을 가지고 적극적으로 참여하는 것이
바람직할 것이다.

지방 자치법

제19조(조례의 제정과 개정·폐지 청구) ① 주민은 지방 자치 단체의 조례를 제정
하거나 개정하거나 폐지할 것을 청구할 수 있다.

제20조(규칙의 제정과 개정·폐지 의견 제출) ① 주민은 제29조에 따른 규칙(권리·의
무와 직접 관련되는 사항으로 한정한다)의 제정, 개정 또는 폐지와 관련된 의견을
해당 지방 자치 단체의 장에게 제출할 수 있다.

🖋 국민 참여 입법 센터

국민 참여 입법 센터 누리집 화면(https://opinion.lawmaking.go.kr)

국민 참여 입법 센터는 국민들이 편리하게 입법 활동에 참여하고 의견을 개진할 수 있도록 하기 위해 만들어졌다. 우선 입법 단계에서 국민들이 법률의 제 · 개정에 관하여 의견이 있다면 자유롭게 의견을 개진할 수 있는 창구 역할을 수행하는 동시에, 불편하고 불합리한 법이 있다면 이를 개선해 나갈 수 있는 창구 역할도 수행하고 있다.

🔍 입법 진행 현황이나 입법 예고된 내용 가운데 본인이 관심을 가지는 분야가 있는지 검색해 보고, 해당 부분에 대해서 어떤 의견을 제시할 수 있는지 생각해 보자.

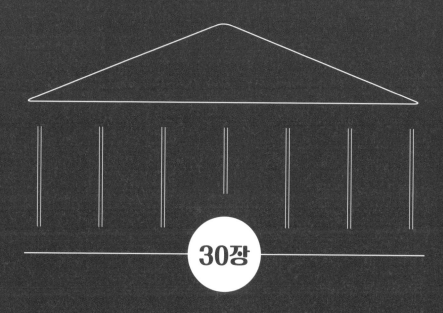

30장

선거와 정치:

정치는 어른들만의
전유물일까?

2021년 12월 31일, 공직 선거법이 개정됨에 따라 피선거권 연령이 18세로 하향되었습니다.

와! 드디어 청소년들의 정치 참여가 활발해지겠군. 기성 세대만 참여하던 정치가 한층 더 활성화되는 계기가 되겠어.

작년 선거권 연령 하향으로 18세 유권자 시대가 시작된 데 이어, 18세 국회 의원도 탄생할 수 있는 여건이 마련된 것입니다.

무작정 연령을 낮추기만 하면 좋을 것일까? 아직 성숙하지 못한 청소년들이 성인과 같이 책임 있는 의사 결정을 내릴 수 있을까?

연이은 공직 선거법 개정으로 선거권과 피선거권의 연령 기준이 모두 18세로 하향되었다. 정치 공동체를 이끌어 갈 대표자를 선출하는 선거에서 연령 기준을 낮추는 이유는 무엇일까? 법 개정을 통해서 이러한 변화를 추구하는 목적은 무엇이고, 과연 문제점은 전혀 없는 것일까?

⚖️ 선거란 무엇일까?

국민 모두가 정치에 직접 참여하여 국정을 운영하는 것이 이상적이겠지만, 오늘날 국가의 크기와 인구수를 감안할 때 이는 효율적이지도 않고 사실상 불가능에 가깝다. 현대 민주주의 국가 대부분은 선거를 통해 대표자를 선출한다. 선거란 대중이 대표자를 선출하는 의사 결정 절차를 의미하는 것으로 보통 투표를 통해서 이루어진다. 이러한 선거는 국가나 지방 자치 단체 수준에서 이루어지기도 하고, 학교나 기업, 노동조합 등과 같은 다양한 사회 집단에서 자율적으로 이루어지기도 한다.

⚖️ 헌법에 나타난 선거 제도의 기본 원칙

우리 헌법은 선거 제도의 기본 원칙으로 보통 · 평등 · 직접 · 비밀 선거의 원칙을 규정하고 있다.

국회 의원 선거와 대통령 선거에 대해서만 규정하고 있지만, 이는 민주 국가에서 치러지는 모든 선거의 기본 원칙으로 받아들여진다. 오늘날에는 4가지 원칙에 자유 선거의 원칙을 더해 5가지 기본 원칙이 통용되고 있다. 우리 헌법에서 자유 선거를 직접 규정하는 것은 아니지만, 민주 선거의 원칙 가운데 하나로 받아들여지고 있으며, 헌법 재판소도 이를 인정하는 결정을 내리고 있다.

선거의 5대 기본 원칙

보통 선거란 일정한 연령에 달한 모든 국민에게 선거권을 인정하는 원칙을 말한다. 이는 제한 선거에 대응하는 개념이다. 이로써 재산, 신분, 인종, 종교, 성별 등을 이유로 선거권을 제한하는 것은 허용되지 않는다.

평등 선거란 유권자 개개인의 투표권이 모두 같은 것을 말한다. 불평등 선거에 대응하는 개념으로, 평등 선거의 원칙이 달성되기 위해서는 모든 유권자가 동등하게 투표권을 행사하는 1인 1표제가 지켜져야 하고, 나아가 모든 유권자의 투표 가치가 평등할 수 있도록 1표 1가제가 지켜져야 한다.

직접 선거란 유권자가 중간 선거인을 거치지 않고 직접 대표자를 선출하도록 하는 원칙이다. 이는 간접 선거 또는 대리 선거에 대응하는 개념이다. 19세기까지는 일부 국가에서 간접 선거를 보편적으로 활용하기도 했다. 그러나 간접 선거는 국민 의사를 왜곡시킨다는 점에서 비민주적이라는 비판을 받았고, 오늘날 직접 선거의 원칙이 강조되고 있다.

비밀 선거란 유권자가 누구에게 투표했는지 다른 사람이 알지 못하게 하는 원칙을 말한다. 이는 공개 선거에 대응하는 개념이다. 공개 선거를 하면 투표의 책임을 명백히 할 수도 있겠지만, 매수나 위협의 위험에 노출되어 자유로운 의사 표시가 어렵게 된다. 따라서 무기명 투표와 같은 비밀 선거 원칙이 강조된다.

자유 선거란 외부의 강압에 의하지 않고 자유롭게 선거에 참여하여 의사를 표시하도록 하는 원칙을 말한다. 이는 강제 선거에 대응하는 개념이다.

선거는
왜 중요한가요?

선거를 통해 우리는 공동체의 대표자를 선출할 수 있게 된다. 하지만 선거의 중요성이 단순히 대표자를 선출하는 표면적 이유에만 국한되지는 않는다. 선거를 통해 시민들은 정치 문제에 대해 어떤 생각을 가지고 있는지 여론을 표출하고 의사 표시를 하게 된다. 또한 국가나 지방 자치 단체의 운영에 관한 민주적 정당성을 부여하게 된다. 선거는 대표자나 정당 세력을 교체하는 계기도 된다. 이 경우 기존 정치 세력에 대한 심판의 기능을 하는 것으로도 볼 수 있다.

단 한 표의 가치도 매우 중요하다! 1867년 미국 상원에서 알래스카 매입 비준안은 한 표 차이로 통과되었고, 2008년 우리나라 고성 군수 선거에서는 한 표 차이로 당락이 결정되었다.

⚖ 18세 선거권과 피선거권의 시대

지난 2020년 공직 선거법이 개정되면서 국회 의원 선거와 지방 선거에서의 선거권 연령 기준이 19세에서 18세로 하향되었다. 이어 2022년 1월 18일 공직 선거법 개정으로 피선거권 연령 기준도 25세에서 18세로 하향되어 선거권과 피선거권의 연령 기준이 18세인 시대가 도래하였다. 이로써 일부 청소년을 포함, 청년들의 정치 참여가 더욱 확대될 것으로 기대된다.

선거권과 피선거권은
무엇인가요?

우리 헌법에서는 모든 국민은 선거권을 가진다고 규정하고 있다. 이때 선거권은 선거에서 투표에 참여할 수 있는 권리를 말하는데, 이를 통해 대통령, 국회 의원, 지방 의회 의원이나 지방 자치 단체의 장 등을 선출할 수 있게 된다. 피선거권은 헌법에 규정된 공무를 수행할 수 있는 권리의 일종이다. 피선거권은 각종 선거에 후보로 출마하여 당선될 수 있는 권리를 말한다.

공직 선거법 제15조
(선거권)

공직 선거법 제16조
(피선거권)

헌법

제24조 모든 국민은 법률이 정하는 바에 의하여 선거권을 가진다.

제25조 모든 국민은 법률이 정하는 바에 의하여 공무 담임권을 가진다.

선거권과 피선거권
연령 기준을 낮추는 이유

선거권과 피선거권 연령 기준이 지나치게 높으면 청년층은 대표자가 되어 정치에 참여할 수도 없고, 투표에 참여하여 정치적 의사를 표시할 기회도 가질 수 없다. 전체 인구 가운데 청년층의 비중이 상당하지만, 정작 이들의 요구가 정치에 반영되기 힘든 구조인 셈이다.

청년들의 실질적인 정치 참여가 반영되지 않는다면 현 세대에서 발생하는 기후 변화와 환경 오염과 같은 문제가 미래 세대에게 전가될지 모른다. 또한 청년층에게 필요한 정책을 스스로 결정하지 못하고 기성 세대의 결정에 속박되게 될 것이다. 즉, 공동체 의사 결정에
참여하지 못하게 됨에 따라 사실상 주권을 행사
하지 못하는 계층으로 전락하게 된다. 이러한 우
려에 따라 유럽 등 많은 국가가 선거권과 피선거
권 연령을 낮추고 있다. 세계적으로도 선거권 연
령은 18세에 수렴하고 있다. 또한 대부분 서구 유럽 국가는 선거권과 피선
거권을 동일하게 18세로 설정하고 있으며, 추가적으로 16세 하향까지 논의
를 이어 가고 있다. 우리나라도 이런 이유로 선거권과 피선거권 연령 기준
을 모두 18세로 하향 조정하게 되었다.

세계의 선거권과 피선거권 연령 기준 추세

	가장 낮은 연령	가장 높은 연령	평균
선거권	16	25	18.1
피선거권	17	40	23.0

출처: IPU(2018). Youth Participation in National Parliaments: 2018. p.24.

우리나라 선거권과 피선거권 연령 기준 변화

제 · 개정 연도	법률	선거권 연령	피선거권 연령(대통령 제외)
1948년	국회 의원 선거법	21세	
1960년	국회 의원 선거법	20세	
1994년	공직 선거법	20세	25세
2005년	공직 선거법	19세	
2020년	공직 선거법	18세	
2022년	공직 선거법		18세(국회 의원 · 지방 선거)

선거권과 피선거권 연령 하향

■찬성 입장

18세가 새로운 유권층으로 등장하게 되면 이들을 대상으로 하는 입법과 정책적 관심을 증가시키는 유인 효과가 나타날 수 있으며 정치적 책임 의식을 고양시키는 효과를 기대할 수 있다. 청소년 유권자의 선거 참여가 입법과 정책으로 피드백되는 환류 체계를 정착시키고, 이 과정에서 청소년들은 참여 민주주의의 가치를 함양하고 공유할 수 있는 합리적인 유권자로 자리매김할 수 있다.

출처: 국회 입법 조사처(2017). 선거 연령 인하의 쟁점 및 고려 사항, 이슈와 논점, 제1244호.

■반대 입장

교육계에서는 피선거권 하향이 교육 현장에 혼란을 부를 수 있다고 우려한다. 교육 공무원법 등 학교의 정치적 중립을 강조하는 현행 체계와 충돌할 수 있다는 지적이다. …
한국 교총 관계자는 "피선거권 하향은 사실상 민법상 성인의 기준을 낮추는 걸 전제로 한 것"이라며 "고3 학생이 성인이 되면 음주·흡연 등은 물론이고 학교 생활 지도에 제약이 생겨 학교 현장에서 혼란이 클 수 있다."고 말했다.

출처: 중앙일보 2021.12.30.

Q 선거권과 피선거권 연령을 하향하는 데 찬성과 반대 입장이 있다. 위 자료에서 어느 입장이 더 타당한지 논의해 보자.

Q 공직 선거법 개정으로 국회 의원, 지방 의회 의원, 지방 자치 단체의 장의 피선거권 연령이 18세로 하향되었다. 그러나 대통령 피선거권 연령 기준은 헌법에 규정되어 있어 이와 무관하다. 대통령 피선거권 연령도 하향될 필요가 있는지 찬반 입장을 정해 토론해 보자.

> 헌법 제67조 제4항 대통령으로 선거될 수 있는 자는 국회 의원의 피선거권이 있고 선거일 현재 40세에 달하여야 한다.

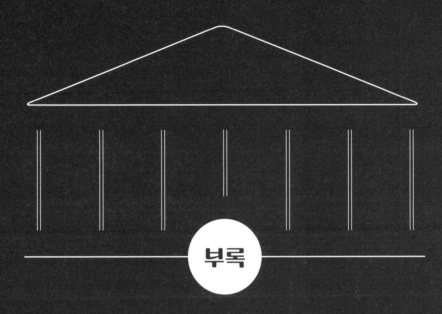

생성형 인공 지능 활용법:

'어떻게 질문하는지'가
더 중요하다

⚖️ 인공 지능의 시대, 생성형 인공 지능을 활용하기 전에 반드시 알아야 할 것

생성형 인공 지능은 사용자의 질문에 따라 다른 답을 제시한다. 대표적인 생성형 인공 지능, 챗 GPT나 네이버 클로버X, 마이크로소프트 빙챗 등과 같은 정보 검색 챗봇 서비스는 같은 지식이라도 사용자가 어떻게 질문을 하는지에 따라 답을 다르게 내놓는다. 생성형 인공 지능에게 하는 질문이 구체적이고 적절할수록 인공 지능과의 대화는 심도 있게 진행된다.

그래서 인공 지능의 시대에는 '어떻게 질문하는지'가 훨씬 중요하다. 법과 관련된 문제도 이와 마찬가지이다. 인공 지능이나 빅데이터 등과 같은 최신 기술을 활용하여 법에 대해 알아보려면, 좋은 질문을 해야 한다. 좋은 질문을 하면 생성형 인공 지능은 법에 대한 단순한 지식을 넘어 그 지식을 어떻게 활용하는지까지 알려 줄 수 있다. 그렇다면 법에 대한 좋은 질문을 하기 위해서는 어떠한 준비가 필요할까? 일상생활에서 청소년들이 마주하는 법에 대한 궁금증을 생성형 인공 지능을 통해 해결하기 위해 알아야 할 기초적인 지식은 무엇일까?

1. 법의 종류와 체계 알기

2. 법령 찾기와 읽기

3. 판례 찾기와 읽기

1. 법의 종류와 체계 알기

다음의 기사를 보고, 서울특별시 학생 인권 조례에 대해 챗 GPT에게 질문해 본다고 생각해 보자.

OO 뉴스

서울시 학생 인권 조례가 존폐 위기에 놓였다. 서울특별시 학생 인권 조례를 폐지하는 조례안이 서울시 의회에 발의됐다. '교권 침해'를 이유로 학생 인권 조례가 폐지돼야 한다는 목소리와 학생 인권을 보장하기 위해서는 학생 인권 조례가 반드시 필요하다는 목소리가 거세게 부딪치고 있다.

기사를 보고, "조례가 뭐지?"라는 생각이 떠오를 수 있다. 조례가 법인지, 아니면 법과 어떠한 관련이 있는지 궁금할 수 있다. 그런데 조례가 무엇인지 챗 GPT에게 직접적으로 물어볼 수 있지만, 조례가 법의 한 종류이며 어떠한 체계상의 지위를 가지고 있는지 알고 있다면 훨씬 더 유익한 질문을 할 수 있다. 아래의 표와 그림을 통해 법의 종류와 체계를 알아보고, 조례가 어떠한 지위를 갖는지 알아보자.

(1) 법의 종류

종류	내용	제정 권한
헌법	국가의 기틀이 되는 통치 체제와 원리를 규정하고 국민의 기본권을 보장하는 국내 최고의 법규범	국민
법률	국가 권력의 행사나 국민의 권리 및 의무에 관한 사항을 구체적으로 규정하는 법규범	국회(본회의 의결)
명령	법률의 세부적인 내용을 정하는 법규범	대통령, 국무총리, 행정부 각부 장관
조례	법령의 범위 안에서 주민들의 권리와 의무에 대하여 지방 의회에서 정하는 법규범	지방 의회
규칙	법령 또는 조례가 위임한 범위 내에서 지방 자치 단체의 사무를 처리하기 위한 법규범	지방 자치 단체장

표에 나왔듯이, 조례는 주민들의 권리와 의무에 대하여 지방 의회에서 정하는 법규범이다. 지방 의회에서 제정한다는 점에서 국회에서 제정되는 법률과 구별된다. 지방 의회는 지방 자치 단체의 의결 기관으로 주민들에 의해 선출된 의원들로 구성된다. 지방 자치 제도에 따라 각 지방마다 조례의 내용은 다르며 그 효과도 해당 지역 내에 한정된다.

'법률'의 특성

근대 이후 법의 제정은 왕이나 귀족의 독단적인 권한이 아니라 국민의 대표로 구성된 의회의 권한이 되었다. 국민들은 스스로 선출한 대표에게 법률 제정권을 위임하고 의회로 하여금 국민의 권리와 의무를 규정하는 법률을 제정하게 하였다. 그리하여 오로지 의회의 의결을 거친 법률에 의해서만 국민의 자유와 재산 그리고 생명이라는 기본적 가치를 제한할 수 있게 되었으며 법률에서 정하지 않았거나 정한 권한의 범위를 넘은 경우에는 국가 권력을 함부로 행사할 수 없게 되었다.

(2) 법의 체계

- 법은 헌법, 법률, 명령, 조례, 규칙 등으로 구성되는 수직적 체계임.
- 상위법은 하위법에 우선적으로 적용되며, 하위법의 내용은 상위법에 반할 수 없음.
- 법률은 헌법에 위반되어서는 안 되고, 명령은 헌법과 법률에 위반되어서는 안 됨.
- 법률의 위임이나 근거가 없는 내용은 명령이나 조례, 규칙으로 정할 수 없음.
- 무엇보다 헌법은 국내 최고의 법규범으로서 헌법에 반하는 내용을 담고 있는 법령은 제정될 수 없음.

그림과 같이, 법은 수직적 체계를 가지고 있다. 조례의 경우 법률의 위임이나 근거가 있어야 제정할 수 있으며, 법률의 위임이나 근거가 없는 조례는 제정될 수 없다.

따라서 이러한 기초 지식을 알고 있는 경우 챗 GPT에게 더 생산적인 질문을 할 수 있다. 〈서울특별시 학생 인권 조례〉에서 논쟁의 중심이 되는 조문이 있다면, 이러한 조문이 다른 지방 자치 단체에도 있는지, 조례를 폐지하기 위한 시의회의 의결 요건이 무엇인지 질문할 수 있다. 이러한 질문들은 조례가 지방 자치 단체마다 다르게 제정될 수 있다는 점을 알거나, 지방 의회에서 제정된다는 점을 알아야지 할 수 있는 것이다. 또한 해당 조례에 대해 자세히 알아보기 위해 조례를 위임한 법률이나 명령에 대해 질문해 보고, 그 법률이나 명령을 직접 찾아보면서 어떠한 내용을 위임했는지 알아볼 수 있다.

Bad Question	Good Question
조례란 무엇인가요? 조례는 법인가요? 조례는 폐지할 수 있나요? 조례는 어떤 효력을 갖고 있나요?	서울시 학생 인권 조례의 상위 법령은 무엇인가요? 조례를 폐지할 수 있는 요건은 무엇인가요? 서울시가 아닌 다른 지방 자치 단체에도 학생 인권 조례가 있나요? 조례가 폐지되면 학생 인권이 침해되었을 때 어떠한 구제가 가능한가요?

이처럼 법의 종류와 체계를 이해하고 있다면, 온라인에서 법을 검색하거나 생성형 인공 지능에 질문을 던질 때 훨씬 효과적일 수 있다.

2. 법령 찾기

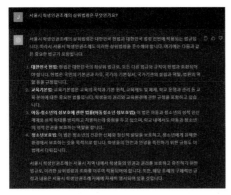

법의 종류와 체계를 이해했다면, 생성형 인공 지능에 질문하기 전에 또는 대답을 듣고 나서 직접 법령을 찾아보는 것이 좋다. 위와 같이 "서울시 학생 인권 조례의 상위 법령은 무엇인가요?"라는 질문에 대한 답을 듣고 나서 청소년 보호법을 직접 찾아볼 수 있다. 법령의 내용을 직접 찾아볼 수 있다면, 이에 대한 추가 질문을 할 때 더욱 효과적인 질문을 할 수 있을 것이다. 사실 법령은 온라인에서 손쉽게 찾아볼 수 있는데, 온라인 검색 엔진에서 법령 찾기를 시도하면, 수많은 사이트가 나와 정확한 정보를 찾기 힘든 경우가 많다. 그래서 많은 사이트 중에 우리나라의 법령 정보를 정확하게 얻을 수 있는 곳은 어디인지 아는 것이 무척 중요하다.

(1) 국가 법령 정보 센터

우리나라의 공식적인 법령 정보는 법제처에서 운영하고 있는 '국가 법령 정보 센터(http://www.law.go.kr)'에서 찾아볼 수 있다. 국가 법령 정보 센터는 현행 법령에 대하여 가장 정확한 정보를 제공하는 사이트이다. 대한민국의 법령과 조례·규칙뿐 아니라, 판례, 헌법 재판소 결정례 등을 제공하고 있어 누구든지 일상생활에 필요한 법령 정보를 검색할 수 있다.

http://www.law.go.kr

애플리케이션 모바일 첫화면

국가 법령 정보 사이트에 자신이 찾고자 하는 법령명이나 관심을 가지고 있는 키워드를 입력하면 관련 법령이 나온다. 법령을 클릭하면, 법령의

제·개정 이유와 연혁, 법령 체계 등과 같은 법령 정보를 구체적으로 살펴볼 수 있다. 청소년 보호법이 언제 제정되었는지, 몇 번의 개정을 거쳐 변화했는지를 알 수 있어 해당 법률의 역사도 찾을 수도 있다.

(2) 찾기 쉬운 생활 법령 정보

'찾기 쉬운 생활 법령 정보'(http://easylaw.go.kr/)는 일상생활에 필요한 법령을 쉽게 찾고 이해할 수 있도록 법령 간의 관계를 생활 중심으로 분류하고, 어려운 법령의 내용을 알기 쉽게 해설하여 제공한다. 일상생활에서 발견되는 여러 법적 사례들을 주제별로 제시하고 문제를 해결할 수 있는 법적 방법을 소개하는 사이트이다. 국가 법령 정보 센터와 달리, 이 사이트에는 실제 법적 문제에 부딪혔을 때 어떠한 법령을 찾아야 하는지, 어느 기관에 도움을 받아야 하는지 등에 대한 정보가 나와 있다.

3. 법령 읽기

국가 법령 정보 센터에서 법을 찾았더라도, 법의 내용을 파악하기는 무척 어렵다. 모바일로 쉽게 법을 찾을 수 있지만, 찾은 법을 읽고 이해하는 것은 다른 문제이다. 그러나 법조문의 내용을 이해할 수 없다면, 그에 관한 내용을 질문할 수 없게 된다. 전체적인 법의 내용을 파악하지 못한다면 법에 대한 올바른 질문을 던지지 못할 수 있다. 그렇다면 법의 내용을 체계적으로 이해할 수 있는 방법이 있을까. 그것은 건축물의 뼈대라고 할 수 있는 법률의 구조를 파악하는 것이다.

일반적으로 우리가 접하는 법률은 세 부분, 총칙-내용(실체 및 벌칙)-부칙으로 구성된다(다음의 청소년 보호법 그림과 표 참조).

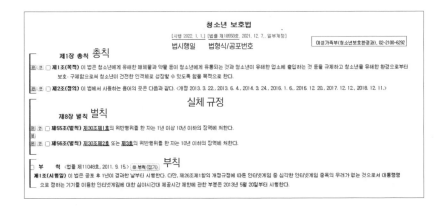

법령의 구조

구분		내용
총칙		• 법률에 공통적으로 적용되는 기본적이고 원칙적인 사항을 규정 • 법률의 목적이나 기본 이념, 용어의 정의, 법률의 적용 범위나 다른 법률과의 관계 등을 규정
내용	실체	• 법률의 목적이나 이념을 실현하기 위한 구체적인 내용을 규정 • 구체적인 국민의 권리와 의무의 내용 및 집행·구제 절차 등을 규정
	벌칙	• 대체로 법률의 마지막 장에 있고, 형벌 규정, 양벌 규정, 과태료 규정의 순서로 규정되며, 법정형이 무거운 것부터 규정
부칙		• 법령의 시행일 및 시행에 따르는 잠정적 조치, 법령의 시행에 따라 필요한 다른 법령의 개정 사항 등을 규정

법의 구조를 파악하고 나면, 총칙 규정을 통해 법률의 목적과 법률에서 사용하는 용어의 뜻을 파악할 수 있으며, 벌칙 규정을 통해 법률 위반 시 어떠한 제재를 받는지를 상세히 알 수 있다.

(1) 총칙 규정

청소년 보호법 총칙에는 청소년 보호법의 목적, 청소년 보호법에서 사용하는 용어의 정의, 가정 및 사회의 책임과 국가와 지방 자치 단체의 책무, 다른 법률과의 관계를 규정하고 있다. 청소년 보호법은 청소년들의 건전한 인격체로서의 성장을 목적으로 하고, 이를 위해 청소년 유해 매체물 유통과 유해 업소 출입 등을 규제함으로써 청소년을 유해한 환경으로부터 보호한다.

> 제1조(목적) 이 법은 청소년에게 유해한 매체물과 약물 등이 청소년에게 유통되는 것과 청소년이 유해한 업소에 출입하는 것 등을 규제하고 청소년을 유해한 환경으로부터 보호·구제함으로써 청소년이 건전한 인격체로 성장할 수 있도록 함을 목적으로 한다.

청소년 보호법의 적용을 받는 청소년은 일상적 용어에서 나타나는 청소년, 혹은 사전적 의미의 청년과 소년을 아우르는 청소년을 의미하는 것은 아니고, 법에서 정의한 청소년을 그 대상으로 한다. 청소년 보호법에서 말하는 청소년이란 "만 19세 미만인 사람"을 말한다. 여기서 19세라는 기준은 만 나이 기준이다. 또한 주류와 담배, 마약, 환각 물질 등은 법에서 '청소년 유해 약물'이라는 용어로 사용된다.

제2조(정의) 이 법에서 사용하는 용어의 뜻은 다음과 같다.

1. "청소년"이란 만 19세 미만인 사람을 말한다. 다만, 만 19세가 되는 해의 1월 1일을 맞이한 사람은 제외한다.

4. "청소년 유해 약물 등"이란 청소년에게 유해한 것으로 인정되는 다음 가목의 약물(이하 "청소년 유해 약물"이라 한다)과 청소년에게 유해한 것으로 인정되는 다음 나목의 물건(이하 "청소년 유해 물건"이라 한다)을 말한다.

가. 청소년 유해 약물

   1) 「주세법」에 따른 주류

   2) 「담배 사업법」에 따른 담배

   3) 「마약류 관리에 관한 법률」에 따른 마약류

   4) 「화학 물질 관리법」에 따른 환각 물질

   5) 그 밖에 중추 신경에 작용하여 습관성, 중독성, 내성 등을 유발하여 인체에 유해하게 작용할 수 있는 약물 등 청소년의 사용을 제한하지 아니하면 청소년의 심신을 심각하게 손상시킬 우려가 있는 약물로서 대통령령으로 정하는 기준에 따라 관계 기관의 의견을 들어 제36조에 따른 청소년 보호 위원회가 결정하고 여성 가족부 장관이 고시한 것

---

(2) 내용 규정

청소년 보호법 제28조에 따르면, 주류, 담배 등의 청소년 유해 약물 판매
자는 반드시 구매자의 나이 및 본인 여부를 확인하여야 하고, 청소년에게
해당 물건을 판매하지 않아야 할 뿐 아니라 무상으로 제공해서도 안 된다.
이는 청소년 유해 약물의 판매 등을 규제함으로써 청소년을 보호하기 위한
것이다.

제28조(청소년 유해 약물 등의 판매 · 대여 등의 금지) ① 누구든지 청소년을 대상으로
청소년 유해 약물 등을 판매 · 대여 · 배포하거나 무상으로 제공하여서는 아니 된다.
다만, 교육 · 실험 또는 치료를 위한 경우로서 대통령령으로 정하는 경우는 예외로
한다.
② 누구든지 청소년의 의뢰를 받아 청소년 유해 약물 등을 구입하여 청소년에게
제공하여서는 아니 된다.
③ 누구든지 청소년에게 권유 · 유인 · 강요하여 청소년 유해 약물 등을 구매하게
하여서는 아니 된다.
④ 청소년 유해 약물 등을 판매 · 대여 · 배포하고자 하는 자는 그 상대방의 나이
및 본인 여부를 확인하여야 한다.
⑤ 다음 각 호의 어느 하나에 해당하는 자가 청소년 유해 약물 중 주류나 담배(이하
"주류 등"이라 한다)를 판매 · 대여 · 배포하는 경우 그 업소(자동 기계 장치 · 무인
판매 장치를 포함한다)에 청소년을 대상으로 주류 등의 판매 · 대여 · 배포를 금지
하는 내용을 표시하여야 한다. 다만, 청소년 출입 · 고용 금지 업소는 제외한다.
1. 「주류 면허 등에 관한 법률」에 따른 주류 소매업의 영업자
2. 「담배 사업법」에 따른 담배 소매업의 영업자
3. 그 밖에 대통령령으로 정하는 업소의 영업자

주류 등 청소년 유해 매체물을 청소년에게 판매하거나 제공한 경우에는 다음 벌칙 규정에 따라 2년 이하의 징역 또는 2,000만 원 이하의 벌금에 처해진다.

술, 담배 판매 금지 포스터

제59조(벌칙) 다음 각 호의 어느 하나에 해당하는 자는 2년 이하의 징역 또는 2,000만 원 이하의 벌금에 처한다.

6. 제28조 제1항을 위반하여 청소년에게 제2조 제4호가목1)·2)의 청소년 유해 약물 또는 같은 호 나목3)의 청소년 유해 물건을 판매·대여·배포하거나 영리를 목적으로 무상 제공한 자

7. 제28조 제2항을 위반하여 청소년의 의뢰를 받아 제2조 제4호가목1)·2)의 청소년 유해 약물을 구입하여 청소년에게 제공한 자

7의2. 영리를 목적으로 제28조 제3항을 위반하여 청소년에게 청소년 유해 약물 등을 구매하게 한 자

7의3. 제28조 제5항을 위반하여 주류 등의 판매·대여·배포를 금지하는 내용을 표시하지 아니한 자

(3) 부칙 규정

청소년 보호법 부칙 규정에는 해당 법률의 시행일과 다른 법률의 개정 사항을 규정하고 있다.

제1조(시행일) 이 법은 2022년 1월 1일부터 시행한다.

제2조(다른 법률의 개정) ① 게임 산업 진흥에 관한 법률 일부를 다음과 같이 개정한다.

제12조의3 제2항을 삭제하고, 같은 조 제3항 중 "방법 및 절차와 제2항의 평가 방법 및 절차, 그 밖에"를 "방법 및 절차 등에"로 한다.

② 청소년 복지 지원법 일부를 다음과 같이 개정한다.

제12조의2 제2항 제11호 중 "중독"을 "중독·과몰입"으로, "피해"를 "예방 및 피해"로 한다.

4. 판례 찾기

OO 뉴스

헌법 재판소는 2023년 2월 23일 재판관 6:3의 의견으로 '가해 학생에 대한 조치로 피해 학생에 대한 서면 사과를 규정한 구 '학교 폭력 예방 및 대책에 관한 법률' 조항이 가해 학생의 양심의 자유와 인격권을 침해하지 않는다.'고 결정하였다.

최근 우리 사회에 수많은 법적 이슈와 그에 따른 재판이 이루어지면서, 판례에 대한 관심도 늘어나고 있다. 특히 뉴스에서 접하는 법원의 판결을 직접 찾아보고 싶을 때 어떻게 하면 될지에 대해 궁금할 수 있다. 그렇다면 위의 사례와 같이 모바일 뉴스로 헌법 재판소의 판결을 접한 경우에 어떻게 해당 판결을 스스로 찾아보고 이해할 수 있을까. 나아가 판례를 어떻게 이해해야 판결을 둘러싼 논의와 쟁점에 대해 챗 GPT에게 효과적으로 물어볼 수 있을까?

(1) 판례 찾기

법령과 마찬가지로 판례도 인터넷을 통해 찾을 수 있다. 대표적인 판례 검색 사이트는 국가 법령 정보 센터와 대법원 종합 법률 센터(https://glaw. scourt.go.kr), 헌법 재판소 판례 검색(http://search.ccourt.go.kr/ths/pr/ths_pr0101_L1.do)이다.

판례는 자신이 찾고 싶은 판결의 키워드(예: 부당 해고, 보증금 반환 등)를 검색하거나, 찾고자 하는 판결의 사건 번호(예: 2016두41407)를 검색하여 찾을 수 있다.

📋 **판례명 예시**

- 헌법 재판소 1994. 7. 29. 선고 93헌가4,6 결정
- 대법원 2020. 4. 29. 선고 2016두41071 판결
- 서울 지법 2000. 3. 29. 선고 2000카합744 판결

위와 같이 판례는,

① 어느 법원에서 판결한 것인지

② 판결 선고 날짜는 언제인지(년월일)

③ 판례의 사건 번호는 무엇인지를 밝힌다.

특히 판결의 사건 번호는 각 법원에서 사건을 유형별로 분류하여 고유한 번호를 부여한다. '2016두41071 판결'이라고 적혀 있는 경우, 2016는 사건이 접수된 연도이고, 두는 재판의 종류를 말하고, 41071은 사건의 유형별 접수 순서를 말한다. 판결 법원과 사건 번호를 알면 쉽고 정확하게 판결문을 찾을 수 있다.

이 외에도 대법원 대국민 서비스(https://www.scourt.go.kr/portal/main.jsp)는 전국 법원의 주요 판결, 판례 속보, 언론 보도 판결을 업데이트하여 제공하고 있다.

https://www.scourt.go.kr/portal/main.jsp

🔍 검색을 통해 판례를 찾을 수 없을 때

우리나라 법원은 개인 정보 보호를 이유로 제한적으로 판결문을 공개하고 있다. 이를테면 대법원은 종합 법률 정보(http://glaw.scourt.go.kr) 시스템을 통해 선례적 가치가 있는 중요 판결들을 선별해 사건 관계인의 이름과 주소 등 개인 정보를 지우는 비실명화 작업을 거쳐 판결문을 공개한다. 따라서 해당 사이트를 통해서는 모든 판결문을 찾아볼 수는 없다. 다만 온라인 사이트에서 판례를 찾을 수 없다면, 대법원 대국민 서비스의 판결문 인터넷 열람 및 사본 제본 신청 제도를 이용하여 판례를 찾을 수 있다. 그러나 이 경우에도 확정된 판결문만 열람 및 사본 제본 신청이 가능하며, 항소 등을 통해 재판이 진행되는 경우에는 하급심 판결문을 확인할 수 없다.

(2) 판례의 구성

판례를 검색하면, 판시 사항, 판결 요지, 참조 조문 및 참조 판례, 전문이 나온다. 판결문은 일상어가 아닌 어려운 법률 용어로 이루어져 있고, 긴 문장으로 인해 분량도 상당하여 일반인이 이해하기 어려운 측면이 많다. 그래서 법원은 판시 사항과 판결 요지를 제공하여 법조인이 아닌 일반인도 길고 복잡한 판결의 원문을 용이하게 파악할 수 있도록 하고 있다.

① 판시 사항: 해당 판결의 주요 쟁점을 정리한 것이다. 사건의 법적 쟁점을 간략하게 정리하여 제시하는데, 이해의 편의를 위해 대개 2~3개 항목으로 나눈다.

대법원 판결문
예시(2016두41071)

② 판결 요지: 해당 판결의 핵심 내용을 요약한 것이다. 판시 사항에 대한 재판부의 입장을 요약하여 제시한다. 쟁점별로 판결의 결론을 요약하여 판시 사항과 함께 읽으면 판결을 이해하는 데 도움이 된다.

다만 헌법 재판소나 대법원 전원 합의체 판결은 판사들이 서로 의견을 달리하는 경우에 다수 의견과 소수 의견, 보충 의견, 별개 의견으로 표시하여 각 의견을 모두 제시한다.

재판부의 의견

- 다수 의견: 재판부의 공식적인 입장이며 법정 의견이라고 한다.
- 소수 의견: 재판부의 결정이나 그 이유에 관해서 견해를 달리하는 재판관의 의견을 말한다. 주로 판결 주문에 반대할 때 낸다.
- 보충 의견: 법정 의견 결론에는 동의하나 그 이유를 보충할 때 내는 의견이다.
- 별개 의견: 법정 의견 결론에는 동의하나 그 이유를 달리할 때 내는 의견이다.

③ 참조 조문·참조 판례: 판결을 내리는 데 참조한 조문과 판례를 나타낸다. 법령명과 조문, 판례의 선고일과 사건 번호를 제시한다.

④ 전문 : 판결문의 원문으로서 '원고와 피고', '원심 판결', '주문'과 '이유'
가 나온다.

- 먼저 원고와 피고는 재판의 당사자를 말한다. 민사 소송은 원고와 피
고, 소송 대리인이 명시되며, 형사 소송은 피고인과 검사, 피고인의
변호인이 명시된다. 항소심에서는 항소인, 피항소인, 상고심에서는
상고인, 피상고인으로 표시한다. 개인 정보 보호를 위해 당사자의 실
명을 공개하지 않는 경우도 있다.

- 원심 판결은 바로 직전 법원 판결을 의미한다. 우리나라는 3심제를 채
택하고 있기 때문에, 심급마다 관할하는 법원이 다르다. 만약 대법원
판결이면 원심 판결은 2심 법원(고등 법원이나 지방 법원 합의부)의 판결이
라고 할 수 있다.

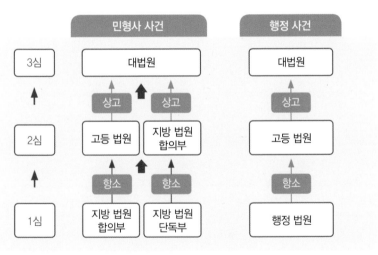

상소 절차

- 주문은 사건에 대한 재판부의 최종적인 입장, 즉 판결의 결론을 의미
한다. 예를 들어, '원심 판결을 파기하고, 사건을 서울 고등 법원에 환
송한다', '원고의 청구를 기각한다', '피고인을 징역 1년에 처한다'와 같

이 제시된다. 주문은 집행의 기초가 될 뿐 아니라 판결의 효력이 미치는 객관적 범위를 정하는 기준이 된다. 따라서 판결의 주문은 간결하고 명확해야 하며, 주문 그 자체로 내용이 특정되어야 한다.

- 이유란 판결 주문에 이르게 된 근거를 말한다. 판결문에는 원칙적으로 이유를 제시해야 하는데, 이 경우 법적 근거뿐 아니라 사실적 근거도 포함된다. 판결 이유에는 사건의 개요와 심판의 대상, 사건 관계인들의 주장 및 이해 관계인의 의견이 순서대로 제시된다. 해당 사건의 사실 관계는 사건의 개요를 통해 알 수 있으며, 사건 당사자들이 재판부에 어떠한 주장을 했는지는 사건 관계인들의 주장을 통해 알 수 있다.
- 판결문 말미에는 재판부(재판장, 판사)가 표시된다.

⚖️ 생성형 인공 지능을 활용할 때 주의해야 할 점

미국 변호사가 법원에 내는 서류 준비 과정에서 챗 GPT에 의존했다가 법원 청문회에 회부되었다. 챗 GPT를 통해 인용한 판례가 '거짓 판례'임이 밝혀졌기 때문이다. 변호사 스티븐 슈워츠(Steven Schwartz)는 2019년 항공사를 상대로 소송을 제기하였다. 뉴욕행 아비앙카 항공 670편 여객기를 탄 승객 로베르토 마타는 탑승 중에 서빙 카트에 부딪혀 무릎을 다쳤고, 이를 직원 잘못이라며 슈워츠 변호사를 선임해 항공사를 상대로 소송을 하였다. 그러자 항공사는 공소 시효 2년이 지났으므로 사건을 기각해 달라고 주장하였다. 그러나 슈워츠 변호사는 여러 판례를 인용한 문건을 법원에 제출하면서 사건이 기각되지 않아야 한다고 주장하였다. 문제는 슈워츠 변호사가 인용한 판례 중 최소 6개가 거짓이었다는 점이다. 결국 슈워츠 변호사는 "업무를 보완하기 위해 챗 GPT에 '자문'을 구했다."고 실토하였다. 뉴욕 맨해튼 판사는 거짓 판례가 담긴 서류를 제출한 스티븐 슈워츠 변호사에 대한 제재 문제를 논의하기 위해 청문회를 열었고, 그 결과 총 5,000달러의 벌금을 부과하였다.

위의 사례는 챗 GPT를 활용한 변호사가 제재를 받은 사례이다. 생성형 인공 지능을 활용하려는 시도가 늘어나면서 혼란이 더해지고 있는데, 특히 법적인 정보의 부정확성이 문제로 부각되고 있다. 생성형 인공 지능을 통한 검색 서비스 이용 시에도 정보가 과다하게 제시되어 혼란이 생기는 경우가 많다. 그래서 반드시 위의 기초적인 법 지식을 알고 있어야 생성형 인공 지능의 답변 결과가 맞는지, 다양한 검색 결과 중에서 어떠한 것이 원하는 답변인지 확인해 볼 수 있는 것이다. 이를 위해 법령과 판례를 직접 찾아보면서 생성형 인공 지능의 답변을 검토하고 확인하는 것이 중요하다.

우리는 법에 대한 기초적 지식을 꾸준히 습득하려는 자세를 가져야 하며, 이를 바탕으로 검색 결과에 대한 비판적 사고를 할 수 있어야 한다. 이때 갖추어야 할 지식은 반드시 변호사나 판 · 검사와 같은 법률가 수준일 필요는 없다. 우리가 살아가면서 부딪히는 법적 문제를 이해할 수 있는 최소한의 법적 소양만 가지면 된다. 그 정도 소양이 있다면 인터넷 검색과 생성형 인공 지능을 활용하여 법에 대한 궁금증을 해결하거나 일상의 법적 문제에 대처할 수 있을 것이다. 앞으로 이 책을 통해 끊임없이 법에 대한 지식을 쌓고, 법적인 문제가 발생했을 때 법령이나 판례 검색 결과를 신중하게 판단하여 적절한 대응을 할 수 있기를 기대한다.

청소년을 위한 생활 법률 가이드북

청소년의 법과 생활

이 책자는 법무부와 한국법교육센터가 함께 추진하는 법교육 사업의 일환으로 출간된 국민들을 위한 생활 법률 교재로서, 법무부의 공식적인 의견을 나타내는 것은 아님을 밝혀 둡니다.

집필위원

이충호 자녀안심하고 학교보내기운동 국민재단 이사장(발행인)
김현철 이화여대 법학전문대학원 교수(연구 책임)
김자영 공주교대 사회과교육과 교수
김주현 이화여대 법학연구소 연구원
배화순 한국교육과정평가원 부연구위원
송성민 강원대 일반사회교육과 교수
이지혜 서울교대 사회과교육과 교수
주우연 광남고등학교 교사
정용현 한국법교육센터 책임연구원

감수

김지웅 법무법인(유한)대륙아주 공익위원회 변호사
안지혜 법무법인(유한)대륙아주 공익위원회 변호사

발행처

법무부 범죄예방정책국 보호정책과
한국법교육센터(자녀안심하고 학교보내기운동 국민재단 부설)

저작권 법무부, 자녀안심하고 학교보내기운동 국민재단
발간등록번호 24-0102001-01
주소 서울시 강남구 테헤란로 108길 12 하나빌딩 8층
초판 발행 2005년 9월 / **2007년 개정판 발행** 2007년 2월 / **2008 개정판 발행** 2008년 1월
2010 개정판 발행 2010년 3월 / **2011 개정판 발행** 2011년 3월 / **2013 개정판 발행** 2013년 8월
2014 개정판 발행 2014년 2월 / **2016 전면개정판 발행** 2016년 3월 / **2017 개정판 발행** 2017년 9월
2019 개정판 발행 2019년 9월 / **2024 신판 발행** 2024년 2월
편집·인쇄 에듀웰
공급 및 판매처 (주)박영사 (주소: 서울시 종로구 새문안로3길 36, 1601) (전화: 02-733-6771)
가격 16,000원
ISBN 978-89-961007-6-8 (43300)

내용에 대한 의견 및 오류사항은 한국법교육센터(02-539-5834, lre1@daum.net)로 연락주시기 바랍니다.